再版序

继续远行

《文明与法治》出版两年了，这是一本让我很是吃了点苦头的小书。记得2007年的秋天，我的妻子正在产房里苦痛不堪地生产着女儿墨墨，我却抱着笔记本电脑在产房外不堪痛苦地生产着这本小书。而多半是由于我的固执，使得这本小书当初是以一种近乎素面朝天的方式出版的。在这个流光溢彩的时代里，这样的方式大概是很难吸引到眼球的了。不过幸运的是，即便如此，她的质朴天性依然为她赢得了万千读者的真诚关注，也为我赢得了这个稍作修饰的再版机缘。

《文明与法治》是我计划要写的第一本书，也是我为自己设定的一个人生命题。在这样的一个时代里，这个命题的困难和我一路的艰辛是很难一一道来的，而这仅仅是个开始。这本小书当初之所以会起上一个不起眼到了酒香也怕巷子深的名字——《文明与法治》，除了我对世俗力量的认识相当不足之外，主要原因是我还准备在未来为她生产另外两位妹妹——《精英与平民》和《生命与超越》。在一位父亲的眼里,三姐妹问世有先后,血脉连一体。她们的宿命就是跟随我晓行夜宿,为这个曾经苦难至今彷徨的民族寻找到一条通往未来的路。而由于自己在这条孤独的远行路上曾经如此地受益于前辈们留下的一个个驿站,所以我决心让她们也化身驿站,以等待和照料未来的远行人。《文明与法治》正是我留在途中的第一个驿站,她的搭盖使得我在影影绰绰的历史迷雾中第一次瞭望到了这条路的大致方向。书中的第五章"法治"和第六章"精神"正是我用制度和文化这两根相辅相成的线条为这条远行路勾勒的粗略素描。而深描的任务,则恐怕要留待她的两位妹妹——《精英与平民》和《生命与超越》——在不远的将来继续完成了。

然而也正是由于这三部曲的节奏安排,使得我对此次再版的修订变得犹豫起来了。初版至今毕竟过去两年了,我的认识毕竟也长了两岁。倘若现在要把书里尚未说完的话都一一添上的话,那么等同于返身将下一个驿站的砖砖瓦瓦都砌到了第一个驿站里。这很可能导致第一个驿站的结构失衡,尤其是第五章"法治"将会变得格外臃肿。况且这本小书本来就有日记式的行文方式,随意修补也怕画蛇添足。思虑再三,我还是决定不这么做。因此现在为大家所作的修订,主要集中在几个地方。首先是在第五章第二节的案例考察中添补了中国明星村的案例,这样做主要是为了弥补初版中没有本土案例的重大缺憾。其次是在第一章第一节谈论西方崛起时添补了工业革命的故事,因为西方的真正崛起的确离不开瓦特的那台蒸汽机。再次是在全书的结尾处附录了一篇2005年的旧文。这篇题为《英国纪行》的千字散文,忠实地记录了我第一次踏上西方世界的真实感受。文章虽然很短,但是从情感和认知上来说,它的确称得上是《文明与法治》的前传了。最后当然是这篇再版序言了。我想通过这篇略带拟人化的再版序言，为大家介绍这本小书的再版缘由，也为自己继续远行确立前方的路标。这几处添补大概为全书增加了一万五千字的篇幅。另外还有少量必要的字句修改散落全书各处，有的是勘误，有的是增删，还有的是将初版的个别编校错误重新改正回来。此外还有一些故事其实我特别想添补进去，比如我一直想在第二章讲述朝鲜战争的故事前添补上甲午海战的故事，以构成一种对比的张力。然而等到我真的要动笔的时候，才发现原有的文字被自己编织得太过绵密，以至于现在竟然无从下手。徘徊再三，只好长叹投笔。1894 年 9 月 17 日下午，黄海大东沟海域那场悲剧海战的绝对主角——两艘排水量 7335 吨、拥有坚不可摧的 14 英寸装甲和 4 门令人生畏的 12 英寸主炮的"定远"和"镇远"铁甲巨舰，曾经率领北洋舰队与日寇联合舰队大战四个半小时，身中一千余弹而自岿然不动。而任一敌舰只须中其一弹，必贯甲而入，山崩地裂，死伤枕藉。不管那个腐烂的时代最终是如何绞杀了这两艘无敌的战舰，"不沉的定远"永远都是日寇胆寒的梦魇和我们悲怆的骄傲。夜阑卧听风吹雨，铁马冰河入梦来。作为一个无缘战阵的普通中国人，我曾不止一次地在梦中登临定镇双雄，轻抚他们身上如麻如织的累累弹痕，遥想当年那场荡气回肠的殊死决战，不由泪飞化作倾盆雨。既然我终究没能在书中为他们找到一个合适的位置，那么便在这里写上些文字，以祭奠那场悲壮而无望的生死大战和那些身陷无尽泥潭犹与强敌喋血死战的真的猛士。

这本小书以"寻路"为序，又以"驿站"结语，有心人当能体察到一位无名者的远行之心。这么多年来，在这条远行路上，孤独总是与快乐如影随行。而每当身陷孤独的无边包围之时，我也曾在心中一次次地质问这个时代。不过后来我明白了，其实孤独与时代无关,而与远行有关。在任何时代里,远行人都注定是孤独的。况且那孤独并非就是苦痛。因为倘若那远方的路是单属于自己的,孤独本该是上天独予的青赏。正如倘若可以选择,一个远行人的真正梦想乃是一人一车独上青藏之巅,又或一人一马纵横草原之旷,最后一人一屋在海边喂养一群小鸡。然而那远方的路毕竟不是单属于自己的,而我也早已没有了选择的可能。我的朋友啊,你可须知此时的孤独背后那静静的心痛。

驿站修葺好了。未来的远行人,我现在把她留下,为你种下那一树梨花的洁白,日夜等待着你的到来。前方的路依然如此漫长,我要继续远行了。

2011 年春

序言

寻路

2004 年夏天,我被短期借调到北京工作,在京西的万寿庄宾馆小住了一段时间。每天傍晚时分,一起工作的几位同志都要在万寿路附近散散步,闲聊一二。一日,从延安来的教授见我话少,便问是不是在思考什么问题。我回答的确是在思考两个一直困扰自己的问题。教授来了兴趣,追问什么问题,能不能说来听听。我于是坦言相告:自己一直担心中国未来将有两个艰难的门槛必须要过:其一是中国的崛起终有一日要跨越超级强国的门槛,从当前的国际形势看,届时只怕是要有一场血与火的考验;其二是中国的发展终有一日要跨越民主法治的门槛,而从目前国内情况来看,这条中国的未来之路究竟又会通向何方?对于中国来说,这恐怕是两道绕不开躲不掉的历史门槛。而对于我来说,则是两个一直困惑难解的问题。教授以为然也。是时,记忆中的京城初夏,晚风徐徐,车马如梭。几位杞忧人一时无语,默默而归。

在随后的几年时间里,思考这两个问题成了我生命的主轴。渐渐地我明白,这两个问题其实并非两条平行线,它们是相互纠缠交织的。而且从某种意义上讲,前一个问题又是附属和取决于后一个问题的。换句话说,如果我们能够解决好内部的问题,相信外部的挑战也会迎刃而解。因此这两个问题实际上又可以归结为同一个问题:中国的民主法治路在何方?

然而这又能算是什么新鲜问题呢?自近代以来,这个古老而多难的民族不知有多少的优秀儿女都曾用子规啼血的方式苦苦追问过这个问题,并甘用自己前仆的生命来为后继者铺垫这条求索路。然而时至今日,这条路却依然在我们视野的远方。而远方是什么,我们依然看不太清楚。兹事体大,只要这条路一日看不清,这个问题就应该复一日地问下去。

“民主法治”是一个大词。从词语结构上看,它是由“民主”和“法治”合成的一个词组。前些年我曾读过一篇文章,大意是说民主与法治是两个可以分开的范畴对于中国的政治改革导向而言,推行民主不如推行法治因为民主并不能解决当前中国最急迫的问题,反而可能使问题更加恶化,而法治则比较适合中国的具体特点。很快地我又读到了另一篇与之商榷的文章,大意是民主与法治是两个相辅相成的范畴它们分别是权力的产生与权力的行使离开了民主的法治很可能不成其为法治。这两篇文章的对立比较典型地反映了当前中国关于民主法治问题的一些学术争论。我不想加入这场争论,更不想对这两个词做进一步的词义考证,以证明它们究竟是可以分开还是不可以分开。因为对于与学术相去甚远的普通大多数来说,所谓的“民主”和“法治”都是一个关于现代政治文明的好词,都代表着一种人民真正当家作主,法律面前人人平等的理想的政治生活方式。在他们面前大谈“民主”与“法治”的区别,就如同孔乙己争辩“偷书”与“窃书”的区别一样，除了把人们本来还算明白的认识重新搞糊涂之外，意义并不大。守在纯学术的层面上，我们当然可以继续细分并继续考证下去。但是当我们有朝一日终于转身面对绝大多数的时候，我们欠他们的不是一场关于要民主还是要法治的学术辩论，我们欠他们的是一个关于未来中国理想生活方式的整体性描述以及一条通往这种生活方式的安全路径。正是从这一认识出发，我将在本书中更多地选择“法治”这个大词作为代表，以概括表达自己心目中的这种理想生活方式。

那么，中国的法治究竟应该呈现出怎样的样态呢？回答这个问题既简单又复杂。说它简单，是因为法治在西方世界至少已经成功运行数百年以上，无论是在理论样态上还是在实践样态上都已有先例可循。只要愿意，我们就可以毫不费力地为这个问题迅速抄上标准答案。事实上这也的确是许多人所一再鼓励和鼓吹的方案。在这种认识前提下，考验中国人的似乎只是一个弃暗的决心，而等待我们的前程必将是一片光明。然而问题真的就是那么简单吗？如果他们说的是真的，那么我很困惑的是：一百多年前，求师若渴的中国人几乎同时向德先生和赛先生发出了来华就教的请柬。为什么辗转百年之后，赛先生早已是桃李芬芳满中华，他的中国弟子甚至已经将中国人送上了太空。而相偕来华的德先生却依旧吃不惯中国的饭菜，依旧说着半生不熟的中文，甚至还依旧与他的中国学生用陌生乃至防范的眼神相互打量？这是为什么？是中国人还不够诚心吗？我想不应该是的。如果说在所谓中体西用的洋务运动时期，中国人对于强国之本的认识还局限在坚船利炮上的话，那么甲午大败之痛则早已让中国人明白，先进的器物文明必须建立在先进的制度和文化基础之上。因此，那张寄给德先生的请柬的确已经承载了中国人求学的诚心,毋须多疑。其实客观地说,德先生莅华百年也绝非寸功未立。在推动中国迈向民主法治的历史进程中,他可谓功不可没。只不过这位先生一直不知,他与赛先生不同的是:赛先生搞的是自然科学,而他搞的是社会科学。既然是社会科学,那么往小了说,它自然要关系到每个人的社会生活方式;往大了说,则要关系到一个民族乃至于一个文明的历史存在方式。而这种生活方式和存在方式是什么?从某种意义上讲,它们就是五千年历史沉淀的总和。在这样的总和面前,任何应然的美好愿望恐怕都必须首先放下先生的架子,来接受一下实然的严厉盘问和考验。今天看来,德先生在中国的尴尬也许正在于他一直都未曾放下过先生的架子。这么多年过去了,他的中文一直不好,更弗论文言文了。他一直用略带蔑视的眼神看着中国的历史,就更不要说理解和尊敬它了。他一心想充当中国人的现代救世主,所以就更谈不上教学相长、学学相长了。还有,在我的印象中,他一直未曾挽起裤腿下地体验过中国农民耕种劳作的苦乐辛酸,因此在对中国的理解方面这位先生还是个小学生。一百年的时间不算短,历史实际上已经证明:尽管这位德先生依旧受人尊敬,但是他恐怕已经没有足够的能力为未来的中国提供一个关于民主法治的整体性解决方案了。路,只能我们自己去找。

现在我想为大家引见本书的另一个主角,也就是另一个大词——“文明”。文明的确是一个大词,甚至比法治这个大词还要大上不知道多少倍。因为从某种意义上说,所谓的文明就是我们前面所讲的那个总和,它是一个特定群体过去与现在的全部,并在一定程度上昭示着这一特定群体的未来,也是孕育这个特定群体的各种特定生活方式的母体和土壤。所谓的法治,其实也不过是西方文明这一母体在特定的时期所孕育出来的一种特定生活方式罢了。因此从本质上讲,在文明面前,法治是被决定的,而不是相反。

然而当站在西方文明之外的其他文明面前时,法治并不总是表现得那么谦逊,而是往往充满了救世的优越感。这也难怪,他出身的家庭如今是如此的富有和强大,在他的内心深处又怎会真正瞧得起这些破落的穷亲戚呢。甚至他还会说:“什么亲戚,攀的哪门子亲啊?”是的,是亲戚。这些邻居们如今固然困顿了点,但和西方文明是亲戚却是千真万确的历史事实。不仅如此,甚至还可以说,如果没有这些文明上千年的滋养和帮助,西方文明就绝不可能有今天的富庶和强大。在本书随后的论述中,我们将会把历史的长焦镜推至数千年前,与一些历史健忘者共同补上一堂关于文明兴衰轮回的历史课。在这里只想以中华文明为例引用几个简单的数据和史实。我们都知道整个世界都曾受惠于中国的四大发明。可是我们还知道吗,根据李约瑟的考证,现代世界所赖以建立的300项基础性发明和发现中,居然有175项来自于中国超过总数一半!更为重要的历史事实是:这些发明和发现几乎没有一项曾在西方被独立发明或发现过。它们都是被传播过去的,或是通过实物的直接传播,或是通过思想的激发性传播。李约瑟的同事罗伯特·坦普尔曾经选择了其中的100项进行过一次精确的统计分析,结果表明:从中国到西方,这些发明和发现的传播所耗费的平均时间是1223年。这个数字也大致说明了中国曾领先于西方的数量级。李约瑟们的研究揭示了一个尘封已久的历史事实:西方文明是站在中华文明的巨人肩膀上完成了农业革命的历史积累,进而拉开了工业革命的序幕的。所以可以毫不夸张地说:西方现代化大厦的基石有半数以上来自中国,他们之间当然是亲戚。

其实这些不过是中华煌煌文明的冰山一角。之所以在这里引用它,是想说明一个简单的道理:正如西方文明孕育出法治文明一样,像中华文明这样一个曾经如此先进的文明也一定会孕育出与其器物文明相互适配的制度和文化。这种制度和文化经过数千年的自我完善和自我加强,早已渗入到中国人的血液和性情之中,并以一种民族性格的方式存在和延续着。这些历经数千年风雨洗礼的文明特性之中一定蕴藏了诸多深刻的人类智慧,值得人们去珍惜、继承和发扬。而且,不管人们喜欢还是不喜欢,这些特性都已经成为这个古老文明的根本生存样态。如果粗暴地将其扭曲割舍,那么中华文明也许将不再成其为中华文明,中国人恐怕也将不再成其为中国人。我们当然了解西方文明在今天世界的影响力,曾经耀眼璀璨如中华文明者,如今也必须低下头来向昔日的学生今日的先生诚心学习现代的法治之道。对于这一点并无疑义。我想说的只是:当法治遭遇文明,就如同种子遭遇土壤。他们之间绝不应该是一种你死我活、非此即彼的敌对关系,而应该是一种相辅相成、缺一不可的伙伴关系。事实不正是如此吗?一百多年前,我们的前辈就已经将法治这颗舶来的种子栽种在了中国的田地里,日日为它施肥浇水,夜夜为它祈祷守候,期望它有一天能够长成一棵参天大树。然而一百年时间过去了,这颗种子依旧远未长成人们想象中的那棵大树。慢慢地大家都看出来了,这可能与土壤的禀赋有关。因为这块土壤天生的禀赋的确迥异于这颗种子家乡的那块。要想让它长得更好,就必须继续努力改造这块土壤。然而同时更要明白的是:无论如何改造它,我们也无法完全改变它,更不可能彻底更换它。因为中国只有这么一块土壤,它是我们的全部。除非天地变色江河倒流,这颗法治的种子就注定要适应这块土壤并在其上生根发芽成木。它别无选择,我们也别无选择。汤因比曾在《历史研究》中告诫过人们不重视种子与土壤的匹配可能招致的严重后果。他说:“新的活跃力量是一个外来入侵者,它脱离了出生地和原来的合作伙伴,被放逐到一个陌生而充满敌意的土地。这个被分离出来的漂泊的文化因素,由于这种胡乱放逐而一下子失去了原来的存在理由,同时也不再受原先抗衡因素的制约,因此在异国他乡胡作非为。”汤因比所说的是一个关于民主法治在非洲的故事。而如果没有看错的话,这个故事的续集在过去的几年时间里应该也在我们的台湾地区上演过,剧情同样很糟糕。

到此为止,本书力图解决的核心问题已经基本呈现:在中华文明的母体中进行一场源自西方文明的法治革命,我们需要改变和必须改变的是什么?我们需要继承和必须继承的又是什么?而它们二者之间的交融最终又会让我们收获怎样的一个结果呢?也就是,怎样的一个前所未有的中国特色的法治模式?怎样的一种关于未来中国理想生活方式的框架性制度安排?为了回答这样的一个问题,本书将沿着中西文明历史分野的路径,追根溯源地探寻中西文明土壤的核心本质,并努力将它们有机地结合起来,描述一个自己心目中理想的中国未来法治模式,以竭力回答本书提出的这个百年疑问。

如同许多电影中描写的那种玩捉迷藏的孩子,总是在一心想把自己藏得更严实的时候,无意中撞开了一扇通往神秘世界的时空之门;如今的我也成了这样的一个孩子。我曾困守在认知的围城之中,一心只想找到一条通往中国未来的道路,却在摸索中不小心撞开了一扇历史的时空之门。我悄悄地倚门探望,历史的夜空如谜如幻,无数文明犹如繁星闪烁。天是那样的黑,我甚至看不清脚下的路。然而已经没有什么可以阻止我走进去、走下去了。除了因为孩子的好奇心,还因为我现在相信:如果看不清过去,我们就不会看清未来。如果不明白自己从哪里来,我们就不会明白自己将到哪里去。天黑不要紧,相信前路总有人家。况且每个人的心中都有火焰,我也可以燃烧自己。

目 录

CHAPTER 01 >>

第一章

契　约

既然是一个与文明史有关的叙述，那么照理应该按照时间的先后顺序展开。不过本书还是选择从中间的近现代史开始。之所以这样做，主要是因为本书的主题与法治有关，而近现代历史恰恰正是一部西方文明的发达史，自然也是一部法治文明的发达史。因此要研究法治，理应从这里入手。

第一节　洗尽铅华唯见契约

祛魅

今天是 2007 年 8 月 23 日，在我的案头摆放着一份今天的《参考消息》。头版头条就是几个黑体大字：安倍要建排除中国“大亚洲”。文章说，日本首相安倍晋三今天呼吁建立由民主制国家组成的“大亚洲”伙伴关系，其中包括印度、美国和澳大利亚，但中国被排除在外。安倍说：“这一伙伴关系是一种联盟，因为我们拥有共同的根本价值观如自由、民主和对基本人权的尊重以及实行法治。”坦白说,每当听到这种话的时候,自己总会有点郁闷。现在的中国是一个什么样的概念呢?13亿的超级人口、960万平方公里的辽阔幅员、20多万亿的GDP总量,世界第一的外汇储备、无可争议的世界工厂、有核的安理会常任理事国。如此庞大的一个超级国家,为什么老是有人想要排除它呢?翻过来倒过去地研究安倍的话,似乎为他壮胆的也就是那么几个大词:自由、民主、人权、法治。我真的有点纳闷:这几个抽象的大词究竟是阿拉丁神灯还是《指环王》的魔戒,居然能有如此的魔力,以至于让这些人产生了何等的幻觉,总要发出如此的呓语?

其实稍稍留心就可以发现,类似这样的话一直都有。安倍的主张并不是什么原创,在小泉纯一郎的时代就已经有了所谓构建“自由与繁荣之弧”的说法。小布什到印度访问,总也要有心地强调一下这是“最古老的民主国家”与“最大的民主国家”的战略伙伴关系。而台独分子无论如何制造“国际麻烦”,仍会因为有一块“民主自由”的招牌(如果不是遮羞布的话)而被那些号称拥有“共同价值观”的国际势力视为“自己人”。不管这些话背后的真正目的是不是想卖一些不可告人的狗肉,但是至少从被如此频繁地拿来当作羊头挂的角度看,这几个大词的威力也的确不可小觑。从国内的情况来看,平心而论,只要不跟国际反华势力挂上钩,这几个大词在国人心目中的形象还是不错的。许多同志看到这种打着“民主”牌孤立中国的把戏时也很气愤,气愤之余又有点气短,颇有恨铁不成钢的感觉。还有一些同志则是“言必称美国,言美国必称民主”,习惯于把这些大词挂在嘴边。我没有资格批评这些同志,因为我自己也时不时地成为他们中的一个。只不过无论我如何地推崇或批评,总有一颗十分执拗的心在不断地反问自己:“难道外国人真的天生就比中国人高尚,所以他们从骨子里特别讲民主、讲人权,而我们却不是?”作为一个中国人,我的自尊心无法让我接受这样的一个假设或结论。然而感情不能取代事实,要想做出正确的判断,我们必须对这个问题进行客观的研究分析。

我想做的第一件事就是为这些大词祛魅。作为现代西方文明的主流价值观,这些大词头上的光环太耀眼了,尤其是在以当代福音的姿态居高临下地面对那些“非自由世界”的时候。我无意冒犯它们的权威,但是它们的耀眼光环让我睁不开眼,要想靠近并看清这些图腾背后的本质,唯有壮着胆子先为其祛魅。我真的很想知道,当盛装卸下铅华尽洗的时候,我们究竟能看到什么?是神,还是人?

让我们一起走进欧洲近现代发达史。

从大航海到工业革命

2006年,中央电视台推出了一部十二集大型电视纪录片《大国崛起》。这部纪录片以电视人独特的视角和笔触描绘评述了近现代历史上九个主要世界大国的崛起过程及其成因,引起了巨大的反响。在中国和平崛起的出发时刻制作这样的一部纪录片,的确耐人寻味。不过作为一部纪录片,《大国崛起》并没有为人们提供一个明确的结论:这些大国崛起背后的本质原因是什么?如果有人想要从片子的内容中自己去寻找的话,答案很可能就会比较散乱:大航海、冒险、殖民地、掠夺、舰队、基督教、文艺复兴、宗教改革、战争、启蒙、议会、宪政、市场、资本主义等等,不一而足。没错,西方世界的崛起进程的确就是这些东西的混合体。然而当我们力图从中寻找到一些可资借鉴的经验时,面对这样的一盘大杂烩又该如何下筷呢?有没有人能告诉我,这些杂乱的要素之间是否具备着某种必然的关联?如果有的话,那么我们有没有希望找到那个隐藏在所有这些要素背后的共性要素,以对大国崛起的本质原因做出令人信服的简要解释?

相比起《大国崛起》"一分为九"的分析视角,我更愿意将这些大国的崛起看成一个整体的历史现象,也就是西方文明在近现代的崛起。历史学家们一般将这个转折点划定在公元1500年左右,也就是所谓的大航海与地理大发现时期。那的确是一个转折的时代。因为我们知道,直到此前的100年,浩瀚的大洋还是属于中国人的。从1405年拔锚苏州刘家港开始到1433年郑和辞世于返程途中为止,郑和庞大的船队曾经先后七下西洋,途经三十余个国家,行程远达阿拉伯海和东非。然而接下来的事情我们都知道了:永乐皇帝驾崩,郑和去世,然后禁海令颁发了,宫中珍贵的航海资料被莫名其妙地付之一炬,而那些曾经纵横四海的战船们也终于在闲置中渐渐朽烂。历史分野的15世纪,当中国人终于决定转身背对世界的时候,大海渐渐对中国人关闭了。但是很快地,它就要向另一批来自西方的征服者徐徐开启了。1492年,克里斯托弗·哥伦布在西班牙伊萨贝尔女王的资助下穿越大西洋,发现了美洲新大陆;1497年,达·迦马在葡萄牙王室的支持下绕过好望角进入印度洋;1519年,麦哲伦率领五艘船横穿茫茫太平洋,完成了史无前例的环球航行。西方文明在穿越了漫长而黑暗的中世纪后,终于迎来了属于它的崭新时代。因为我们知道,此前的西方世界处境一直十分糟糕:它的西面是不可逾越的茫茫大洋,东面则被强大的伊斯兰世界死死压迫在君士坦丁堡乃至维也纳一线。而西方的内部又是一个完全分裂的世界,各个国家对于生存空间的困兽式争夺再掺杂上宗教的狂热,导致了彼此之间无休止的内耗厮杀。从这个意义上讲,地理大发现以及随后的殖民狂潮实际上为西方文明赢得了一个十分重要的舒展腾挪的空间。从此以后,西方文明几千年来一直被囚困在西部欧洲狭小空间的身躯终于舒展开来,并在贪婪地吸吮全世界精血乳汁的过程中迅速成长为一个史无前例的巨人。

然而我们显然不能将西方文明的崛起原因最后归结为地理大发现和掠夺。因为如果要论起地理大发现和掠夺的条件,当时的中国人不知道比西方人要优越多少倍。郑和每下西洋,所率船队动辄数百艘,人员数万。其舰船技术之先进、吨位之巨哪怕在今天听来也令人十分吃惊。据史书记载,郑和最大的九桅十二帆宝船长达44.4丈(138米),宽18丈(56米)。有学者估计其排水量可达14000吨,载重量达7000吨。[1] 每次出航,仅大小宝船就有六十余艘,再加上用于水战和运输的马船、粮船、水船、坐船以及护航的战船等其他附属船只,整个舰队总计有船二三百艘,人数二万七千人左右。这样的舰队若是撞上达·迦马那支由四艘可怜的三桅小帆船(最大的圣迦布利尔号载重仅120吨)以及微不足道的170名船员组成的小船队,简直就是“超级大巫”见到了“迷你小巫”。然而令人困惑的历史事实是:如此强大的中国舰队却从未曾进行过掠夺和殖民。为什么?为什么中国人完全具备了地理大发现的客观条件却从来无意于从事那些冒险和强盗的勾当?而西方人一旦拥有这样的客观条件,哪怕在这个条件还十分不成熟的情况下,就义无反顾疯狂地扑向海洋?我们知道,达·迦马船队出发时的170人仅有

〔1〕 关于宝船的大小尺寸中外学者有些不同的看法。因为目前尚无确凿的出土证据,所以西方学者往往怀疑当时能否造出这种一万多吨排水量的大宝船。不过就算是按照西方学者也比较肯定且已有考古证据的中型宝船来看,其排水量也达到了六七千吨。在那个木质船的时代,这样的宝船依然是世界造船工艺的巅峰之作。

54 人生还,麦哲伦出发时的 5 艘船和 250 人最后仅有 1 艘船和 18 人生还,甚至麦哲伦本人也在途经菲律宾时被土著所杀。可见当时西方大航海的能力实在是差强人意,说他们是在大冒险一点都不为过。很显然,问题的根本原因并不在客观条件上,而应该在主观意愿上。从文明的层面上理解,这个主观意愿实际上就是指一种文明的内在驱动力。也就是说,西方文明本身就具备了某种内在驱动力,一旦外部的客观条件允许,则必然会向海洋进发从事掠夺和征服。相反中华文明由于并不具备这样的一种内在驱动力,因此即便外部客观条件允许,也不愿意进行这样的掠夺和征服活动。郑和七下西洋就是一个最好的历史证据。如果这个判断成立的话,那么是不是可以说,大航海和地理大发现实际上只是西方文明崛起的结果,而不是其崛起的原因,至少不会是根本的原因。根本的原因应该与这种文明的内在驱动力有关。

那么这种文明的内在驱动力究竟又来自何方呢?虽然大航海时代总是由于带着无法洗褪的血腥味而令人不快,以至于人们在谈起西方的发家史时往往偏好从其负面和消极的角度进行评述。但是在这里本书更愿意从正面和客观的角度解读一下西方文明的这一独特气质。撇开历史的恩恩怨怨,当我们审视当时欧洲人的那些行为时,的确会为他们那种勇敢无畏和守信协作的精神所深深折服。当哥伦布、麦哲伦们率领着自己的小船队起锚出发的时候,等待在他们前方的完全是个未知的世界和无数的不测危险,然而他们依旧选择了出发并坚持到了最后。我们知道,由于地理知识的欠缺,麦哲伦将穿越太平洋的距离少估算了五分之四,以至于船上的淡水和食物在漫漫航程中严重短缺,许多人被活活饿死。但是他们毕竟坚持到了最后。如果我们能够亲眼目睹最后完成环球航行的维多利亚号的18名幸存船员手捧蜡烛、赤足步行1英里来到圣玛丽亚圣殿为死难的人们祈祷的场景，我们一定会相信：这个时代是属于他们的了，这样的文明一定会崛起。

现在我想引入本章的关键词，以解读西方文明之所以具备如此强大的内在驱动能量的根本原因。这个关键词就是——“契约”。

先来看看哥伦布。1492年之前的哥伦布，是一位怀揣伟大狂想却又两手空空的航海家。要实现自己向西航行到达中国的梦想，哥伦布必须求助于掌握资源的王室。然而葡萄牙国王若昂二世更加热衷于向东航行，否决了哥伦布的计划。于是哥伦布来到了西班牙，转而向伊萨贝尔女王兜售他的伟大计划。然而哥伦布的计划再次被女王的学术委员会否决。理由是哥伦布开出的价码太高，一个平民不应该得到贵族的头衔。就在哥伦布失望地动身前往法国的时候，一个皇家司库却意外地说服了女王。理由也同样与利益的盘算有关：此次远航的费用不算太高，而一旦成功则收益不可估量，值得冒险一试。于是，在距离圣塔菲城4英里远的松木桥村，哥伦布被女王的使者赶上并召回。

接下来发生的事情在我们看来就具有了经典的意义：在圣塔菲城，哥伦布与王室的谈判进行了整整三个月。经过反复的讨价还价双方最后成交，哥伦布与伊萨贝尔女王签订了著名的《圣塔菲协议》。协议约定：鉴于克里斯托弗·哥伦布准备出发去发现和占领海洋中某些岛屿和陆地，女王答应封他为海洋统帅，并封他为新发现地方的总督和副王。他将从这些占领地区所制造或经营所得的黄金、珠宝、香料及其他商品中抽取1/10归己所有，并且一概免税。他对一切开往那些占领地的船只有权投资取得1/8的股份。此外哥伦布终于得到了一个海军上将军衔和“唐”这个贵族头衔，他的全称变成了“唐·克里斯托弗·哥伦布”。而所有这一切爵位、职位和权利都可以传给他的继承人和后代,世袭罔替。[1] 根据协议,王室提供了200万马拉维迪航海费用中的140万,哥伦布自己向朋友和支持者借了25万,余下的费用由他人筹措。此外,王室还支付了25万马拉维迪的船员工资。[2] 简单的测算表明:王室的直接投资在哥伦布首航美洲的总费用中大概占到73%左右,而哥伦布自己的直接投资大概占到11%左右。对照一下双方在协议中对未来利益的分成约定,不得不说:这是一笔公平的交易。是的,一笔交易。在这个决定历史的三个月里,无论是女王伊萨贝尔还是尚未成为“唐”的平民哥伦布,他们在本质上都是在为自己的利益而奋斗的商人。他们用最纯正的商人的思维方式和行为方式进行了一场堪称公平的利益合作博弈,从而携手掀开了近现代文明的历史帷幕。这种思维方式和行为方式我们把它称为——“契约”。

大航海时代的全球掠夺的确为困顿已久的西方社会挖来了发家的第一桶金,然而这种以世界其他地区财富流失为代价的零和游戏并不足以支持西方世界的真正崛起。西方世界的真正崛起肇始于一场真正的创造力革命——工业革命。工业革命是一次彻底改变人类生产方式和彻底扭转世界格局的革命,它的发动使得沉睡在大自然中的无穷力量从此被人们唤醒,供人们驱策。而它的逻辑起点自然就是18世纪那台我们耳熟能详的瓦特蒸汽机。

不久前,英格兰银行发行了一张新版50英镑钞票。地球人都知道,英镑钞票的正面总归是雷打不动的女王头像,而其反面则往往要印上一位杰出的历史人物以志纪念。莎士比亚、亚当·斯密和达

---

〔1〕 [美]莫里森:《新大陆之光——哥伦布传》,陈太先译,湖南文艺出版社1993年版,第31~32页。

〔2〕 [德]保罗·魏尔纳·朗格:《哥伦布传》,张连瀛、李树柏译,新华出版社1986年版,第55~56页。

尔文都曾因此在英镑上露过一小脸。那么这一次,又该轮到谁了呢?邦,詹姆斯·邦。哦,对不起。不是邦,是瓦特,詹姆斯·瓦特,全世界第一台实用蒸汽机的发明人,工业革命按钮的启动者。其实凭借着对工业革命无与伦比的杰出贡献,瓦特早就有足够的资格坐在人类文明的神殿里啃啃冷猪肉了,登上英镑钞票的背面不足为奇。然而足以为奇的是,这次瓦特不愁没人和他聊天了——英格兰银行打破常规,第一次在钞票的背面同时印上了两个历史人物。除了瓦特,还有另外一个人。那么此人究竟是谁?他与瓦特有关系吗?还有,他怎么好意思与瓦特平起平坐?回答是:此人确实和瓦特大有关系,而且确实十分好意思与瓦特平起平坐。他就是博尔顿。马修·博尔顿,中国人一般都不认识他,英国人一般都认识他。严格说来,博尔顿并不是一位发明家,而是一名商人。然而如果没有他,瓦特也许根本就发明不了蒸汽机。今天我们谈起蒸汽机的发明,似乎就像某个天才一不小心吹了个泡泡一样的轻巧。然而搁在18世纪,这件事的难度可不亚于今天私人造了一架航天飞机飞上火星。且不说耗资是个无底洞,能成不能成都还是两说呢。而在瓦特开始捣鼓蒸汽机的时候,他的身份不过是格拉斯哥大学教学仪器修理工,哪来那么多的钱供他折腾呢?果然很快地,年轻的瓦特就因试制蒸汽机而债台高筑,做不下去了。然而就在这个时候,瓦特人生中的第一个贵人出现了——热心而富有远见的企业家约翰·罗巴克。罗巴克在一个偶然的机会里得知了瓦特的发明,意识到这项发明的光明前景,于是主动与瓦特接触并于1766年与瓦特共同签订了一份契约。这份历史性的契约规定,罗巴克代瓦特偿还1000英镑的债务,允许瓦特使用罗巴克的卡伦铁工厂设备,向瓦特提供继续研究的资金,帮助瓦特去申请他的蒸汽机专利和推广使用。事成之后，所获得的利润，罗巴克得2/3，瓦特得1/3。[1] 分成，又是分成。尽管照例是投资者得大头，然而考虑到这项发明前景的不确定性和巨额投资的风险性，我们不能不说，这依然是一桩公平甚至对瓦特略显优待的买卖。法国历史学家保尔·芒图在《18世纪产业革命》中这样评价道："这份契约，在蒸汽机史上开辟了一个时代。蒸汽机正是在这种情况下才得以走出了实验室，进入它即将加以改造的工业世界中去。这多亏了罗巴克的大胆创造精神。"罗巴克的全力支持使得体弱多病、敏感多疑的瓦特终于能够做到"两耳不闻窗外事，一心只搞蒸汽机"了。不幸的是，经过将近10年的努力，瓦特的蒸汽机还是没能走出实验室，而竭尽全力的罗巴克终于没能等到胜利的喜报传来的那一刻，他破产了。罗巴克的破产使得瓦特的发明再次陷入了困境，他只能打起背包，去搞一点河流测绘的活计来养家糊口。然而正所谓山穷水尽疑无路，柳暗花明又一村，就在这个关键的时候，瓦特无比幸运地遇到了他的第二个贵人——马修·博尔顿。

比起罗巴克，大名鼎鼎的博尔顿更有钱。他的索霍工厂规模也更大，设备也更精良。更巧的是，因为破产，罗巴克刚好欠了博尔顿1200英镑。于是，早就对瓦特蒸汽机心仪已久的博尔顿很大方地提出可以免除罗巴克的这笔债务，条件是罗巴克将他与瓦特的契约转让给他。已经无力资助瓦特的罗巴克同意了。博尔顿如愿以偿，他很快地与瓦特签订了一份内容相同的契约，开始接过罗巴克同志的枪，以大无畏的契约精神继续向瓦特的那台至今一无用处的蒸汽机大把扔钱。在接下来的十几年时间里，这一台难产的"吞金兽"先后

---

〔1〕 郑延慧：《工业革命的主角》，湖南教育出版社1999年版，第32页。

吞噬了博尔顿至少四五万英镑的巨资,一度将博尔顿逼到了砸锅卖铁,甚至还不起债务,发不出工资的破产边缘。然而功夫不负苦心人,命运最终还是垂青了瓦特和博尔顿。1790 年,瓦特获得了蒸汽机的第四项专利,最终完成了蒸汽机的整个发明过程。按照约定,瓦特与博尔顿很快就合伙组建了一家专门制造蒸汽机的公司,在随后的 30 年的时间里,共生产了 1165 台蒸汽机,直接获利超过 11 万英镑,两位蒸汽机之父终于名利双收,人类文明的历史进程也从此改写。

然而耐人寻味的是,在瓦特蒸汽机发明中发挥了如此重要作用的博尔顿同志,在中国却几乎无人知晓。直到今天,当我们在为孩子们讲述瓦特蒸汽机的时候,其故事的版本依然是:瓦特从小就是一个爱思考的小孩。有一天,他看到壶里的水烧开了,壶盖被顶得扑哧扑哧地动。呀,是什么力量在顶着壶盖呢?少年瓦特陷入了沉思。突然间他大叫了起来:“啊,我明白了,原来是水蒸气。”后来瓦特长大了,就发明了蒸汽机。这个故事版本你听过,我也听过。因为直到今天,在大多数中国人的眼里,依然是只见器物,不见制度。那么现在,我们是否还想把这个故事版本继续讲给我们的孩子们听呢?

如果说瓦特和博尔顿的故事还不能让人完全相信契约的魔力,那么我有必要再来补充一个同样是关于蒸汽机的故事。其实在蒸汽机的发明史上,瓦特并不是唯一的天才;至少在当时的俄罗斯,就曾经有一个绝不逊色于瓦特的包尔祖诺夫。出生于俄罗斯叶卡德琳堡的包尔祖诺夫比瓦特大 8 岁。在瓦特与罗巴克签约的前三年,包尔祖诺夫便向自己工作的工厂提出了他的蒸汽机设计,幸运地被彼得堡的官员看中并开始投入试制。由于当时庞大的机器如水轮机等都是用木头制作，而包尔祖诺夫的蒸汽机想全部用金属制成。因此为了保险起见，小包同志打算先造出一台全金属的小型蒸汽机做个试验，以研究解决工艺上的问题。然而不幸的是，他等得了，别人可等不了。小包同志的上级正急吼吼地等着出政绩呢：不行，造什么小的，要造就造个真家伙出来马上用。在权力的淫威面前，可怜的包尔祖诺夫毫无办法，只好带着两个青年学徒和几个干苦力的工人，在没有任何其他帮助的情况下，开始建造高达三层楼的巨型蒸汽机。1766 年 5 月，这台蒸汽机令人难以置信地制造成功。可是仅仅几天之后，灯枯油竭、心力交瘁的天才发明家包尔祖诺夫便猝然去世。又过了几天，包尔祖诺夫留下的这台蒸汽机开始了正式的工作，为 10 座炼铁炉同时送风，表现十分良好。然而几个月后，当这台蒸汽机出现了连瓦特也一直无法解决的活塞和汽缸之间密封不紧的问题时，愚蠢的上级竟然下令在活塞上包上一层桦树皮来填补空隙。没有任何意外发生，农奴制下的沙皇俄国令人发指的官僚主义最终葬送了这台注定悲剧命运的天才蒸汽机。而随着这台蒸汽机的逐渐废弃和最终拆毁，包尔祖诺夫的名字就这样令人扼腕的湮没在历史的烟尘之中。

同样的蒸汽机，同样的天才，一个在天堂，一个在地狱。契约，你相信了吗？

从大宪章到权利法案

“契约”精神在西方文明中具有十分重要的地位，从某种意义上甚至可以说就是西方文明的核心要素。《圣塔菲协议》在中国人看来也许有点令人费解：一个国王居然与一个平民签订契约？然而对欧洲人来说，这恐怕是再正常不过的一件事了。我们知道，在封建时代，欧洲各个国家的社会结构基本上都是“国王——封建领主（贵族）——骑士（平民）”。乍一看似乎也和中国社会结构一样的等级森严，但是仔细考察一下就会发现：在封建制度下的欧洲，无论是国王与封建领主，大封建领主与小封建领主，还是封建领主与平民，他们之间与其说是一种人身隶属关系，还不如说更像一种契约关系。我们不妨一起来阅读一份莫洛温王朝时期一个自由民向他的领主宣誓效忠的誓约：“在我活着的时候，我将在合乎我一个自由人的身份之下，为您服务，维护您的荣誉。我不得退出您的统治与监护，将毕生投靠在您的势力与保护之下。因此你我之间，如一方欲退出此种誓约，必须付于对方若干先令作为赔偿，此种谅解，永久不得破坏。”[1]尽管不平等的人身依附色彩同样存在，但是我相信这份欧洲中世纪的典型誓约给一个中国人留下更深刻印象的，应当是跳跃于字里行间的那一抹浓重的契约色彩。顾准在《马镫和封建主义——技术造就历史吗？》的评注中也曾这样分析骑士与封建领主之间的关系：“封建关系并不限于骑士有权利和义务这两个方面。这种权利和义务，还成为关系两方面都必须信守的契约，并不仅仅是受封者对授封者因其授土而负有义务。这就是说，除骑士不尽义务不得享受权利而外，还有王侯超额索取，骑士可以反抗。这就是英国大宪章（Magna Charta）的来历，也是英、法等国议会的实际起源。”

在这里，顾准提到了大宪章。是的，顾准所说的就是英国人从1215年开始颁布的那部奠定后世议会宪政基石的《大宪章》。我们都知道这部《大宪章》的来历，催生它的反面主角叫约翰，1199～1216年的英格兰国王。莎士比亚曾写过一部历史剧《约翰王》，生动

[1] 齐思和选译：《中世纪初期的西欧》，三联书店1958年版，第145页。

描绘了这位“失地国王”约翰可卑可怜的悲剧一生。不过对于今天的人们来说，对这位草包国王的兴趣纯粹是因为他与这部历史性的《大宪章》有关。从1199年登上王位开始，这位约翰王就因为他的愚蠢、残暴和无能而在一连串莫名其妙的战争中将他祖先威廉一世辛辛苦苦传留下来的大片欧洲大陆领地丢得一干二净，人称“失地王”。为了捞回本钱，约翰像个赌徒一样地孤注一掷，在英格兰疯狂敛财以扩军再战。忍无可忍的英格兰贵族们终于在1215年向国王摊牌，要求国王遵守沿袭已久的契约惯例，不可向他们随意征税。谈判很快破裂，国王与贵族之间的战争爆发了。失道寡助的约翰不仅外战外行，内战同样外行。贵族军队很快地兵临温莎堡城下。1215年6月15日，万般无奈的约翰王终于被迫在一份历史性的文件上签字，接受王权受到限制的约定。这份文件就是《大宪章》。更准确地说，它是一份契约，一份国王与贵族之间彼此分权制衡的政治性契约。《大宪章》凡63条，内容比较广泛，涉及教会、贵族、骑士、民事、刑事、行政等各个领域，其中又以确立贵族的各项权利以及限制国王的权力为核心内容。我们不妨也一起来阅读一下其中的一段内容：

“诸男爵得任意从国中推选男爵二十五人，此二十五人应尽力遵守、维护，同时亦使其余人等共同遵守余等所颁赐彼等，并以本宪章所赐予之和平与特权。其方法如下：如余等或余等之法官，管家吏或任何其他臣仆，在任何方面干犯任何人之权利，或破坏任何和平条款而为上述二十五男爵中之四人发觉时，此四人可即至余等之前——如余等不在国内时，则至余等之三官前，——指出余等之错误，要求余等立即设法改正。自错误指出之四十日内，如余等，或余等不在国内时，余等之法官不顾改正此项错误，则该四人应将此事取决于其余男爵,而此二十五男爵即可联合全国人民,共同使用其权力,以一切方法向余等施以抑制与压力,诸如夺取余等之城堡、土地与财产等等,务使此项错误终能依照彼等之意见改正而后已。但对余等及余等二王后与子女之人身不得加以侵犯。错误一经改正,彼等即应与余等复为君臣如初。国内任何人如欲按上述方法实行,应宣誓服从前述男爵二十五人之命令,并尽其全力与彼等共同向余等施以压力。”

这段又是“彼等”又是“余等”的绕口文字很容易就让我们联想起了现代合同上的又是“甲方”又是“乙方”的种种鸡毛蒜皮的琐碎约定,但是它背后隐伏的刀光剑影又提醒我们,这是一份何等重要的契约。在君权神授思想还大行其道的13世纪欧洲,它居然迫使一个国王向自己的臣民低下了高傲的头颅。要知道,当时的约翰不仅是一个合法的国王,而且更得到了教皇的强力支持。而面对世俗王权与教会神权的强大联合,契约居然凭借自己的力量独力相抗并最终取胜,的确令人刮目相看。《大宪章》的颁布,宣告着契约这一西方文明的古老传统在神权与王权的光环下蛰伏千年之后,终于以法律的名义正式登上了欧洲的历史舞台。而历史将用几个世纪的时间来证明:它,才是这个舞台的真正主角。

当然事情并不会就此一帆风顺。占据这个舞台中心已经千年之久的王权与神权是不可能甘心就此退出历史舞台的。这场拉锯式的较量进行了整整400多年。1215年《大宪章》签署后不久,得到了教皇支持的约翰王就翻脸不认账。于是战争,再次的战争。倒霉的约翰失尽人心,很快再次战败,终于在1216年困顿病死。而约翰之后的国王们也没有几个喜欢这部碍手碍脚的《大宪章》,只要有机会就想踹开这张讨厌的契约。然而契约一经登场,就注定不会退出舞台。在长达400多年的较量中,这张羊皮卷纸就像中国神话里的捆妖绳似的,国王们越是挣扎得厉害,它就收得越紧。《大宪章》一次又一次被国王们破坏,但是一次又一次地被重新颁布。在几个世纪的时间里,这样的拉锯进行了40多个回合。1625年至1649年,这场历史性的对抗终于达到了它的最后高潮。这次扮演国王角色的是年轻的查理一世,君权神授思想的最后殉道者。查理刚刚即位不久,就在要命的征税权上与议会闹翻。怒火中烧的查理不明智地选择了对抗,他多次粗暴地解散议会,自行大肆征税。然而查理不知道,今日的议会早已非昔日的吴下阿蒙。经过400多年的风雨磨炼,"王在法下"的契约精神早已经深深地扎根人心。作为它的代言人,议会实际上已经拥有了对没落王权的绝对优势。历史的天平正等待着最后一个砝码的落下,而查理却以自己的愚蠢和顽固无意中扮演了这个砝码。1642年,不可调和的矛盾再一次引爆了内战。这场持续6年的血腥较量在赔上了20万条生命后以国王的彻底失败而告终。而残酷的对抗也终于激发起了英国绅士们潜藏的野蛮性。1649年1月30日,倒霉的国王查理一世在白厅宴会厅广场被送上了断头台,成为英国历史上唯一一位被砍头的国王。

然而历史证明,砍下国王的脑袋并不是这场王权与契约之间生死博弈的最后均衡点。因为当历史的钟摆在愤怒中急剧地向一个极端摆动时,它就注定会用几乎同样的力量向另一个极端摆回,直到愤怒消退、力量衰竭后指向一个新的均衡点。英国人这场血腥革命的续集经典地诠释了这条千古不易的历史规律。反对查理一世的残酷战争催生了英雄克伦威尔,却又将大权独揽的他送上了军事独裁者的位置。解散议会的政治把戏又一次在伦敦上演,只是这次的主角不再是国王,而是手握兵权的"护国主"克伦威尔。对付起国王来熟门熟路的议会绅士们突然发现自己现在是秀才遇到兵,有理说不清了。不过万幸的是,像克伦威尔这样的强人是不可再生的。因为没有了战争,就没有了制造英雄的时势。即便有谁拥有克伦威尔的全部素质,也绝对成不了克伦威尔第二。所以如果当时的那些议员同志们也能像今天这样用长段的历史视野来观察问题的话,就会知道克伦威尔的军事独裁其实不过是历史钟摆一次必然的反摆运动。他们唯一能做的就是多一点耐心,等待这位强人早日咽气。他们的确等到了这一天。1658 年,克伦威尔病逝,英国陷入群龙无首的乱局。难以控制局势的议会终于体会到了一个国王对于一个国家"定分止争"的价值。于是一阵忙乱过后,查理一世的儿子结束了流亡生活,重新被议会拥戴为国王。1660 年,查理二世登基,斯图亚特王朝复辟。现在看来,仅仅一个回合的摆动显然无法让历史的钟摆稳定下来,于是第二回合的摆动又开始了。只不过这一回合的幅度比起上一回合来一定会小得多。

查理二世执政期间,议会和国王之间取得了短暂的和解。然而这种脆弱的临时性均衡在查理二世之后很快地被打破了,因为王权与契约之间的账并没有最后算清。1685 年,查理二世去世,他的弟弟詹姆士二世即位。这位仁兄夹带着天主教的狂热又在英国穷折腾了一番,从而让自己在这场王权与契约的世纪较量中扮演了最后的反面主角。1688 年,议会与詹姆士二世的女婿、荷兰国王威廉内外联合,发动了著名的"光荣革命",兵不血刃地终结了詹姆士二世的统治。赶跑了老丈人,自然是女婿当家了。不过这次别高兴得太早,今天的英国议会可不是吃素的,议员们在选举威廉为国王的同时,颁布了著名的《权利法案》。这部历史性的法案在限制王权的同时确立了议会的最高权力地位,从而为英国也为世界带来了弥足珍

贵的宪政制度。我们不妨也阅读一下其中的一段内容:

"国会两院经依法集会于西敏寺宫,为确保英国人民传统之权利与自由而制定本法律。凡未经国会同意,以国王权威停止法律或停止法律实施为僭越权力。凡未经国会准许,借口国王特权,为国王而征收,或供国王使用而征收金钱,超出国会准许之时限或方式者,皆为非法。除经国会同意外,平时在本王国内征募或维持常备军,皆属违法。国会议员之选举应是自由的。国会内之演说自由、辩论或议事之自由,不应在国会以外之任何法院或任何地方,受到弹劾或讯问。"

这些似曾相识的文字依稀让人想起了400多年前那部写在羊皮卷纸上的《大宪章》。比起《大宪章》,《权利法案》的确没有变,因为那份一以贯之的契约精神没有变。但是《权利法案》的确又变了,因为这份契约的口吻已不再假借于国王装腔作势的恩准,而是国会两院自信直白的宣告。从《大宪章》到《权利法案》,历史整整走了474年,契约也整整走了474年。在经历多次反复摆动之后,历史的钟摆终于稳定地指向了一个崭新的均衡点——君主立宪。现在我们可以说,尽管发生在英国的这场契约与王权的世纪较量中,双方都没有将对方置于死地,但是毫无疑义的是:契约才是当之无愧的最终获胜者。是"契约",而不是别的什么东西,奠定了西方民主宪政最为牢固的基石。

洗尽铅华是契约

本节是以"祛魅"破题的,因此在这一节的文字里,我努力通过探究历史的事实来揭示那些大词背后的真正本质。而当我们穿越时空——回溯西方世界的发家史以及民主法治的发达史之后,我们的确看到了隐藏在“民主法治”这些大词光环背后的那份不变的“契约”。我无意于否定这种道德光环,也无意于否定这些大词本身。然而祛魅的工作又的确是必需的,作为秉持唯物史观的一本小书,我们不希望在起步之初就为某些图腾式的东西捆住了自己的手脚。我希望平心静气地探究一下事物的真实本源,尽可能地揭示和还原它们的本来面目。这个态度不是专门针对这些大词的,而是将其作为一种基本的方法论贯穿这本小书的始终。

现在,我想冒昧地做出本书的第一个小小的结论:当盛装卸下铅华尽洗的时候,我们眼中的西方文明不是民主法治,不是人权自由,而是一张素面朝天的契约。

第二节 为什么契约属于西方

初难知

现在需要挑战一个“初难知”的问题。所谓“初难知”,通俗地讲就是指“先有鸡还是先有蛋”之类的问题:鸡是蛋孵出来的,蛋又是鸡生出来的,这个大家都知道。但是最初到底是先有鸡还是先有蛋?谁也不知道。这大概就叫做“初难知”。当然本书对鸡蛋的问题并不感兴趣,这里想要讨论的是:为什么西方文明特别讲“契约”?

如果说前文的努力的确已经在某种程度上揭示了西方文明的契约属性。那么接下来的问题就是:为什么西方文明中会有这样一种根深蒂固的契约精神?原因何在?或者可以反问一下:难道中国人就不讲契约吗?这个问题很值得我们思考。契约是什么?说到底一点都不神秘,不过是“公平交易”四个字而已。那么试想一下,如果中国古代的老百姓去菜市场上买一只鸡,难道能不给钱吗?当然不可能。公平交易人人都会,处处都有,它是人类社会最古老最基本的交往方式之一,根本谈不上是西方的专属品。现在矛盾来了。既然中国和西方都拥有契约精神的古老渊源,为什么我们在前文中会将“契约”归结为西方文明的根本属性,而不是将这个奖章挂在中华文明的胸前?

大一统还是大分裂

回答这个问题需要人们展开更为广阔的历史视野。众所周知,从长段的历史周期来观察,西方文明的发源地和主体部分——欧洲一直是一个分裂的世界。如果从公元前3千纪的克里特文明和迈锡尼文明起算,那么一直到公元20世纪,在长达几千年的历史进化中,整个欧洲大陆基本上都是处于四分五裂的状态。其间只出现过一次重大的例外,那就是古罗马帝国时期。古罗马文明兴起于公元前9世纪初的意大利半岛中部,在历经古罗马王政时代与罗马共和国时代后,于公元1世纪前后扩张成为横跨欧洲、亚洲、非洲的庞大罗马帝国。然而好景不长,公元395年,罗马帝国分裂为东西两部分。其中西罗马帝国分裂灭亡于476年,东罗马帝国则在不断的萎缩崩解中苟延至了1453年。考虑到西部欧洲对于欧洲文明进化的决定性作用,因此真正称得上改变欧洲分裂状态的时段大约是公元前27年到公元476年的罗马帝国及其后的西罗马帝国时期,持续时间不过500年。然而应该说,这500年的时间对于欧洲多样性文明背后的共性形成具有着决定性的意义。这些共性包括相近的法律文化、相近的宗教信仰、相近的语言文字乃至于相近的人种特征。而正是这些共性的存在才让后人有理由将整个欧洲的文明统称为“西方文明”,今天的欧洲一体化运动也才能在长期分裂的历史渊源中寻找到一份难能可贵的共同认知。当然这些都是后话了。在这里想要说的是:除了古罗马帝国的这500年,整个欧洲在剩余的几千年时间里基本上都是处于长期分裂、彼此独立的状态。综合起来看,完全可以有把握地说:在漫长的欧洲文明史中,分裂是欧洲的历史常态,统一则是欧洲的非常态。

更进一步地看,在相当长的历史时期里,欧洲的分裂还不仅仅是简单的"一分为二"或"一分为三"之类的那种分裂,而是分裂得一塌糊涂的那种分裂。中国历史上也曾有过分裂的时期,但是自从始皇帝一统中华之后,中国多数的分裂其实都是属于"南北对峙"或"三国鼎立"的那种状态。每一个分裂的部分都控制着较大的幅员和人口,实行的仍然是中央集权的政治体制,采用的是相同的语言文字。更重要的是,一旦国家分裂,那么每个分裂的部分都会像是中了魔咒似的孜孜不倦地进行着重新统一的运动。这的确是个耐人寻味的历史现象:从古到今,无论多么聪慧仁厚的贤君名臣,只要生逢分裂乱世,他们的最高价值目标马上就会像是中了邪似的只剩下一个——统一中国。而如果自己穷尽一生仍然未能完成这一事业,也一定会将它作为最大的政治遗嘱交代给自己的接班人。从陆游的"死去元知万事空,但悲不见九州同,王师北定中原日,家祭无忘告乃翁",一直到孙中山的"革命尚未成功,同志仍需努力",这些民族精英在自己生命燃烧的最后尽头向历史喃喃诉说的,都是无一例外的统一梦想。站在他们面前,我们完全可以有把握地说:在漫长的中华文明史上,统一是中国的历史常态,分裂只是非常态。

回过头来看欧洲。与中国历史上那种身虽分裂,心向统一的所谓"分裂"相比,欧洲的分裂是彻底、稳定和持久的。我们不妨先来考察欧洲文明的主要发源地——古希腊。在那个欧洲其他部分基本上还处于蛮荒状态的时代，文明的光辉首先照耀了爱琴海地区。然而古希腊本身就是一个高度分裂的文明世界。在公元前800年前后，在今天看来不过弹丸之地的古希腊地区存在着150个左右相互独立的城邦小国，每个城邦规模都十分的小。其中最大的斯巴达城邦——那个时代的超级大国——在国势最盛之时的领土面积据考证也不过8400平方公里，只有半个现在的北京市大小。而另一个超级大国——雅典城邦更是只有2500多平方公里，只有北京市的七分之一大小。这两个在历史上鼎鼎大名的超级城邦不过如此，那些普通的小城邦就更不值一提了。一般而言，一个小城邦的规模不过方圆数十里，居民万余人。尽管在率领各城邦击败波斯帝国后，斯巴达和雅典成为了实际上的领袖城邦，但是古希腊在政治上的统一却从未实现过。再来看看罗马之后的欧洲。罗马帝国崩溃之后，欧洲开始进入了封建时代，同时也再一次陷入了分崩离析的政治状态。从公元五六世纪在西罗马帝国废墟上建立起诸多日耳曼小国开始一直到今天，在长达一千五百年左右的时间里，欧洲国家的版图不断发生着令人眼花缭乱的变化，而唯一不变的正是那份几近永恒的分裂。我们不妨以公元十七世纪的德意志为例来体会一下那种在中国历史上难以想象的分裂。1648年，在经过三十年战争的蹂躏之后，德意志被彻底撕裂了。在今天看来也不算大的德意志地区，当时竟然同时出现了360多个城邦和1400多个骑士领地，一共1700多个独立政权。许多小国大约只有几平方英里大小，简直都赶不上古希腊时期的那些前辈城邦。尽管欧洲的其他部分并不见得都分裂得像德意志那么厉害，但是当时的欧洲分裂状态由此也就可见一斑了。因为作为欧洲心脏的德意志地区能够分裂得如此彻底，充分证明了在西方文明的母体中一定蕴含着某一种容易导致分裂并维持分裂的内在因子。至于这一因子究竟又从何而来,本书将在第二章中结合中国问题做出进一步的诠释,在此先不赘述。这里我想说的是,只要这一因子在,那么欧洲的分裂实际上就会是一种历史的必然。否则我们真的无法解释为什么欧洲总是如此容易跌入一种分裂的状态,并能如此长期地维持着这样的一种历史常态。

现在基本上可以回答前文提出的那个初难知的问题了:为什么西方文明特别推崇“契约”?答案可以用一句话来概括:欧洲长期分裂、彼此独立的历史常态是契约文明得以内生的土壤。相信这应该是一个比较容易理解的简单推论:与中国这个大一统帝国不同的是,欧洲各城邦或各国家之间长期以来一直缺乏一个拥有生杀予夺大权的共同统治者。同时由于它们自身无可救药的“小”和欧洲商业传统不可避免的流动性,决定了各城邦或各国家之间必然会发生各方面的频密交往。一方面没有共同的统治者,谁也不比谁大,另一方面又必须彼此打交道,那么一个很自然的结果就是大家都必须遵循公平交易的原则。用马克思那一针见血的话来形容,就是“我给,为了你给”。这就是最朴素的契约传统。如此看来,西方文明那引以为傲的契约传统原来也并不见得有多么的高深和高贵。因为无需列举太多的历史事实,只要从对人性最基本的判断出发,一个简单的推测就应该是可以成立的:在欧洲文明的历史发展中,一定曾有过无数的关于征服和掠夺的企图,所以也一定有过无数的反征服和反掠夺的抗争。当这种征服与抗争终于在精疲力竭中形成均衡时,缔结契约并进行公平交易就成为了它们唯一可行的理性选择。历史事实也证明了这一点。整个欧洲的文明史实际上就是一部“战争”与“契约”的交织史:一场血腥的战争过后,筋疲力尽的战争各方缔结了一份和约。若干年后,重新恢复元气的各方再次杀成一团,但最后还是以一份和约无可奈何地收场。如此循环往复,历千年而不改。可见这份被后世推崇备至的契约最初并非自愿签订的,而是不得不签订的,一直等到签订契约最后成为欧洲人的一种习惯和文化。

竞争还是垄断

现在又一个问题来了。如果说由于彼此的独立,导致各个城邦或国家之间进行交往必须遵循契约原则的话,那么如果在一个城邦或国家之内,领主或国王与他们的臣民之间进行交往是否还需要遵循契约的原则?按照正常的逻辑,一个领主或国王虽然对外搞不定,但是对内总归是老大,总不至于还要对自己的臣民如此客气吧?本书的回答是即便是一个领主或国王与他的臣民之间进行交往,很大程度上也必须遵循契约的原则。原因也很简单:正是由于各城邦或国家之间长期分裂、彼此独立的历史常态,决定了各个城邦或国家长期处于一种外部选择性竞争的压力之下。正是这种压力往往会迫使一个国王在与自己的臣民尤其是商人交往时,也不得不向契约的原则低头,从而将自己打扮成一个公平、有诚信的人。我们不妨引用保罗·肯尼迪的一段话来说明这个问题。在其名著《大国的兴衰》中,肯尼迪这样说道:“基本事实是,在欧洲不存在一个可以有效地阻止这种或那种贸易发展的统一政权……即使别人在掠夺和驱逐商人的时候,欧洲总有一些王公和地方贵族愿意容忍商人及其行为方式,而且如文献所载,受压迫的犹太商人、破了产的佛兰芒纺织工人和受迫害的胡格诺教徒,迁移时都随身带着他们的专门技艺。”肯尼迪接着又说:“一个莱茵兰的男爵因对商旅过度征税而发现,商路改到别的地方,他的收益不翼而飞了。一位赖债的君主,在面临下一次战争威胁并急需资金去装备他的陆军和舰队时，很难再借到一笔贷款。银行家、军火商人和手工工匠都是社会的重要成员，而不是敲边鼓的……有时那些较少洞察力的领导者，如西班牙卡斯蒂利亚的君主或法国一个偶尔上台的波旁国王，企图杀掉下金蛋的鹅，但结果便是财富减少，以及随之而来的军事实力的衰退。"[1]肯尼迪说对了。因为欧洲的长期分裂，所以一部欧洲的历史实际上就是一部欧洲各国之间的血腥战争史。这种国家间长期残酷竞争的历史常态，再加上欧洲商业传统带来的人员和资金的高流动性，必然会迫使任何一个国王都不敢随心所欲地对待自己属下的臣民尤其是商人阶级。借债还钱，天经地义，有借有还，再借不难，这个商业规则哪怕对于一个国王来说也是必须要遵守的。而这大概也正是为什么欧洲能够很早就建立起金融信用体系，而中国却一直做不到的原因所在。

为了进一步说明这个问题，不妨再次请出哥伦布先生。哥伦布原是热那亚的航海家，却长期在葡萄牙工作。当自己向西航行到达中国的冒险计划得不到葡萄牙国王赏识的时候，哥伦布并没有陷入中国知识分子常见的那种"怀才不遇"的苦恼中，而是很快地将游说目标转向了刚刚统一的西班牙。当伊萨贝尔女王的学术委员会拒绝了他的计划后，哥伦布虽然失望，却并不绝望，而是收拾行囊准备前往法国，希望假道法国再到英国继续碰运气。说真的，我不知道如果哥伦布没有被伊萨贝尔女王追回的话会不会在法国或英国撞上大运，但是我敢肯定的是，即便法国和英国也不支持哥伦布的话，他一定还会"流窜"到其他的国家继续兜售他的伟大计划，直到获得

---

〔1〕［美］保罗·肯尼迪：《大国的兴衰》，陈景彪等译，国际文化出版公司2006年版，第19页。

成功。这就是欧洲,一个因为分裂而竞争,因为竞争而美丽的欧洲。

现在反观中国。与亚欧大陆西部的分裂形成鲜明对比的是:在相当长的历史时期内,亚欧大陆东部所有适合农耕文明存在的地理空间几乎全部被一个国家囊括了,这个国家就是中华帝国。在不同的朝代这个帝国的名称各不相同,不过究其本质的确可以将其统称为"中华帝国"。虽然在中华帝国的周边地区一直存在着诸多小国,但是他们基本上都是受到中华文明辐射的藩属国。许多国家在历史上一直受到中国政府的册封。基本上可以说,这些国家就是中华文明圈里"敲边鼓"的角色,它们不可能与中国构成直接的竞争关系[1]。自秦始皇开始,这个超级国家就形成一个金字塔形的稳定结构,高踞塔尖的则是一个掌握生杀予夺大权的最高统治者——皇帝。对于皇帝来说,帝国的所有一切理论上都是属于他的。此所谓"普天之下,莫非王土;率土之滨,莫非王臣"。在随后的两千多年时间里,由于基本上不存在外部选择的竞争压力,中国逐步形成和强化了自上而下的资源流动机制,权力最终凌驾于市场而成为资源配置的终极决定者。是纵向的权力而不是横向的契约成为了中国社会的主要资源配置方法。经过数千年的自我发展与自我加强,这种自上而下的权力结构也逐步完成了对中国社会的控制和异化。权力意识完全渗透进中国的社会肌体和文化传统,契约精神在中国遭到了长期的压制和扼杀。

现在基本上可以回答前文提出的那个问题了:为什么中国同样拥有契约精神的古老渊源,我们却将"契约"归结为西方文明的本质属性?在中国,一个升斗小民若是要到菜市场去买一只鸡,当然得

〔1〕 这样说并不是否定这种角色的存在对于中华文明的重要意义。比如我们常说"礼失而求诸野",其实就是表彰"文明边缘区域"在特定历史时期对于遭到严重破坏的"文明核心区域"的修补恢复作用。

遵守契约的规定而向卖鸡的人支付对价,这主要是因为他朝中无人,即使想要赖账也不得其门。他若没胆当强盗,就得老老实实一手交钱一手交货。显然,在没有权力介入的情况下,这张中国式的契约也还是管用的。然而一旦权力介入,这张契约就可能被扭曲。它被扭曲的程度有多大,取决于介入的权力有多大。相信大家都读过白居易《新乐府》组诗中那首脍炙人口的《卖炭翁》:

“卖炭翁,伐薪烧炭南山中。满面尘灰烟火色,两鬓苍苍十指黑。卖炭得钱何所营?身上衣裳口中食。可怜身上衣正单,心忧炭贱愿天寒。夜来城外一尺雪,晓驾炭车辗冰辙。牛困人饥日已高,市南门外泥中歇。翩翩两骑来是谁?黄衣使者白衫儿。手把文书口称敕,回车叱牛牵向北。一车炭,千余斤,宫使驱将惜不得。半匹红绡一丈绫,系向牛头充炭直。”

是的,卖炭老翁辛辛苦苦烧制的一车炭,一心指望着卖个好价钱,却被宫里来的两个太监随便付给一点代价就强夺而去。为什么?因为权力介入了,卖炭翁与太监之间的这张所谓的契约随即就被扭曲了。如果各位也像我初读《卖炭翁》时那样在心里痛骂狗太监无耻的话,那么我们不妨再来看一个更狠的。记得2006年电视荧屏上热播过一个长篇电视剧《乔家大院》,里面有这样的一个故事情节:咸丰年间,朝廷向山西票号商人乔致庸借了一笔巨款作为军费,战争结束后便想赖掉这笔银两。乔致庸本着欠债还钱的商业信条,不知死活地跑到北京向朝廷讨债,结果被恼羞成怒的朝廷问罪下狱,差点砍了脑袋。而最后死罪不问,活罪难饶的代价就是:乔家不得不砸锅卖铁再向朝廷赔上几百万两银子,此事才算完。对于朝廷来说,小小乔致庸算什么东西?向你借点银子那是瞧得起你,天底下有什么东西不是皇帝的?居然还敢来向朝廷讨债,岂不反了?如果说前面的狗太监还只是无耻地扭曲契约的话,那么这厢的死朝廷则简直是彻底颠覆契约了。是的,在中国古代金字塔形的体制下,契约是可以被颠覆的,只要介入的权力足够的大。可怜的乔致庸先生显然没有深刻地认识到这一点,竟然敢拿着契约的商业信条与中国最大的权力中枢公然叫板,又怎不会碰个头破血流呢?

"契约"属于西方

基于这样的一种认识,我们完全有把握地说:在中华文明中,契约传统的确也是古来有之,但是在中国独特的金字塔形权力结构的长期重压之下,契约只能匍伏在权力的脚下,在权力所不能及、所不愿及和所未及的地方起一些基础性的资源配置作用。由于自身独特的历史条件,中国在历史上的确未曾有过像西方文明那样的机会,能够根据契约的机理对整个社会结构进行大规模重塑。而与中国的情况完全相反的是,在欧洲独特的历史条件的作用下,契约传统却在西方文明中得以深深扎根,经过千百年的历史发展,最后终于成长为西方文明传统中的决定性因素。因此我们说,中国社会在本质上是一个纵向的权力结构安排,而西方社会在本质上则是一个横向的契约结构安排。作为一种文明的本质属性,"契约"的确不应该属于中国,它只能属于西方。

第三节　文明的第二分水岭

分析了西方文明的契约属性以及契约的历史渊源之后,现在我们需要回答一个关于契约的关键性问题:为什么说契约精神会成为近现代西方文明发展的决定性因素?我们知道,在长达两千年左右的古代历史时期,执世界文明之牛耳的并不是欧洲,而是中国(关于这一点我们将在第二章中进行详细论述)。然而当历史的时钟走到了公元 1500 年左右的时候,历史的分水岭出现了,因为西方文明开启了一场契约的革命。从此以后,西方文明昂首向上,而中华文明则掉头向下。中西文明进化就此错肩而过,进而分道扬镳。这一张看上去平淡无奇的契约,究竟蕴藏着一种什么样的力量,竟然能在中西文明进化的历史进程中充当文明分水岭的角色?

我们需要谈点抽象的东西了。

从身份到契约

作为西方文明性格养成的核心要素,“契约”早在古希腊时期就已经被许多哲人所发现和阐述。比如柏拉图就曾在《理想国》中用平白朴素的语言描述了“契约”与“正义”的关系:“人们在彼此交往中既尝到过干不正义的甜头,又尝到过遭受不正义的苦头。两种味道都尝过了之后,那些不能专尝甜头不吃苦头的人,觉得最好大家成立契约:既不要得不正义之惠,也不要吃不正义之亏。打这时候起,他们中间才开始订法律立契约。他们把守法践约叫合法的、正义的。这就是正义的本质和起源。”[1] 相比起古代哲人的这种智慧火花,契约以一种理论抽象的完整形态出现应该始于启蒙运动。在那个理性至上的时代,启蒙思想家们对国家和法律的性质进行了锲而不舍的研究,然后不约而同地用他们自己的语言向人们宣告了同一个核心思想:国家和法律的生成机理应该归因于契约。霍布斯在《利维坦》中是这样说的:国家与法律就是“一大群人相互订立信约,每个人都对它的行为授权,以便使它能按其认为有利于大家的和平

〔1〕 [古希腊]柏拉图:《理想国》,郭斌和、张竹明译,商务印书馆 1986 年版,第 46 ~48 页。

与共同防卫的方式运用全体的力量和手段的一个人格”。[1] 洛克在《政府论》里又是这样说的:法律和“他们的政治社会都起源于自愿结合和人们自由地选择他们的统治者和政府形式的相互协议”。[2] 而卢梭则干脆将“契约”的字样写在了他的思想旗帜上。他的不朽著作——《社会契约论》几乎仅凭书名就足以令人望文生义地领会契约精神对于西方社会生成机理的决定性作用。

总体而言,在卢梭们看来,法律与契约是相互通约的。法律是一张契约,一张放大的契约,也就是全体人民之间的共同契约。而契约是一部法律,一部缩小的法律,也就是特定当事人之间的法律。[3] 二者具有同质性。应该说在那个时代,卢梭们的研究已经将契约在西方文明中的地位推到了一个前所未有的高度,也为后人的认识和研究奠定了牢固的基石。不过挑剔地看,卢梭们的研究也不是没有毛病的,其中之一就是形而上学。比方说,《社会契约论》全书立论的逻辑起点就是假设存在一个所谓的“自然状态”,而这个自然状态就是“契约”。换句话就说,人与人之间的契约关系是与生俱来的,因此也是正义的。后世的人们只不过根据这种自然状态的内在机理来组织国家和社会而已。卢梭的这种论证方法在当时的西方是很有市场的。从法学传统上来讲,人们一般将这种类型的理论称为“自然法学”。也就是首先假设人世间存在一个永恒的自然秩序,是一切人为秩序的逻辑起点和评价标准。也就是说,“自然法”是上帝法,它是一切“人定法”的标准,是法中之法。今天我们如果抱着唯物史观来重读那个时代的经典,也许会奇怪于为什么如此之

〔1〕 [英]霍布斯:《利维坦》,黎思复、黎廷弼译,商务印书馆 1986 年版,第 97 页。

〔2〕 [英]洛克:《政府论》(下篇),商务印书馆 1995 年版,第 63 页。

〔3〕 比如《法国民法典》第 1134 条规定:“依法成立的契约,在缔结契约的当事人间有相当法律的效力。”

多睿智的思想家往往愿意将自己的立论建立在一个想象的基石之上。但在西方文明的语境里,这是很好理解的:在那个被神学传统笼罩的文明时代,尽管启蒙思想家们在努力地破除神学的世界观(世界的秩序并不是神的秩序,而是契约的秩序),但是在不知不觉间,他们却还是借助了神学的方法论(最初总是存在着一种理想的自然秩序,既然不是神,那么就是契约)。[1] 客观地说,在一个承认人的有限性的世界中,这种将某种理想秩序赋予一种不可怀疑和无可辩驳的先验色彩的神学方法论,绝不会是毫无价值的(其中道理我们可以在后面谈到宗教问题时一并论述)。不过既然本书的主题与文明史有关,那么我们不妨还是从历史的角度客观地探讨一下契约的真正出身。我们需要谈到梅因和他的《古代法》了。

亨利·梅因,英国19世纪著名法律史学家。作为历史法学派的集大成者,梅因运用历史的研究方法,系统地论证了社会组织方式的历史演变,批判了卢梭们将契约当作自然秩序的理论。在其名著《古代法》中,梅因用了这样的一段话来表述他的核心观点:"所有社会的运动在有一点上是一致的。在运动发展过程中,其特点是家族依附的逐步消失以及代之而起的个人义务的增长……用以逐步代替源自'家庭'各种权利义务上那种相互关系形成的……关系就是'契约'。"最后,梅因得出了他的那个著名论断:"可以说,所有进步社会的运动,到此为止,是一个'从身份到契约'的运动。"[2] 在梅因的话里我们发现了两个关键词:"身份"和"契约"。而且很显然,梅因将"契约"对"身份"的替代当成了人类社会进步的基本动力。在

---

〔1〕 卢梭之所以会将《社会契约论》的第一卷第五章命名为"论总需追溯到一个最初的约定",其背后正是这样的一种形而上学的方法论在起作用。

〔2〕 [英]亨利·梅因:《古代法》,沈景一译,商务印书馆1959年版,第97页。

《古代法》中,梅因的推论过程有点复杂,语言表达在今天读来也略显晦涩,因此我们没有必要在这里一一复述。总体而言,梅因通过对古希腊古罗马法律起源的历史研究,认为从古代到现代,法律的性质经历了"神喻—习惯法—法典"的发展过程。在前两个历史阶段,社会秩序的真正操控力量并不是平等的契约,而是不平等的人与人之间的身份差别(在"神喻"阶段,这种身份差别似乎要借助于人与神之间的关系,其实背后还是人与人之间的关系)。只有到了最后的法典时代,契约才真正实现了对身份的超越,成为人类社会的基本组织方式。这个历史性的超越,就是梅因所说的那个"从身份到契约"的历史运动。很显然,在梅因这里,"契约"并不是人类社会什么浑然天成的自然状态,而是一个特定历史阶段的进化产物,它的优势和魅力正是体现在对身份社会的否定与超越之中。

那么,什么是身份?在相当漫长的古代社会时期,"身份"大概是西方社会最基本和最重要的组织方式了。〔1〕 在这样的社会里,一个人名分既定,则从摇篮一路带入坟墓。马克思嘲讽说:"个人的出生和作为特定的社会地位、特定的社会职能等等的个体化的个人之间存在着直接的同一,直接的吻合,就是一件怪事,一个奇迹。"〔2〕这种社会很大程度上阻塞了一个人通过自身的努力改变命运的可能性,从而极大地禁锢了个人的自由发展和进取动力,进而也极大地损伤了这个社会的创造机能。马克思毫不留情地挖苦道:"怪不得贵族要这样夸耀自己的血统自己的家世,一句话,夸耀自己肉体的

〔1〕 中国式社会似乎也很讲究身份,实际上并非如此。中国式的"身份"是源于"权力"并附着于"权力"之上的。一旦权力消失,所谓身份也随之灰飞烟灭。而西方式的"权力"则是源于"身份"并附着于"身份"之上的,只要拥有贵族的身份,就自然拥有贵族的权力。换句话说,中国社会是"权力"产生"身份",而西方社会则是"身份"产生"权力"。因此并不能说,中国社会也有着西方社会那样浓厚的身份传统。

〔2〕《马克思恩格斯全集》第46卷(上册),第21页。

来源。这当然是纹章学所研究的动物的世界观。所以贵族的秘密就是动物学。"[1]那么人类社会究竟又是如何实现对身份鸿沟的跨越呢？梅因将其归功于契约："旧的法律是在人出生时就不可改变地确定了一个人的社会地位，现代法律则允许他用协议的方法来为其自己创设社会地位。"[2]

现在让我们一起来分析一下"契约"本身。在我的理解中，要成立一个真正的契约，必须同时具备三个要件。首先，当事人必须身份平等，这是契约的前提条件。一个奴隶主与他的奴隶之间需要的只是强制和命令，而不是契约。"只有能够自由地支配自身的人身、行动和财产并且彼此权利平等的人们才能缔结契约"。[3] 其次，当事人必须意思自治，这是契约的本质内容。要成立一个真正的契约，交易主体必须能够根据自己的需要自由地表达自己的意志，并自由地处分自己的权利。意思自治是契约的灵魂。在现代法律理论中，所谓合同的本质实际上就是一个承诺或者一个合意。最后一点，当事人必须信守约定，这是契约的根本保障。作为当代中国人，我们难免会感叹于当前中国社会信用匮乏的痼疾，因此在这里不妨谈一谈信守约定方面的"好榜样"苏格拉底先生。今天我们都知道，苏格拉底乃是西方的哲学之父，一位述而不作的西方心灵启蒙人。然而遗憾的是，当时的雅典人却并不这么认为。公元前399年，自称是雅典这匹臃肿的良种马身上的一只马虻的苏格拉底因被控亵渎神灵和腐蚀青年，被雅典的法庭通过投票判处死刑。在死刑执行之前的一个月时间里，他的朋友想方设法力图营救他。其中一个很有

[1] 《马克思恩格斯全集》第1卷，第377页。
[2] [英]亨利·梅因：《古代法》，沈景一译，商务印书馆1959年版，第172页。
[3] 《马克思恩格斯选集》（第4卷），人民出版社1995年版，第78页。

钱的朋友叫克力同，他花钱买通了关节，力劝苏格拉底逃往国外。因为根据当时雅典的法律规定，只要罪犯逃出城邦之外，雅典的法律就将不再适用于他。然而克力同的好意却遭到了苏格拉底的拒绝。于是双方在狱中展开了一场辩论，这场辩论的全过程被苏格拉底的学生柏拉图详细地记录了下来。通过记录可以看到，尽管克力同尝试用友情、义气甚至是亲情来游说苏格拉底逃走，苏格拉底都不为所动。而当苏格拉底最后通过问答的方式说了一段话之后，却最终导致克力同放弃了说服的努力。苏格拉底这段话的大意是这样的："我七十年来一直居住在这里，并享受雅典带给我的好处。实际上和我的国家订有一种契约了，默认了我们国家的法律，承认了国家和这里的人们合我的意。而现在当人们按照法律判我死刑时，我怎么能离开它呢？我怎能当法律给我好处时我就遵循它，判我死刑时我就违反它呢？我在法庭上已承认审判的结果，这又是定约的证据。订约后转瞬背约，当然不行，所以我不能逃走。"[1]几天后，苏格拉底喝下行刑人端来的一杯毒酒，平静地死去。中国历史上从来就不乏为了某种崇高信念而不惜赴死的英雄，但是为了一个信守契约的理由而去赴死却是我们所没有见过的。而就我个人而言，这个故事引人深思的地方还不完全在于苏格拉底为了"契约"而赴死的决心，还在于千方百计力图营救苏格拉底的克力同最后居然也因为"契约"而放弃劝服的努力。西方社会信守契约的精神传统由此可见一斑。

在我的理解中，身份平等、意思自治、信守约定这三大要素共同构成了契约的基本精神。而如果一个社会能够同时具备这样的几

---

〔1〕［古希腊］柏拉图：《游叙弗伦　苏格拉底的申辩　克力同》，严群译，商务印书馆 1983 年版，第 109～117 页。

项要素,那一定意味着它已经根据契约的精神对自己进行了重构,从而从身份社会的历史困局中走了出来,开启了契约社会的历史新篇章。

是意志还是契约

现在关于契约还有一个抽象的问题需要解决,那就是:法律的性质究竟是统治阶级的意志还是人们之间的契约?

回答这个问题是本书对法律性质的一次正面解读,某种意义上也是对梅因理论的一次反思和追问。法律是什么,卢梭们早已做出了自己的回答。我们不妨将他们的观点称为"契约论"。然而我们同时还熟悉一个著名的论断:法律是统治阶级意志的体现。这一种观点我们不妨称其为"意志论"。长期以来这两种观点一直存在着鲜明的对立,只有在梅因那里,二者才实现了一定程度的衔接(但还不能算是统一)。从某种意义上讲,梅因的"从身份到契约"的观点就是"意志论"和"契约论"的衔接。梅因认为,法律在古代往往表现为一种统治阶级的意志(所谓"身份"某种意义上就是"意志"的另一种提法而已),而在现代则表现为一种社会成员之间的平等契约。很显然在梅因看来,从"意志论"到"契约论",历史完成了一次关于法律性质的接力传递。那么,事实果真如此吗?

本书的观点是:所谓的"意志论"和"契约论"并不是一种矛盾的关系,甚至也不是一种衔接的关系,二者是相互融合乃至于统一的。准确地讲,它们是一个事物的两个方面。在阶级严重分化的历史时期,对于被统治阶级来说,法律的确是统治阶级的意志体现。然而他们所不知道的是,在高高在上的统治阶级内部,法律依然是统治者们彼此博弈和相互妥协的契约。原来从一开始,这份法律就同时有着两张面孔，面对被统治阶级的那一张叫做“意志”，而面对统治阶级的另一张则叫做“契约”。只是在相当长的历史时期里，被统治阶级一直占据了社会的绝大多数，因此法律似乎更多地以“意志”的面孔出现在社会生活中，而很少露出其“契约”的面孔来。但是“很少”并不等于“没有”，法律的契约属性从来就没有消失过。实际上经典作家在阐述其“意志论”的时候，早就已经用一个又一个的“你们”将“契约论”隐含其中了：“你们的观念本身是资产阶级的生产关系和私有制关系的产物，正像你们的法不过是被奉为你们这个阶级的意志一样，而这种意志的内容是由你们这个阶级的物质生活条件来决定的。”[1]在我们的理解中，所谓的“你们”不就是指作为复数的统治阶级吗？然而随着历史的不断演进，当阶级对抗在不堪承受的高成本消耗中逐步走向缓和之后，社会逐步走向了理性与平和。这个历史时期由于实现了所谓的“主权在民”，法律的主体逐渐由某一阶级集团扩展至大多数民众，统治阶级的意志也逐渐泛化成了全体人民的意志。在缺乏阶级对抗的背景下，法律的阶级意志属性逐渐被淡化，“意志论”渐渐地失去了它原有的分析价值。与此相对应的是，原来仅存在于统治阶级内部的契约也随之演变为全体人民之间的契约，法律的契约属性逐渐显性化。当这种量变越过一定的边界之后，契约论就可能取代意志论主导法律性质的叙述。因此可以这样说，法律从来都是一种意志，法律也从来都是一种契约。从古代到现代，法律的性质并没有真正发生变化，真正发生变化的只不过是法律的阶级基础罢了。

为了更清楚地了解这一点，我们不妨一起来考察一下英国议会

---

〔1〕《马克思恩格斯选集》(第1卷)，人民出版社1995年版，第289页。

的历史演变。前文谈到了1215年的《大宪章》。那位倒霉的约翰王去世之后,他的儿子亨利三世即位。但是这位可怜的仁兄比起他的老子来也高明不到哪儿去,很快地国王与贵族之间的矛盾再次激化。1258年,贵族们在西蒙男爵的率领下发动了一场历史性的兵谏,迫使亨利三世将权力交给一个由贵族组成的“十五人委员会”。这个委员会就叫做“Parliament”(议会)。然而,仅仅只有贵族们相互Parliament(商议),其执政基础毕竟还不够宽广。为了得到更多阶层的支持以对抗王权,西蒙于1265年召开议会,与会者不仅包括贵族和主教,而且还邀请了骑士和城市代表参加。这就是著名的“西蒙议会”,英国议会制度的历史开端。从某种意义上讲,“西蒙议会”是贵族阶层与骑士阶层结成政治同盟联手限制王权的产物,政治斗争推动了契约主体范围的第一次扩大。然而历史很快展现出了它吊诡的本性。1272年,亨利三世去世,他的儿子爱德华一世继位。这位好莱坞电影《勇敢的心》中的大反派心机十分深沉。他知道贵族和骑士们正是依托着议会制度对自己构成强大的约束,因此决定以其人之道还治其人之身,不仅不取消议会,反而进一步扩大议会的代表性,以达到稀释贵族发言权的目的。1295年,爱德华一世精心策划的国会会议召开。会议广泛地吸收了来自全国各地的平民代表,从而有效地削弱了贵族的影响力。爱德华的目的达到了,政治斗争又一次推动了契约主体范围的扩大。到此为止,英国议会的代表性基本上涵盖了当时社会的各个阶层,因此这个议会又被后世尊称为“模范议会”,是为英国国会制度的真正开始。从1258年的“十五人委员会”,到1265年的“西蒙议会”,再到1295年的“模范议会”,我们看到了统治阶级维护自身利益的那份不变的意志,也看到了在权力斗争中分享主体不断扩大的那张不变的契约。

最后还要再加上几句。如果说有人对资本主义的所谓“主权在民”原则有所保留的话,那么对于社会主义的“一切权力属于人民”的价值目标则似乎不应再有怀疑。在这样的历史条件下,法律的契约属性只会得到强化而不是相反。由此可见,“契约论”与人类文明发展方向具有高度的契合性,尽管它不可能消灭“意志论”的理论价值,但是必将以其应然的价值超越后者而成为法律性质的主体叙述。

文明分水岭

现在我们需要解答关于契约的最后一个问题:前文的论述已经告诉我们,契约是西方文明几乎与生俱来的本质属性,其源也远,其流也长。然而为什么一直到了近现代,契约才显现出自己无与伦比的优越性,最终帮助西方文明实现了对中华文明的超越?或者更通俗地说,为什么契约传统在西方文明中早已存在,我们却将中西文明的分水岭设定在公元1500年左右?过去为什么不行?后来为什么又行了呢?

在我的理解中,契约传统的确早已存在于西方文明之中。然而仅有这一传统是不够的,因为这只是西方文明发展的主观要件,它还必须耐心地等待着客观要件的完备。这一客观要件就是——特定生产力发展水平。也就是说,只有到了特定的生产力发展水平阶段,契约传统才能真正发挥出自己的优势,推动西方文明实现跨越式发展。而在此之前,即便拥有契约的深厚传统,西方文明也不足以超越中华文明的发展高度。那么,究竟应该如何描述这一特定生产力发展水平呢?

总体而言,作为一种文明传统,契约的优势就在于承认人的平等与自由的权力，鼓励人们追逐自己的利益，释放每个人的创造力。然而在漫长的古代时期，人们认识世界和改造世界的能力还相当低下，基本上还处于一个经验认知的积累阶段。因此当时人类社会面临的最突出的矛盾是如何依靠集体的力量互帮互助，以对抗各种不可测知的外部危险。在漫长的古代历史上，这种外部危险可能表现为一发不可收拾的大河决堤，也可能表现为千里狂飙杀掠的异族入侵。在这样的历史条件下，一个社会进步的主要推动力显然不是依靠个人的创造力，而是依靠集体的合力。因此与能够凭借大一统体制集中起大量人力物力的中华帝国相比，欧洲的契约传统的确在相当长的历史时期里显现不出自己的优势来。相反，与契约传统相伴生的分裂与战争的传统却令欧洲的各主要国家长期处于相互争斗厮杀的历史困局之中，从而又进一步加剧了西方文明在古代时期的困顿与破落。

然而，当人类社会走到了公元 1500 年左右的时期，历史的天平终于开始向欧洲倾斜了。在经过漫长的经验积累和缓慢的文明传播之后，欧洲终于走到了特定生产力发展水平的历史门槛。中华文明的先进生产力经过一千多年的缓慢传播后终于陆续抵达亚欧大陆的西部。长期困顿疲敝的欧洲终于站在中华文明的巨人肩膀上最后完成了已经迟到了千年之久的农业革命，从而使自己的生产力发展水平跃进到了一个足以引发下一轮生产力革命的高度。在这一生产力发展水平阶段，人类对世界的认识能力和改造能力实际上已经达到了相当的高度，各种经验性的认知在经过长期的历史积累后也已经达到了相当的厚度。各种经验相互碰撞启发，人类在不知不觉中一步一步地逼近了科学的门槛。在这样的一个历史时期，人类社会的主要推动力已经从集体的合力悄悄地转向了个人的创造力。然而要真正引发一场新的生产力革命，还需要一种与之相互匹配的文明传统。这种文明传统应该能够充分地释放甚至引爆每个人的创造冲动与创造能力，从而在无数凡夫俗子的发明狂想和发财梦想中，突破新一轮生产力革命的最后屏障。不无遗憾的是，在前一个历史轮回中早已经具备了新一轮生产力革命之客观要件的中华文明，却由于并不具备这样的一种文明传统而导致了主观要件的缺失，终于在万事俱备的情况下，却因只欠东风而止步于新一轮生产力革命的门槛之前，也为世界留下了一个难解的“李约瑟之谜”。而与此形成鲜明对比的是，蛰伏千年的欧洲契约传统却终于等到了属于自己的时代。于是在主观要件和客观要件同时齐备的情况下，一场轰轰烈烈的工业革命在欧洲展开了。与生产力变革相适应的自然是生产关系的变革，因此这场深刻的工业革命背后一定是一场同样深刻的法治革命。在近现代欧洲发达史上，工业革命与法治革命一直是相辅相成，结伴而行的。在历史教科书中，人们一般将它们统称为“资产阶级革命”。在二十世纪初的中国新文化运动中，我们的前辈将它们统称为“先生”。而在本书的分析框架下，我更愿意将它们统称为“契约革命”。因为在我看来，它们一直拥有一个共同的名字——“契约”。

如果说能够将西方文明在近现代的全部成就抽象一个关键词的话，本书的推荐是“契约”。契约，中西文明进化的第二分水岭。

CHAPTER 02 >>

第二章

统　一

现在让我们收拾行囊，从西方近现代500年的荣耀光环中悄悄启程，一起走向更加深邃的历史深处。这次，我们需要回到东方了。不过尽管是回家，我们却不见得对接下来的一切全然熟悉。因为这段悠长的历史已经远离我们太久太久，它甚至早已从我们的记忆中断裂失落。而这种断裂失落又是如此的彻底，以至于我们中的许多人在描绘自己的未来时都只能邀请西方的朋友来充当临摹的模特儿。从很小的时候开始，老师们就指着这些画像一次一次地告诉我：好好努力，长大后你就会成为那个模样。我一次次地点头，却又忍不住一次次地怀疑：那会是未来的我吗？我的鼻子会长得那么高吗？我的眼睛会长得那么蓝吗？我的一头黑发什么时候才能变得如此金黄？我知道我的老师们是不会回答这些“奇怪”的问题的，自己心中的问号只能自己去面对。无论如何，他们已经赋予了我远行的勇气和力量，而这就足够了。现在就让我们出发，一起穿越时空回到中华文明那绵延数千年而不绝的无上光荣与梦想。我一直坚信,在历史的深处一定隐藏着那个最后的答案。让我们一起找到它,做个了断吧。

第一节　李约瑟的半个谜底

李约瑟

李约瑟,英国著名科学家,中国人民的老朋友,1900 年 12 月 9 日生于伦敦,1995 年 3 月 24 日逝于剑桥,享年 95 岁。李约瑟原名约瑟夫·尼达姆(Needham. Joseph),因尊崇中国古代哲学家老子李耳,于是以李为姓,起中国名字"李约瑟"。李约瑟早年从事化学胚胎学研究,是一位卓越的生物化学家。中国抗战爆发的那一年,他从几位访英的中国学者那里偶然了解到中国古代科技不为人知的辉煌成就,不禁为之深深着迷。从此以后,李约瑟的生命轨迹发生了天翻地覆的变化。他开始学习中文,研究中国古代科技,并着手编撰《中国的科学与文明》(Science and Civilization in China,又译为《中国科学技术史》)。这部鸿篇巨著计划编写 7 卷 34 册,然而随着研究的深入,内容出现了几何式的增长。而李约瑟本人也年事渐高,因此从第五卷开始主要依靠合作者尤其是中国学者写作。一直到李约瑟去世,这部巨著也尚未最后完成。从风华正茂的 37 岁到耄耋之年的 95 岁,李约瑟将自己的一生几乎全部献给了中国古代科技文明的研究与整理工作。他和他的研究团队前无古人的创见性工作为世界打开了一扇尘封已久的历史大门。中华古代科技文明的宝库从此向我们豁然洞开。

由于历史的原因,关于中国古代科技文明发展水平的解释权在很长一段时间里一直掌握在西方人手里。经过数百年的遗忘,古代中国人给人们留下的印象似乎也只会耕田和做诗，最多也只是将中华文明的先进性狭隘地认定在文化方面。尽管大家都知道这种认知违背了人类社会的一个基本规律：先进文化必然是与先进生产力相互匹配的。古代中国怎么可能在不发达的生产力基础上建立起先进的文化呢？在我的理解中，所谓文化就是生活方式。如果生产力不行，生活方式能优雅得起来吗？二十世纪下半叶，李约瑟们的研究彻底颠覆了这一认识的误区。他们通过严谨的科学考证无可辩驳地向世人宣告：从公元前三世纪到公元十五六世纪，在长达1800年左右的时间里，中华文明一直毫无争议地耸立于人类科技发展的最巅峰。[1] 李约瑟在为同事坦普尔的《中国的创造精神——中国的100个世界第一》一书（这本书是坦普尔根据李约瑟的授权，从浩如烟海的《中国科学技术史》中抽取了部分内容撰写的一本普及型读物。由于《中国科学技术史》的专业性和浩瀚，为了表述的简明扼要，本书所列举的部分例子是在尽可能核对过《中国科学技术史》的内容后直接采摘于该书）所作的序言中这样感叹道：“一个多么光彩夺目的宝库逐渐打开了！我的一些老一代汉学家朋友曾经认为，我们必定一无所获，但他们完全错了。中国的文献、考古证据或图画见证，清楚地向我们显示了一个又一个不平凡的发明与发现。确实一般而言，它们比欧洲类似的或引进的发明与发现领先很长一段时间。无论是二项式系数排列，还是旋转运动与直线运动相互转换的标准方法；是最早的钟表擒纵装置，还是可锻铸铁犁铧；是地植物学与土壤学的开创，还是皮肤——内脏反射或天花痘苗接种的发

---

〔1〕 像《中国的科学与文明》这样一部向遥远的历史深处探究事实的浩大巨著不可避免会出现一些不尽准确的地方。李约瑟主观上对中华文明的痴迷也难免会令其对中国古代的科技成就的评价有人为拔高的倾向，这也正是许多人攻击李约瑟的主要理由。但是本书在综合分析了部分正反面评论及其论据之后，依旧怀有信心地做出这样的一个基本判断——李约瑟及其团队关于中国古代科技文明史的研究是严谨而客观的。

现——不管你探究哪一项,中国总是一个接一个地位居世界第一。"[1]

这的确是一个令人头晕目眩的结论。不要说一些傲慢的西方人,如自夸是"李约瑟的学术敌人"的普林斯顿大学教授吉列斯皮(Charles Gillespie),在心理上难以接受,就是我这样的一个中国人在初读这些文字的时候都觉得匪夷所思。然而,当我怀着一颗忐忑不安的心亦步亦趋地跟随李约瑟们步入历史的深处后,我终于被我们祖先的伟大成所深深震撼。《中国的科学与文明》凡7卷数十册。李约瑟与合作者从数学、天文学、气象学、地学、物理学及相关技术、化学及相关技术、植物学、农业以及医学等各个科学技术领域对中国古代的科技成就进行了广泛详尽的研究与整理,其间所涉数不胜数。在此我们无法一一列举,现仅采摘数例以为管窥。

先来看看运输技术。研究古罗马史的人都知道,历史上罗马人一直从埃及通过海运输入粮食以供自己消费。然而问题是,为什么罗马不通过陆路运来亚平宁半岛上出产的粮食,却舍近求远通过地中海从埃及运来粮食?答案很简单也很令人意外:因为罗马一直缺乏有效的马挽具让马匹拉动运粮的车子,因此唯有放弃陆路运输。原来西方从远古时代到公元8世纪,一直都在使用荒唐的"喉—肚带挽具"(throat-and-girth harness)驾驭马匹。这是一种将皮带紧紧地勒在马的喉部的挽具。可怜的古代欧洲马想来一定没有练过少林寺的铁喉功,却不得不梗着脖子用自己的喉部来拉动沉重的车子,其惨状可想而知。在那个时代的欧洲,即便是单个骑手也经常在高速奔驰中将他的坐骑勒得口吐白沫窒息而死,就更别提马拉车

〔1〕[英]R.坦普尔:《中国的创造精神——中国的100个世界第一》,陈养正等译,人民教育出版社2004年版,第4页。

子了。而与此形成鲜明对比的是,中国人早在公元前四世纪就已经发明了由马的胸骨和锁骨受力的“胸带挽具”,稍后又发明了更加高效的由马的肩部受力的“颈圈挽具”,比欧洲整整早了1000年。据说后来有好事者用不同的挽具进行了一次马匹拉重实验,其结论是:两匹使用喉—肚带挽具的马只能拉动半吨的载荷,而一匹使用颈圈挽具的马就可以轻松地拉上一吨半;后者的效率是前者的六倍。不夸张地说,在那个畜力驱动的时代,缺乏有效的马匹运输手段的西方人,相对于中国人而言等同于患有严重残疾,一如机械驱动时代的中国人相对于西方人。

再来看看农业技术。在人类社会进入短暂的工业时代之前,农业在漫长的历史长河中一直是衡量生产力水平高低的决定性产业。李约瑟们的研究已经确凿无疑地证明:在古代时期,中国以分行栽培技术、多管条播机和铁犁铧为代表的精耕农业技术遥遥领先欧洲2000多年。在这些技术直接或间接传播到欧洲之前,西方人数千年来一直采用手撒种子的方法进行播种。这种效率极低的播种方法往往迫使人们不得不将每年收成的一半留作翌年的种子。而在带有犁壁的中国犁铧于十七世纪由荷兰人带回欧洲之前,欧洲的农民一直使用着极其低效的劣质犁,忍受着巨大摩擦力带来的超低劳动效率。同样是从地里刨食,一户中国人一般只需养上一头耕牛即可,而欧洲人却不得不再浪费上本已十分稀缺的金钱、粮食和土地来养上六到八头耕牛以满足耕地的需要,其间差距的确不可以道里计。因此坦普尔说:“最能说明西方落后的事实就是:几千年来,数百万人以一种效率如此之低、如此费力、令人如此筋疲力尽的方式犁地,这种缺乏合理耕作方法的状况可算是对人类时间和精力的最大浪费了。”他又说:“可以不夸张地说,当时中国处在今天美国和西欧的地位,而欧洲却处在摩洛哥的地位。18世纪以前欧洲原始的没有希望的农业,同公元前4世纪以后中国的出色的先进农业简直无法相比。"[1]今天的我们也许会惊讶于为什么现代中国的经济发展水平远逊于西方,但是烹饪文化的发展水平却依然远超过西方,而且似乎也看不到被西方人反超的迹象。在我的理解中,中国和西方在饮食习惯上的巨大差距,应该十分真实地折射出二者在古代农业发展水平上长时间的巨大差距——一个粮食富足、食不厌精、烩不厌细的中国和一个粮食短缺、食不果腹、饥肠辘辘的欧洲。

除了在那个时代里具有决定性意义的运输技术和农业技术外,古代中国的科技领先地位还广泛地体现在天文学、工程技术、医学、数学、物理学、化学等众多领域。从太阳风的发现、墨卡托投影制图法,到弓形拱桥技术、"西门子"炼钢技术,从深井钻探技术、接种免疫学、再到十进制记数法、零和负数的使用,古代中国在科技文明上的大幅度领先以及在随后一千多年时间里对世界的奠基性贡献,的确值得每一个中国人为之感到深深的骄傲。正如坦普尔所说的那样,如果没有从中国引进船尾舵、罗盘、多重桅杆等改进的航海和导航技术,就不会有欧洲人那些伟大的探险航行,哥伦布不可能远航到美洲,欧洲人也不可能建立那些殖民帝国。如果没有从中国引进马镫,使骑手能安然地坐在马上,中世纪的骑士就不可能身披闪亮盔甲去援救那些落难淑女,也就不会有"骑士时代"。如果没有从中国引进枪炮和火药,也就不可能有子弹穿透骑士的盔甲将他们射落马下,从而结束骑士时代。如果没有从中国引进纸和印刷术,欧洲继续用手抄书的时间可能要长得多,识字将不会这样普及。约翰·古登堡没有发明活字,那是在中

---

〔1〕[英]R.坦普尔:《中国的创造精神——中国的100个世界第一》,陈养正等译,人民教育出版社2004年版,第3~6页。

国发明的。威廉·哈维没有发现人体血液循环,那时在中国发明的,或毋宁说,他们一直就是那样认为的。伊萨克·牛顿不是第一个发现他的"第一运动规律"的,那是在中国发现的。中国过去的发明与发现比那些古迹更应令他们自豪。这些才智的丰碑比长城更伟大、比故宫更辉煌、比西湖更美丽、比苏州园林更精致。实体的古迹可能会被破坏、被掠夺,事实也正是如此,但才智的丰碑却不会,它们将随着记忆永存。所以说,中国最重要的传统是它的科学与技术的传统。[1]

秦始皇

感谢李约瑟,感谢那些为了探究中国古代科技文明而夙兴夜寐的人们。是他们的艰苦努力为人们揭开了蒙尘已久的历史面纱,并在很大程度上帮助人们尤其是中国人重新建立起对古老中华文明的信心。然而我们没有任何理由就此躺在祖先的荣耀上休息。现在我们需要马上回答一个问题:为什么古代中华文明会在长达近2000年左右的时期里大幅度领先于世界?

这个问题应该属于"李约瑟之谜"的一部分。所谓李约瑟之谜(Needham Puzzle),是指李约瑟在研究中国古代科技文明过程中提出一个难解的疑问,其著作原文的一般表述是:"为什么在公元前2世纪至公元16世纪之间,在将人类的自然知识应用于实用目的方面,中国较之西方更为有效?为什么近代科学,关于自然界假说的数学化及其相关的先进技术,只是辉煌而短暂地兴起于伽利略时代的欧洲?"如果使用更为简洁的语言,可以把这段话翻译为:"为什么

---

〔1〕［英］R. 坦普尔:《中国的创造精神——中国的100个世界第一》,陈养正等译,人民教育出版社2004年版,第7~20页。

在古代中华文明能够长期领先于世界?为什么从近代开始却落后于西方文明?"很显然,所谓李约瑟之谜基本上包括两个相互联系的问题。而在第一章"契约"的最后一个部分,我们实际上已经用自己的方式对第二个问题做了部分的回答。现在我们需要回答第一个问题:为什么古代中华文明能够长期领先于世界?

这是一个无数人试图解答的问题,数十年来答案何止万千。今日再添一个,似乎也是多我一个不多,少我一个不少。不过我写作此书的本意并不是奔着这个问题而来的,之所以要在这里提到李约瑟之谜,只是在写作过程中自然地出现了与这个问题的重叠,因此决定在这里以解答此题的方式展开论述。本书无意于介入这场猜谜大讨论,也无意于与任何观点开展商榷与反商榷的学术活动,而是将根据自己的需要,直接以自己的方式展开注定并不全面的论证。本书的判断是:中华文明之所以能够在长达1800年左右的时间里长期领先于世界,是因为中华文明拥有同时代其他各主要文明所不拥有的一项核心要素——"统一"。

在夏商周三代,中国已经出现了统一国家的雏形。然而严格地说,三代的体制并不是真正意义上的统一,它在本质上是一种贵族分封的类联邦体制。因此在公元前3世纪之前,中西文明的发展水平实际上并没有明显的差距。从生产力发展水平上看,当时的西方世界在对青铜和铁的使用上并不落后于中国。从文化发展水平上看,当时的世界正处于雅斯贝尔斯所说的"轴心时代"。中西文明在从公元前800年到公元前200年的几百年间各自诞生了一批文化巨人。中国固然诞生了老子、孔子、墨子、庄子等一大批中华文化的奠基人,西方也不遑多让地涌现了苏格拉底、柏拉图、亚里士多德等一大批西方文化的先驱者。在孔子诞生的那一年,释迦牟尼还是古印度迦毗罗卫国(今尼泊尔)的一个十三四岁的小王子。而孔子去世后十年,苏格拉底诞生于雅典的一个雕刻师家庭。这些人类文明最为耀眼的星辰竟然在如此密集的时间段里同时涌现,的确令人十分惊奇。因此无论从哪个角度来看,那个时代的中西文明发展水平的确称得上是各擅胜场、难分高下。

然而到了公元前221年,历史的分水岭出现了。因为这一年发生了一件大事:秦王嬴政统一了中国。无论从任何角度来看,这都是一次真正意义上的统一。在秦始皇那里,中国不仅实现了政治疆域上的统一,而且实现了政治体制上的统一。也就是用自上而下的郡县制替代了松散的贵族分封制,由中央直接任命地方官员,中国延续两千多年的金字塔形政治体制就此建立。从此以后,中国最高权力中枢的意志可以十分便捷地抵达整个帝国的神经末梢。除此之外,秦始皇还统一了度量衡,实现了制度上的统一。更为重要的是,秦始皇统一了文字,实现了文化上的统一。有人认为,文字上的统一大概是中国能够长时间保持统一的最大奥秘所在。我们知道,欧洲的文字系统采用的是字母拼音,其唯一的功能就是发音,因此不同地域的人都可以根据自己不同的口音拼写出不同的文字。罗马帝国崩溃之后,欧洲的各个部分都根据自己的口音发展出了自己的文字系统。而一旦独立的文字系统形成,文化的离心力也就基本形成,重新恢复统一的可能性就微乎其微了。这大概也正是为什么直到今天,说法语的魁北克仍然希望独立于说英语的加拿大,比利时的北方荷语区希望独立于南方法语区的原因所在。在《圣经·旧约》里有一个关于巴比伦通天塔的故事:大洪水过后,诺亚的子孙来到了两河流域的巴比伦地区。他们说着同一种语言,齐心协力工作,生活越来越好,于是大家一起商量建造一座通天塔。这塔越建越高,终于惊动了上帝。上帝看到人们如此齐心协力,统一强大,心想:如果人类真的修成通天塔,那以后还有什么事干不成呢？一定得想办法阻止他们。于是他悄悄地离开天国来到人间,突然变乱了人类的语言。从此以后人类再也无法相互沟通,只好各奔东西四散而去,通天塔的建造自然也就半途而废了。在希伯来语中,“巴比伦”(Babel)实际上就是“变乱”的意思。我相信这个圣经故事很有可能是在表达对欧洲语言多元化与欧洲长期分裂事实之间关系的某种认识。同时我也相信创作这个故事的犹太人当时可能还不太认识中国,因为在世界的东方,人们的语言不仅没有变乱,反而越变越统一。我们知道,与欧洲多元的拼音文字形成强烈反差的是,自从秦始皇统一文字后,中国的象形文字就一直十分的稳定。因为无论你走到哪里,口音有多么不同,“山”永远就是“山”的模样,“日”永远就是“日”的模样。因此对于天南海北各隅一方的中国人来说,无论他们在口音上如何鸡同鸭讲,其使用的文字却总是一致的。中国的文字及其承载的文化密码就如同一根魔线,将不同地域、不同风俗、不同口音的中国人的心灵紧紧地缝在了一起。经过数千年的渗透与加强,每个中国人的心里都根深蒂固地生长着一个自觉的意识:我是中国人。历史上的中国无论分裂得多久,也无论分裂得多厉害,总能奇迹般地恢复统一,相信应该与这份根深蒂固的文化自觉是分不开的。

现在必须回答前文的问题了:肇始于秦始皇时代的“统一”究竟为中华文明带来了什么样的飞跃,以至于我们将它视为中西文明进化的第一分水岭？本书的简单答案就是:在人类认识世界和改造世界的能力还相当有限的年代,“统一”最大限度地聚集起一个国家和一个民族的力量去创造灿烂的文明。

不妨从春秋战国谈起。如果说这本小书有一个最大的特点,那就是将中国和整个欧洲作为一对矛盾范畴进行比较。但这并不意味着中国和欧洲之间毫无历史共同点。如果说西方文明发展史上有一段十分接近于中国的历史的话,那自然应该是古罗马帝国时代。而如果说中华文明发展史上也有一段十分接近于欧洲的历史的话,那么毫无疑问就是春秋战国时代。从公元前770年周平王东迁至公元前221年秦灭六国,中国大概经历了长达五六百年的大分裂。在这个空前绝后的时代里,各种政治力量、经济力量、文化力量都铆足了劲在中国大舞台上纵横捭阖,真可谓是你未唱罢我即登场。五六百年的时间并不算短,我经常在想,若是自己身处其中,不知能否想象得出这样一个不可自拔的乱局竟有终时?这个问题我一直回答不出来。然而就是在这样的一个乱局之中,秦王嬴政于公元前230年发动了统一战争,仅仅10年便扫六合而统天下。五六百年时间的大分裂,真正终结它却只用了10年。当时秦国的体制中究竟蕴藏着一种什么样的力量,竟能在如此之短的时间里完成这个看上去几乎不可能完成的任务?现在我们都已经知道,秦国崛起的最大奥秘在于以法家治国,而法家之要又在"耕、战"二字。因此我们不妨就这两个方面择要数例,来一起领教一下当时那种横扫六合的万钧之力。

先说"战"。常言道,工欲善其事,必先利其器。对于一支军队而言,武器装备对于战斗力的重要性更是毋庸置疑。那么秦军这支锋披天下的虎狼之师当时究竟是用什么样的兵器武装起来的呢?1974年,陕西临潼县西杨村几个村民在打井抗旱的过程中意外地发现了震惊世界的秦兵马俑,从此揭开了笼罩这支军队两千多年的神秘面纱。2004年,中央电视台推出一部大型纪录片《复活的军团》,

以考古证据和历史研究为依托,借鉴纪录片的表现形式,将这支虎狼之师的真面目更加清晰地呈现在我们的面前。在兵马俑的一、二号俑坑中出土的大批青铜兵器,其制造工艺之精良、标准化程度之高令人瞠目结舌。先说青铜剑。我们印象中青铜剑一般都是既宽又厚的短剑,最负盛名的越王勾践剑全长也不过55.6厘米。青铜剑之所以造不长,是因为铜与锡的配比难以把握,铜太多则剑软,锡过多则剑脆。科学实验证明青铜的最佳合金比例应为含锡21%左右。而化验测定结果表明,秦国青铜剑的锡含量恰恰正是21.38%,再加上13种微量元素,其强度已经相当于调质后的中碳钢。两千多年前的秦国工匠居然凭借着经验逼近了科学的标准,真是令人深深叹服。而从外形上看,秦剑的剑身呈现出一种奇特的柳叶形,宽窄厚薄随着不同部位的受力需要而不断变化。通过科学的合金比例和复杂的形状变化,秦国青铜剑的长度令人惊奇地突破了90厘米。战场拼杀,分毫之差就是生死之隔,以此长剑对阵彼之短剑,优势不待言说。然而最关键的事实还不在此,而在于:所有秦国青铜剑的合金比例和剑身形状都是如此,无一例外。湖北的鄂州是楚国的旧地,考古人员曾在这里发现了一把秦剑。细长奇特的秦剑和当年楚国的青铜剑完全不同,但是它的造型与千里之外的陕西兵马俑坑中的秦剑却完全相同。完全可以由此断定,当时所有的秦剑一定都是按照一个统一的标准严格制造出来的。秦始皇兵马俑出土的其他青铜兵器也无不如此。比如在兵马俑出土了大量的长柄兵器青铜铍,它们的制造时间前后间隔十几年,然而其造型和尺寸却完全一致。还有秦弩。从某种意义上讲,弩大概是冷兵器时代最为先进的远战之王了。战国时代的秦军已经大量地使用弩并发展出极其复杂和可怕的弩阵战术,其中最强的秦国劲弩射程居然达到了1000

米。看过电影《英雄》的人相信都会对那万弩齐射时遮天蔽日、无坚不摧的威力留下深刻的印象。除了商业大片免不了的花架子,张艺谋的描写基本上还是有根据的。更重要的是,这些令人闻风丧胆的秦弩箭全部都是按照一个优化的标准制造出来的。秦国的弩机工艺复杂精密,以至于在秦弩面前死伤无数的匈奴人偶尔缴获一两把秦弩也没有能力进行仿制。然而如此精密的秦弩,秦国人却实现了所有部件在战场环境的互换拼装,其部件的规整标准程度可见一斑。而与秦弩搭配使用的青铜箭镞也是清一色的制式。兵马俑出土了4万多枚青铜箭镞,全部都是一种接近完美的三棱流线型箭头,无论是外形轮廓还是空气动力学性能都几乎等同于现代的步枪子弹。专家在三棱形进行等边测试时,随机抽取了84根箭头,结果是:三边等长最大的误差0.55毫米,最小的误差0.02毫米。同时金相分析表明,4万多枚青铜箭镞的铜锡合金比例几乎完全相同。

这是一个越琢磨就越令人感到惊心动魄的事实。因为当时的秦国不仅兵器工业的技术水平十分先进,而且居然在大工业生产方式诞生之前的两千年就已经实现了标准化生产。面对兵马俑坑中那些至今依旧锋锐无匹的青铜兵器,这样的一个推测应该是合理的:秦国人一定是对在长年战争中表现最优的兵器进行了精确的测绘分析,然后将其固定为标准,并以法律的形式将这些标准强制性地推广发放到帝国的全部兵器作坊。考古文献分析表明,秦国在兵器工业生产上采用了十分严格的四级监管体制。《吕氏春秋》记载:物勒工名。秦国的每一件兵器上都会同时刻着几个人的名字,比如从最高的“相邦吕不韦”,到兵器监管部门“寺工”,再到兵工厂的厂长如“丞我”,最后到操作的工匠如“工可”,整个金字塔形管理体制层级清晰,责任到人。任何一把兵器上的任何一个质量问题都可以追查到最终的责任人。在这种体制下,对产品质量的一丝一毫的马虎很显然都是在与自己项上的脑袋开玩笑。正是这个强有力的金字塔体制决定了秦军手中所持的所有兵器一定都是按照最优的统一标准制造出来的。而用如此先进的武器系统武装起来的秦国军队,也一定是同时代所有其他军队的噩梦。

再来说说“耕”。农业是古代的决定性产业,其重要性无需多言。在战火连绵的战国时代,最优秀的壮劳力基本上都被征入伍,常年在战场上拼杀,后方农业生产的压力十分巨大。有史书记载,在横贯南北的秦直道修建之前,平均从咸阳启运192石粮食,到九原城前线的将士手中时大概只剩下1石,99%以上的粮食在来回的路途中无谓消耗掉了。这个例子似乎有点夸张,但以一斑窥全豹,我们就可以理解当时秦国粮食生产的压力有多大了。而大家都知道,秦国在统一前大概只有500万左右的人口,供养的常备军却高达100万。秦国人是如何做到这一点的?从湖北云梦睡虎地秦墓出土的秦简中,人们大概可以得到部分的答案。大家都知道秦国的法律十分细致,但是云梦秦简所记载的法律的细致程度还是足以令人吃上一惊。自从商鞅废井田开阡陌之后,秦国政府先后制定了《田律》、《厩苑律》、《仓律》、《徭律》、《效律》和《司空律》等法令,对农业生产进行了事无巨细的指导。为了准确使用粮种,《仓律》规定,如果种稻或麻,每亩应该用二又三分之二斗种子,如果种谷子或麦子,每亩应该用一斗种子,而种黍子或小豆,每亩则用三分之二斗种子。为了更好地使用耕牛,《厩苑律》规定,在每年的四月、七月、十月和正月评比耕牛。对官府饲养的牛,成绩优秀的,赏赐管理农田的官吏酒一壶、干肉十条,免除饲牛者一次更役。成绩低劣的,官吏要受到申斥,饲牛者罚两个月劳役。对各家各户饲养的耕牛,也进行评比。成绩优秀的受到赏赐,成绩低劣的,要遭到笞打。另外在对铁农具的使用和保养方面,在对开荒休耕和灾情报告方面等,秦国的法律也都事无巨细地做了规定。我们完全有理由相信:与兵器工业方面的做法一样,秦国的统治者一定是将当时农业经济最为发达的中原地区的生产经验总结上升为标准,然后用法律的方式推广到整个帝国。在那个文明发展程度参差不齐,科学技术的传播还十分缓慢、零散和偶然的时代,[1]秦国的统一的确极大地推动了中国经济社会的整体跨越式发展。因为这种金字塔形的大一统体制迎合了一个时代的需要:用自上而下的纵向管理方式解决了科技文明的横向传播难题。而这种横向传播在古代欧洲的分裂国界和封建壁垒面前显然是不可想象的。

同样地,由于秦的大一统体制打破了过去层层叠叠的封建壁垒,因此在对整个帝国人力物力资源的动员调度方面也具有了欧洲国家无可比拟的优势。公元前 331 年,纵横天下的亚历山大大帝与波斯大流士三世决战于美索不达米亚,他当时的全部家当就是步兵 4 万,骑兵 7 千。而古罗马帝国时期则凭借着统一的帝国体制维持了 15 万左右的常备军(也有认为在 30 万左右)。比起古罗马帝国,秦的大一统体制显然更为彻底和强大,因此可以常年维持百万以上的常备军,一次决战便可动员兵力数十万。公元前 260 年的长平之战,秦国倾全国之力与赵国决战,先后动员兵力估计达 60 万以上,最后全歼赵军 45 万,而当时秦国的全国人口也不过 500 万左右。当然这种动员能力并不是全用在战争上,在平时的建设中,帝国这一非

---

〔1〕 以造纸术的传播为例。蔡伦的造纸技术大概发明于公元 105 年,公元 751 年通过唐朝和大食的怛逻斯战役才西传到了中亚。而到了 1276 年,意大利半岛中部的蒙地法诺地区才建起了意大利的第一家生产麻纸的造纸场。可见其传播速度的确十分缓慢。

凡的动员能力主要体现在水利工程和道路工程等基础设施建设方面。将成都平原变为天府之国的都江堰、把关中平原变为天然粮仓的郑国渠、开通人类历史上最大内河运输网的灵渠、还有劈山填谷让天堑变通途的700公里秦直道以及四通八达构筑全国快速交通网络的驰道系统等等这些泽被后世的浩大工程,都是这种杰出动员能力的最好见证。而如此浩大的工程在一个分裂的欧洲是绝对不可能出现的。我们以秦直道为例。这一条由秦始皇令蒙恬率几十万军民修建的“军用高速公路”长达700公里,从首都咸阳一路逢山劈山遇谷填谷,直达抗击匈奴的前线九原郡(今包头附近),几乎完全呈正南正北。史书记载:“自九原抵甘泉,堑山堙谷,千八百里。”(《史记·蒙恬列传》)“道广五十丈,三丈而树,厚筑其外,隐以金椎,树以青松。”(《汉书·贾山传》)可见其工程之浩大,技术难度之高。秦直道纵贯黄土高原,沿子午岭修筑,所经地貌复杂,两千多年前的秦人究竟如何测绘?如何施工?至今依然成谜。我们今天所能知道的是,这一项军事工程建成之后,强大的秦军只需三昼夜便可自咸阳驰援九原,马踏阴山,从此彻底扭转对匈奴作战的态势,致使“胡人不敢南下而牧马,士不敢弯弓而抱怨”。而难以想象的是,如此一项浩大工程仅仅用时二年半(公元前212年—公元前210年),居然没有变成“豆腐渣工程”,相反其工程质量极高。经过两千多年的风雨冲刷洗礼,这一条秦直道依然没有从地球上消失,许多路面至今保存完好。由于路基的夯土层夯得十分结实,以至于许多路面至今也只能衍生杂草,而不能长出树木。完全可以想象这样的一项工程奇迹究竟需要多少无辜的生命为其奠基。然而两千多年前专属于大一统中国的那份无坚不摧的意志和力量也的确令后人叹为观止。

合力为王

那真是一个合力为王的年代。在人类认识世界改造世界的能力还相当有限的时候,肇始于孝公商鞅而大成于嬴政的大一统体制将中华民族紧紧地捏成了一个拳头。我们当然不能忘记这种体制一将功成万骨枯的那一面,但也不能因此忽略了它为万世开太平的另一面。如果人们将李约瑟所讲的中国人领先世界的175项基础性发明发现按照时间顺序进行一次光谱式排列的话,马上就会发现一个显而易见的事实:这些伟大的发明发现中大约有一半左右密集地出现在秦汉时期,然后随着时间的推移而渐渐变少。直到公元1584年朱元璋的九世孙朱载堉完成了最后一项重大发明——音乐十二平均律后,中国人持续了两千年而不竭的发明潮终于戛然而止。这一事实雄辩地表明:由于建立起了史无前例的大一统体制,秦汉时期的中国社会发生了一次质的变化,从而推动中国的科技水平实现了一次整体性的飞跃。从历史唯物主义的世界观出发,完全可以有把握地说:在那个时代,统一的确顺应了历史发展的潮流,而不是相反。由于统一,在亚欧大陆东部广袤的土地上,一个包容多元的伟大民族与一个伟大的统一多民族国家跃上了世界的历史舞台。奠基于多样性基础之上的大一统体制为中华民族缔造了难能可贵的和平与和谐,[1]中国从此摆脱了欧洲数千年无法摆脱的由于彼此分

〔1〕 关于统一与和谐之间的关系,本书将在第三章予以详述。

裂导致争战不休的历史梦魇。[1] 由于统一，中国实际上形成了统一的国内大市场，没有了关税壁垒，没有了法令不一，没有了言语不通，也没有了画地为牢。中国任何一个“点”上所获得的经验认知在理论上都有可能被整个“面”所共享，[2]而不同经验认知之间的碰撞、印证和交流又是孕育出更高层次经验认知的基本路径。[3] 还是由于统一，中国的经济社会发展具有了分裂的欧洲所无可比拟的规模优势。正如李约瑟所说的那样，在8世纪初，世界上的确没有任何国家能够从事南北跨度约4000公里的子午线弧度测定。当时也没有其他国家能够派出一支考察队去观察直到南天极20度之内的南半球星宿。在那个已经离我们远去的年代里，从古长城的巍峨到大运河的逶迤，从兵马俑的壮观到紫禁城的恢弘，从唐时长安城的万商云集到明时下西洋的千帆齐发，凡此种种人间奇迹，非大一统之中华帝国实不能为也。即便是日渐走向没落的晚清，其制造业总产量依然在相当长的时间内领先于工业革命已经如火如荼的欧洲。[4]

那的确是个合力为王的时代。得益于横贯两千年而不绝的统

---

〔1〕 汤因比在《历史研究》中引用了这样的一段话来描述罗马的统一带来的好处：“过去导致战争爆发的关于统治权和威望的争执，现在有了一个了结……当世界各国已经因内部纷争和动乱而把自己送上火葬的柴堆时，他们突然获得了罗马的统治，因而立即恢复了生机。他们自己也说不清是如何达到这种境地的。他们对此一无所知，只是对自己目前的福气感到惊讶。他们就像从睡梦中醒过来一样，已经想不起刚才的梦境。他们已经不再相信世界上居然会有战争这种事情。今天若有人提到战争这个字眼，对于大多数人来说，简直像是听到神话……”

〔2〕 汤因比在《历史研究》中用草药在罗马帝国内的流通和纸的使用在阿拉伯哈里发帝国从东端向西端的传播阐述了大一统国家对于科技文明的横向传播的积极作用。

〔3〕 不妨以中国古代的炼钢技术与水力风箱技术之间的关系来说明不同技术之间的相互促进作用。中国在大约公元5世纪的时候，就发明了将生铁和熟铁一起熔化后获得钢的冶炼技术。这种技术之所以能够成功运用的重要因素之一就是需要人们提供连续不断的高温。而中国人在公元前4世纪发明的双动式活塞风箱和公元6世纪左右发明的水力风箱，为冶炼提供了完全自动的连续鼓风能力，才使炼钢称为可能。反过来，这种鼓风机之所以能够承载如此高负荷的工作，又有赖于中国人的炼钢技术所提供的坚韧的轴承和零件。

〔4〕 根据荷兰经济史学家麦迪逊《世界经济二百年回顾》一书的统计，1820年中国GDP占世界GDP的28.7%，大大高于英国所占的5.2%和日本所占的3.1%的份额；而根据美国保罗·肯尼迪所著的《大国的兴衰》的统计，1800年中国的制造业产量占世界总产量比例为33.3%，而欧洲占28.1%，美国占0.8%，日本占3.5%。一直到了鸦片战争前夕，中国才被整个欧洲超过。1830年，中国占29.8%，欧洲占34.2%，美国占2.4%，日本占2.8%。

一,中国没有异议地成为那个时代最为杰出的优等生。既然我们能够为近现代西方文明领先于世界抽象一个关键词“契约”,那么如果说我们要为古代中华文明长期领先于世界抽象一个关键词的话,本书的推荐是——“统一”。

第二节 为什么统一属于中国

统一的逻辑起点

与第一章追溯西方文明契约属性的源头一样,现在我们也必须追问另一个初难知的问题了:为什么中国在历史上会选择统一并长久地保持统一呢?作为一个唯物论者,我当然不会相信有一个万能的造物主在创造中华文明和西方文明时就已经为它们规定好了一切。可是当我们把中西文明数千年的发展轨迹放在一起审视时,就会发现历史的确为我们出了一个大大的谜:同样是几千年的发展史,西方选择的是持久的分裂,而中国选择的却是永恒的统一,为什么?难道西方人天生就喜欢分裂,而中国人天生就热爱统一?几千年的时间可不算短,相信在这出漫长的历史舞台剧中,各种偶然性一定都曾削尖脑袋地争取到自己的角色并登过台亮过相。但是最后站不站得稳脚跟,成不成得了主角,那恐怕就不是自己说了算,得看恩格斯所说的历史合力的箭头指向何方了。千万不要说西方人天生就热爱自由和尊重独立,历史告诉我们,西方有过多少的帝王将相,就有过多少的扩张野心,其中也不乏拿破仑这样雄才大略的一时枭雄。然而物竞天择的自然结果却是:西方一如既往地维持着分裂的局面。即便是罗马帝国令人目眩的成功放在整部剧中恐怕也只能算是一次短暂的例外,否则就不能解释为何罗马之后再无统一。反观中国,我们却可以很清晰地看到一条合久必分、分久必合、合为常态、分为反态的历史主线。中国的历史发展中并非没有分裂的因子,但是统一的因子显然更为强大和坚韧。一个身处其中的中国人可能会因为熟视而无睹,但是正如费正清在《伟大的中国革命》中所说的那样,这实际上是一个惊心动魄的事实:全欧洲和南北美洲住着十多亿人,这十多亿人生活在大约50个主权独立的国家,而十多亿中国人却生活在单单一个国家里,从古到今,相沿数千年而不改。[1] 为什么?冥冥之中究竟是谁在导演着这出历史舞台剧?是秦始皇吗?不可能。在我的理解中,一个再强大的生命,在历史命运的轮盘前也不过是一个匆匆而过的玩家,当精英转瞬化为粪土之后,一切都可以重新洗牌。不管是秦始皇还是恺撒,他们都只是演员,而不是导演;他们是被历史决定的,而不是决定历史的。

那么,这出历史舞台剧的导演究竟又会是谁呢?让我们收拾行囊再次出发,一起走向更为遥远的历史深处。这次我们的目的地是文明的摇篮——地理环境,我相信那里应该有一个答案,一个关于文明进化的逻辑起点的最终答案。

摊开一张世界地图,相信首先映入我们眼帘的一定是那一片蓝色的大海汪洋。在这片海洋中又散布着几块陆地,其中最大的那块就是亚欧大陆,因此它也就注定要成为人类文明的最大摇篮。[2] 太平洋和大西洋分别从东边和西边哺育了这块大陆,人类历史上最为重要的两大文明——中华文明和西方文明分别在这里诞生。然而如果我们认真地审视一下这两大文明所处的地理环境,就会发现二

〔1〕 [美]费正清:《伟大的中国革命》,刘尊棋译,世界知识出版社2003年版,第14页。

〔2〕 当然从历史上看,撒哈拉沙漠以北的北非地区实际上从一开始就加入到了这个文明的循环圈中。因此这个摇篮应该还包括整个地中海的沿岸地区,我们不妨把它称为"泛亚欧大陆"。

者几乎完全不一样。在亚欧大陆的西部,欧洲尤其是西欧基本上可以看作是亚欧大陆向大洋伸出的一个由诸多小半岛和小岛屿共同组成的边缘破碎的大半岛。这些小半岛和小岛屿的面积之和约占欧洲总面积的34.6%,从而也造就了全世界最为崎岖的欧洲海岸线。欧洲三面环海,各海洋水系蜿蜒曲折渗入到欧洲的内部,尤其是天赐一个地中海从南面反包抄了整个欧洲。这种整体地理形态决定了欧洲的各个部分都距离海洋不太远。对欧洲文明产生决定性影响的西欧距离海洋最远处不超过700公里,即便是欧洲的东部距离海洋最远处也不超过1500公里。这样的地理环境条件使得海洋对于陆地的影响相对比较充分和均匀。无论是气候条件还是由此引申出来的生产生活方式,欧洲的各个部分基本上都相差不大。另外,与太平洋的辽阔及其强大气候对东亚沿海地区的破坏性影响所不同的是,大西洋要小得多,它的气候对西欧沿海地区的破坏力也要小得多。而南面天生一个风平浪静的地中海更是可以让人们十分方便和惬意地靠海而居。正是由于欧洲人的靠海而居,因此欧洲破碎崎岖的海岸线就自然而然地对欧洲的主要政治地理环境形成了切割,从而在各个岛屿和半岛上自然形成了一个个相对独立的政治地理空间,进而导致了欧洲各个部分之间的相对隔裂与相互独立。[1] 这些因素综合决定了欧洲的各个部分基本上都有能力独立地靠海而居并依托海洋发展自己,同时也决定了欧洲各个部分的实力会相对均衡,没有哪一个部分能够拥有足够的实力和战略纵深来

〔1〕 从军事意义上讲,半岛和岛屿的防御成本比较低,而进攻的成本则比较高,很容易形成割据之势。当年希特勒德国正是由于跨不过一道不算宽的英吉利海峡而无法征服英国,最后导致征服整个欧洲的野心化为泡影。而春秋战国时代的赵国在赵武灵王胡服骑射改革之后国力十分彪悍,然而由于身处中原核心地带而陷入"四战之地"的困境,强敌环伺却又无险可据,其结局必然是与更为强大的秦国一决雌雄,最后长平决战中力逊一筹满盘皆输,可见平原地形的确难成割据,尤其是长久割据。

一统欧洲。在这个意义上,欧洲强国林立的基本历史格局实际上从一开始就已经悄然奠定。保罗·肯尼迪在他的《大国的兴衰》中也观察到了这个事实,他说:"欧洲在政治上总是四分五裂,尽管罗马帝国做过最大的努力,他们的征服也未能超过莱茵河和多瑙河以北多少;在罗马陷落后的1000年里,主要政治权力单位同基督教信仰和文化的稳步扩张比较起来既小而又局限在个别对方。像西方查理大帝时期或东方基辅罗斯时期那样政权的偶然集中,只是暂时的事情,会因统治者的更换、国内起义或外部入侵而随即结束。欧洲政治上的这种多样性主要是它的地理状况造成的。这里没有骑兵帝国可以把它的快速动力强加其上的大平原,这里也没有像恒河、尼罗河、底格里斯河和幼发拉底河、黄河和长江周围那样广阔而肥沃的流域可以为勤劳而易于征服的农民群众提供粮食。欧洲的地形更为支离破碎,众多的山脉和大森林把分散在各地的人口中心隔离开来;欧洲的气候从北到南和从西到东有很大变化,这导致很多严重后果。首先,它使统一控制变得很困难,甚至强有力的、坚决果断的军阀也难以做到。这就减少了大陆遭受像蒙古游牧部落那样的外部势力蹂躏的可能性。相反,这种多样性的地形促进了分散政权的发展和继续存在,地区王国、边境贵族领地、高地氏族和低地城镇联盟构成了欧洲的政治地图。罗马陷落后任何时期绘制的地图,看起来都像一块用杂色布片补缀起来的被单。这块被单的图案每个世纪都可能不同,但从来没有一种单一的颜色可以用来标明一个统一的帝国。"[1]除此之外,还有一个事实也不容忽视:西方文明的发源地——希腊破碎而崎岖的地形也在很大程度上塑造了西方文

〔1〕[美]保罗·肯尼迪:《大国的兴衰》,陈景彪等译,国际文化出版公司2006年版,第16页。

明的初始性格。斯塔夫里阿诺斯在他的《全球通史》中这样评价："希腊地区没有丰富的自然资源，找不到肥沃的大河流域和广阔的平原。而具备这些天然条件，并合理地开发和利用，是供养如中东、印度和中国所建立的那种复杂的帝国组织所必需的。在希腊和小亚细亚沿海地区，只有连绵不绝的山脉，这不仅限制了农业生产率的提高，而且把陆地隔成小块。因而，那种可作为地区合并基础的天然地理政治中心，希腊人是没有的。入侵者入侵之后，在彼此隔离的村庄里安居下来。这些村庄通常坐落在易于防卫的高地附近，因为高地上既可设立供奉诸神的庙宇，又可作为遭遇危险时的避难处。这些由村庄扩大而成的居留地一般称为"城邦"，而提供避难处的地方称为'卫城'或'高城'。城邦常策略地设在土壤肥沃的地方或商路附近，因而吸引来更多的移民，成为该地区的主要城市。许多小城邦就是这样形成的，彼此较为隔绝，而又生气勃勃地独立不移。"[1]公元前 480 年，波斯几十万大军入侵希腊，却被斯巴达国王列奥尼达的 300 名卫士和数千名希腊杂牌军阻挡在一夫当关万夫莫开的温泉关隘口前，血战数日不能前进一步。希腊的险峻崎岖由此可见一斑。斯塔夫里阿诺斯说得对，如此的地理环境条件的确天然地有利于独立，而不利于统一。而在这种环境中孕育而成的文明传统，也一定会将自由和独立的价值奉为臬圭，直到希腊文明的火种燃遍全欧洲。

也许正因如此，尽管历史上的欧洲也曾有过无数次关于征服与统一的企图和努力，但是欧洲独特的地理环境条件却在逻辑的起点处决定了欧洲的历史命运实际上就在于一个字——"分"。从古到

---

〔1〕［美］斯塔夫里阿诺斯：《全球通史——1500 年以前的世界》，景象婴、梁赤民译，上海社会科学院出版社 1999 年版，第 202 页。

今，这样的肥皂剧情不知道在欧洲的历史舞台上重复上演过多少次：一个雄才大略的欧洲大国君主倾全力发动了一连串的对外战争，力图征服整个欧洲。初期他总会尝到点甜头，然而当他的胜利开始打破整个欧洲的力量平衡时，欧洲的其他大国就会迅速地结成同盟，共同对付这个平衡破坏者。经过一番旷日持久的血腥较量，这个以寡敌众的君主最终难以逃脱失败的命运，于是欧洲重新恢复了分裂的均势局面。几千年来，有多少欧洲君主都曾费尽心机地争取到过这出肥皂剧的出镜机会并进行了十分卖力的表演，但是几乎没有哪一位能够最后笑着谢幕。在欧洲历史宿命的困局中，哪怕像拿破仑那样的天才也只能给法兰西带来十几年的胜利，当整个欧洲都联合起来反对他的时候，没有一个枭雄能够逃脱失败的命运。拿破仑不行，希特勒也不行。18 世纪的普鲁士国王腓特烈大帝天纵英才，然而终其一生也无法完成德意志统一的重任。在欧洲政治势力多元化的历史条件下，仅仅一个西里西亚的反复争夺就足以令腓特烈大帝这样的天才耗尽毕生的心力。奢谈全欧洲的统一，简直就是天方夜谭了。

现在将视线转向东方。与欧洲截然相反的是，在亚欧大陆的东部，太平洋的西岸，却拥有着一条十分完整和饱满的海岸线。太平洋气候对大陆的影响是由东南向西北渐次递减的。在中华文明的起源时期。这一影响在黄河中下游相交的地方刚好达到了较为适中的程度。也许大家会觉得现在黄河流域的气候条件似乎并不比长江流域优越，但是近年来的地理和考古研究已经证明，在全新世中期曾经出现过世界性的气候回暖期，在中国则大概相当于仰韶文化时期，持续时间大约在距今 8000 年至 3000 年之间。在那个时期，黄河中下游地区温暖湿润，平均气温比现在高出2℃左右，[1]其气候条件大概相当于今天的长江流域，降水和气温都十分适合发展农业和人类生活。与此同时，定向的西北风从蒙古高原上不断吹来的沙尘在黄河中下游地区堆积出了世界上面积最大、堆积最厚和发育最全的黄土，黄土顺流冲刷而下又堆积再造了华北平原（这两个地方大概共同构成了当时所谓的“中原”地区）。这种土壤条件在金属工具不甚普及的历史时期尤其是使用简单工具的早期农业时期比较有利于开垦耕种。就这样，在气候条件与土壤条件的共同作用下，中原地区逐步发展出了领先的农业，中华文明的前身华夏文明在此孕育诞生。

现在我们以中原地区为中心，审视一下周边的地理环境条件。从中原地区往南就是东南沿海和长江流域。当时东南沿海和长江流域的气候条件和地理条件与今天可大不相同。在仰韶温暖期，东南沿海和长江流域的气温大概比现在高出2～4℃，整个地区温热潮湿，疾疫流行。司马迁在《史记·食货列传》中就有“江南卑湿，丈夫早夭”的说法，显示当时的东南沿海和长江流域的确还不是一个十分宜居的地方，难怪古代的统治者总是把他们不喜欢的同志流放到南方去。同时，由于受到强大的太平洋气候的影响，东南沿海和长江流域降水十分充足，生长着茂密的原始植被，密林叠嶂，交通不便。这样的地理条件对于采摘野果的采集经济比较有利，但是对于需要砍伐植被和平整土地的农业经济而言则不见得十分有利，尤其

[1] 千万不能小看这2℃。我们知道格陵兰岛现在是个冰天雪地的世界，但是公元982年欧洲人发现它的时候，它的南部还生长着大片的绿色植被，因此被命名为“Greenland”，也就是“绿地”的意思。因为这个诱人的名字还吸引了不少的欧洲移民。此后数百年时间里再也没有人去格陵兰岛，然而当16世纪初欧洲人再次踏上格陵兰岛时，却发现岛上的居民早已经全部冻饿而死。原来格陵兰岛那时已经进入寒冷期，气温仅仅下降2至3℃，岛上的植被就全部消失。曾经是世外桃源的“绿地”转眼间变成了死亡之地。

是在金属工具尚不普及的早期农业时期。这也许正是中华大地进入农耕文明时代后,很早就出现早期文明萌芽,比如著名的河母渡文化、良渚文化的东南沿海和长江流域突然放缓了发展的脚步,其生产力发展水平与黄河流域逐渐拉开差距的潜在原因之一。

从中原地区向北是蒙古高原地区。蒙古高原是我国最平坦的高原,交通便利。然而由于远离海洋,气候条件十分恶劣,每年积温仅 1600～3400℃,年降雨量仅 200mm～400mm,属于典型的半干旱地区。这种气候条件无法发展出发达的农业,只能居无定所地搞一些畜牧业。因此在很长的历史时期内,生活在这块面积达 400 万平方公里的地域的人口数量始终在 100 万左右徘徊,这表明其地理环境条件的确无法承载先进的文明。蒙古高原继续向北则是西伯利亚高原地区,高寒冻土、人迹罕至,自然就更谈不上文明发展了。从中原地区向东北则是中国的东北地区。这个地区纬度甚高,且接近世界上最冷的地区——号称寒极的维尔霍扬斯克和奥伊米亚康,又受到西伯利亚和蒙古高压气团的控制,所以冬季漫长而气候严寒,气温比世界上同纬度地区平均低 10℃左右。这种气候条件决定了东北地区的植被多为针叶森林和草甸草原,因此宜于发展狩猎和采集经济,而不宜于发展农业。

从中原地区向西北是西北干旱地区。这一地区面积广大,但是地处内陆而又多山,海洋水汽难以进入,因此干旱少雨多风沙。我国的几大沙漠和戈壁皆集中于在此,人烟罕至,仅通过一条夹在青藏高原与蒙古高原之间狭长的通道即河套走廊和珍珠链似的西域绿洲与中原地区相连。而从中原地区向西南更是高寒的世界屋脊青藏高原,平均海拔超过 4000 米,气候极其恶劣,土壤发育不良,植被稀薄,人烟稀少,经济社会文化发展长期受到制约,显然也无法孕育出与中原地区相抗衡的先进文明。

至此我们可以发现,原来中华文明孕育于一个如此浑然天成的地理环境:在农耕文明时代,整个东亚地区以中原地区为核心,向西、向北逐渐寒冷干旱,向东、向南则逐渐温热湿瘴。西有大漠,北有冻土,东有大海,南有密林,西南更有难以逾越的青藏高原,这种地理环境条件决定了中原地区的率先崛起以及周边地区对中原地区的永续向往。中原强则中原向周边地区扩张辐射,中原弱则周边地区向中原渗透发展。谁欲问鼎中华,必先逐鹿中原。当中原向外扩张的时候,一定会将自己的先进文化带出去,当周边地区渗透甚至入主中原的时候,也一定不得不接受和遵循中原地区的先进文化。就在这样一盘历史大棋局的反复博弈中,中国逐渐内生出以中原地区及其文明为核心的历史向心力,经过几千年同化与被同化的文明滚雪球效应,多元统一的中华文明渐渐奠定。

现在的确可以说,尽管中国历史上以武拒统的征战也同样频繁,但是中国独特的地理环境条件实际上在逻辑的起点处决定了中华文明的历史命运必然在于一个字——“合”。先秦三代,尽管还不能算是真正意义上的统一,但在形式上也一直维持着一个天子居中、诸侯拱卫的政治局面。而自始皇之后,中国更是形成了事在四方、要在中央的大一统格局。尽管在此后的两千多年时间里,中国一直在一个分久必合,合久必分的历史循环中徘徊,但是无论分裂得多久,也无论分裂得多厉害,中国都能奇迹般地恢复统一。当然了,既然“统一”与“分裂”是一个交替出现的循环套,那么这个话似乎也可以倒过来说:无论统一得多久,中国最终都会恢复分裂。那么,究竟是庄生梦蝶,还是蝶梦庄生呢?我们不妨粗略地做一个量化的分析。如果从秦始皇统一的公元前 221 年算起,一直到清朝灭亡的公元1911年,中国的大一统帝国制度运行了整整2132年。而其中统一的时期大约为1347年,占三分之二左右时间。分裂的时期大约为785年,占三分之一左右时间。很显然统一是主流,分裂是支流。[1] 因此可以肯定地说,是庄生梦蝶,而不是蝶梦庄生。然而比这种简单的定量分析更重要的定性判断依据是:每当中国统一的时候,整个国家就政治稳定,百姓安居乐业,而每当中国分裂的时候,整个国家就战乱频繁,百姓痛苦不堪。那句令人心酸的"宁做太平犬,不做乱世人"的古话,正是这种历史规律的最好写照。反观欧洲,情况就完全与此相反。在欧洲的历史上,每当各个国家处于相互独立的状态时,彼此之间往往维持着一个均势,大家倒是相安无事。一旦有哪位野心家企图打破平衡一统欧洲的话,则欧洲必然战火连天血流成河。费正清在《伟大的中国革命》中也是这样说的:"说到最后,欧洲和中国的区别在于人民的愿望。中国历史中表面上的统一,实际只占全部时间的2/3,而统一的理想则相沿无改。欧洲宗教和文化在基督教信教区域内(除土耳其或阿拉伯入侵时期外)是统一的,而整个欧洲统一的尝试总是被各个地方君主所挫败而未成功。自查理曼大帝以后,无论哪一个搞政治统一的人,不管是波拿巴(拿破仑),还是希特勒,都没有成功,一部分原因就是他们没有得到人望。"[2]在我的理解中,费正清所说的"人望",大概就是指一种心向统一的国民心态吧。因此可以有把握地说:在中国,统

---

〔1〕 有学者以清朝达到的稳定的最大疆域为标准,认为严格意义上的统一时间只有81年,而如果以基本恢复前代的疆域、维持中原地区的和平安定为标准,则相对意义上的统一时间则是九百五十年。这种观点也不无道理,但是从文明进化的层面进行研究,本书认为不应过于严格地限定统一的疆域标准,重要的是抓住历史发展的主线。中华文明的发展是滚雪球式的,过去的蛮夷之地,现在可能都已经成为文明核心区之一。因此不能把疆界的一时盈缩作为判断的标准,更不能以今天或历史上最大的疆域作为衡量过去的标准,而应以当时的国家政治生态和国民心态作为主要的判断依据。

〔2〕 [美]费正清:《伟大的中国革命》,刘尊棋译,世界知识出版社2003年版,第14~15页。

一是历史常态,分裂则是非常态。而在欧洲,分裂是历史常态,统一则是非常态。我一直相信,正如家庭环境对一个人的影响一样,当数千年前中华文明和西方文明开始蹒跚学步的时候,他们之间本不会有太大的区别,然而截然不同的地理环境却在文明的幼年时期为他们塑造了截然不同的品性,从而在逻辑的起点处决定了二者截然不同的历史命运。尽管正如家庭环境不可能完全决定一个人的命运一样,地理环境也不可能完全决定一个文明的命运,但是对于一个懵懂初知的幼年文明来说,最初的这样一把推力就已经足够让它进入自己的轨道了。这就好比对于在太空中漂浮的嫦娥一号来说,几分钟的小发动机点火就足以让它永久地改变轨道一样。随后的历史发展我们都看到了。长期的独立状态孕育催生了西方文明独立自由的价值观,以至于电影《Brave Heart》中的主人公华莱士在断头台上的最后一刻也一定要高呼一声“Freedom”,否则这电影肯定卖不了座,因为它忘记了弘扬西方社会的“主旋律”。而长期的统一状态则孕育催生了中华文明统一至上的价值观,以至于中国历史上所有企图分裂国家的人物都最终难逃被国人唾为民族败类、历史罪人的可耻下场。人们常把那种只需振臂一呼就能令人血脉贲张、热泪盈眶的东西称作“图腾”。那么在我的理解中,独立自由就是西方文明的图腾,正如国家统一是中华文明的图腾一样。

儒家法家相反相成

然而我们不能陷入绝对的地理环境决定论。因为文明一旦诞生,就会逐渐形成自己的独立品格,进而衍化成一个具有自我生产、自我复制和自我修正能力的超循环自组织系统。到了这个阶段,地理环境与文明进化之间的联系就会被大大削弱,直至丧失决定性作用。这就好比一个人在成年之后，家庭环境对他的影响就会逐渐减弱，自己的路主要还是靠自己去走。中国历史的发展证明了这一点。尽管中原地区在相当长的历史时期内都是中国经济文化最为发达的核心区域，但是从东汉末年开始，由于气候逐渐变冷、土地过度开垦、人口负载过大以及战火频繁蹂躏等各种因素的交织作用，中原地区逐渐衰落下去。而江南地区则在三国时期孙吴政权和晋隋唐宋时期各南方政权的苦心经营下，逐渐发展为中国的粮仓和钱袋。尽管传统意义上的中原地区由于接近与游牧民族的对峙前线而保住了中国的政治中心地位，但是中国的经济中心已经不可逆转地转移到富甲天下的江南地区了。从唐宋开始，中原地区风景这边独好的盛况已经成为历史，中国实际上形成了中原与江南两大文明核心区域。〔1〕与此相适应的是，此后中国的每一次分裂也基本上呈现出了南北对峙的政治局面。然而中国依然没有陷入南北分裂的情况，每一次对峙都一定要分出胜负而归于统一。当初逐鹿中原的地理环境早已经不再，为什么中国还能够一如既往地追求统一呢？答案显然不能再从地理环境中去找，而只能从地理环境之外的文明自身去寻找，那就是：中华文明在长期的自我发展过程中已经内生出了维持统一的两大核心要素——法家与儒家。

〔1〕 虽然中国的经济中心迁移到南方，但是政治中心一直保留在北方。除了历史传统的惯性之外，相信应该与古代时期中华文明的主要矛盾运动有关。在漫长的古代，农耕民族与游牧民族之间矛盾对立的均衡线在地理上基本是沿长城一线展开的。游牧民族对中原的威胁先是出现在西北方向，后来慢慢移动到东北方向。因此历代中国的主要政治军事力量也必须靠北配置，其历史顺序同样是先西北方向（以定都长安为代表），后东北方向（以定都北京为代表）。如果首都设在南方，由于北边的威胁仍然存在，那么整个国家的政治军事力量配置就可能头重脚轻的现象。北方将领拥兵自重，朝廷又鞭长莫及，情况会十分危险。明朝朱元璋定都南京，但是与蒙古的主要战场仍在北边。四子朱棣骁勇善战，于是被老朱封为“燕王”，派往北方抗击蒙古。后来太子朱标早死，朱元璋遂立长孙为太子，即后来的建文皇帝。接下来的事情我们都知道了：老朱一死，叔侄俩就干起来了。朱棣军队在蒙古骑兵的长年陪练下早已经是一身肌肉，尽管名不正言不顺，但还是凭借着剽悍的军事实力硬生生地冲进南京将侄儿的皇位给夺了过去。当上了皇帝的朱棣也许正是因为深知其中三昧，所以最后还是决定迁都北京，免得哪一天别人也仿效他来那么一下。

中国的统一虽大成于始皇帝,实际上孕育于春秋战国。在春秋战国时期,诸侯各国连年征战,先秦诸子百家争鸣。这是中国人民凄风苦雨的人间地狱,却是中华文化繁花似锦的人间天堂。如今看来,所有这一切都不过是在为中国的统一做着最后的政治军事准备与思想文化准备。诸国混战应该是中华帝国分娩之前的一段必然阵痛,因为冷血的历史正在耐心地观察和遴选着能够一统天下的最强者。而百家争鸣则是统一文明孕育之前的一次选择性竞争,因为历史还需要找到一种与大一统帝国体制最为适配的主流意识形态。公元前3世纪,当中华统一文明的临盆时刻终于到来时,残酷而必要的选择与淘汰开始了。

秦国原是西北边陲一个专为周天子养马的小诸侯国,按西游记的说法,其出身不过一“弼马温”耳。由于地理偏远,秦国国力弱小,在战国七雄中一直叨陪末座。公元前361年,年轻的秦孝公嬴渠梁即位,因“诸侯卑秦,不与之盟”而痛感“生命中不能承受之轻”,乃奋起招贤,大胆启用年轻的卫国人商鞅为秦变法。公元前359年和公元前350年,商鞅两次变法,彻底改变了秦国的政治经济体制,从而极大地促进了秦国国力的增长。从具体内容上看,商鞅所变之法涵盖甚广,从经济上的废井田开阡陌、统一度量衡,到政治上的除世禄励军功、设郡县编户籍等,不一而足。然若以一言要之,商鞅变法的核心精神实际上就在于:彻底打破传统的贵族分封体制,加强中央集权对国家的统一控制,运用法家之道强力治国。如今看来,这的确是一个适应历史发展的正确抉择。在战国中后期,经过漫长的三代和春秋战国前期的发展,随着铁农具的普遍使用和农业生产经验的不断积累,当时人们的生产力水平已经达到了较高的程度,客观上为在更大范围内整合生产资源和生产经验,更有力地实现对国家的控制提供了必要性和可能性。在那一个强敌环伺的时代,相信每个国家都迫切地希望运用国家的力量更快捷地将先进的生产经验自上而下地推广到整个国家,并最大限度地动员起整个国家的人力物力,共同应对各种自然和非自然的挑战,包括兴修水利和对外征战。然而要做到这一点,在过去生产力水平和管理控制能力都相对低下的条件下发展起来的贵族分封体制显然就成了最大的体制障碍。正因如此,战国中后期的其他各诸侯国也都在任用贤人变法,魏有李悝,楚有吴起。然而与光脚的秦国比起来,这些强国多少都算是个穿鞋的,故其变法也多少带着点妥协性。反而只有商鞅在一穷二白、蒙昧初开的秦国甩开了膀子真正大变其法,终于在战国七雄中率先建立起一个统一的中央集权体制,从而将关中数百万秦人紧紧地捏成了一个拳头。正是凭借着这个史无前例的拳头,在接下来的一百多年时间里,秦国人兴水利、修驰道、征巴蜀、战长平,纵横天下,所向披靡。及公元前230年,天降大任的秦王嬴政发动了决定性的最后一击,终于以十年之功横扫六合,一统天下。

自公元前772年犬戎破周事件起算,中国陷入实质性的分裂状态已历五百年有余。然而如此大分裂,秦人竟可以西北一隅之力而统一之,其所依凭者,当然首推法家。因此及秦朝立,嬴政称始皇帝,居功厥伟的法家自然也想光大于天下。然而历史再一次露出他吊诡的本性,十几年前还被证明是治国良方的法家竟然很快地变成了亡国的毒药,秦朝迅速地走向了暴政的极端。公元前206年,在农民起义的怒涛中,不可一世的秦王朝以15岁之寿夭亡。亲手将秦王朝带上历史巅峰的法家,又亲手将秦王朝推下了万劫不复的历史深渊。法家在中国统一前后截然不同的表演为后世留下了一个巨大的惊叹号和一个同样巨大的问号。在我的理解中,法家是以一种强有力的统一体制面目登上历史舞台的。由于强调单向性的强力控制,这种体制本身是不能够自足自稳的。但是在强敌环伺的条件下,外部压力的存在提供了反向性的作用力,并与内部作用力恰好构成了一种平衡,从而掩盖了法家的这种天然缺陷。然而当法家最终以自己强大的内在张力逐步消灭了外部压力之后,它的力量也就相应地失去了控制,从而导致自内而外的系统崩溃。法家在秦统一中国前后的表现完全证明了这一点。因此,要在相对缺乏外部压力的条件下长期保持大一统的国家体制,人们就必须在体制内培养起另一种内在力量来平抑法家的张力。从理论上讲,这种力量应该是内生和稳定的,它应该与法家相反,却又与法家相成。环顾先秦诸子,历史选择了儒家。

汉初七十年,是休养生息的七十年。自高祖刘邦始,汉朝统治者就一直采用黄老之道治国,倡导与民休息,重新封侯建国,实际上已经从秦朝的中央集权体制向后退了半步。然而大一统体制既然已经登上历史舞台,就不可能再轻易下台。随后的历史发展已经证明,分封制在汉初七十年的回光返照,也不过是历史钟摆在中国急速摆向大一统体制之后的又一次必然的反摆动而已。它决不等于中国从此将退回三代的封建体制。只要时机适合,这个钟摆一定是会重新摆回的。公元前 140 年,汉武帝刘彻即位。经过六七十年的休养生息,当时的中国已经逐渐恢复了元气。然而初生的大一统体制也正经受着内外两方面的严峻挑战,内有分封诸侯势力坐大对抗中央,外有强敌匈奴虎视眈眈威胁中原。要想战胜这双重挑战,必须将整个国家再次捏成一个拳头。历史已经证明,要做到这一点,的确没有比法家更好的方法了。然而秦鉴毕竟不远,如何驾驭住法家这匹治国的烈马,就成了摆在汉朝统治者面前的头等大事。在这种历史背景下,倡导“仁政”的儒家思想逐渐复苏。公元前134年,也就是武帝的元光元年,终于等到窦老太后翘了辫子的汉武帝三次召见大儒董仲舒,求问治国良策。董仲舒遂作著名的“天人三策”对之,为武帝所纳。“天人三策”的内容被后世的史家概括为“罢黜百家、独尊儒术”。实际上此时的儒家思想已经顺应大一统的时势进行了重要的变革,其中并不完全都是纯粹的先秦儒家思想,而是掺和进了法家、阴阳家等诸家的不少东西,其中最重要的就是法家。简而言之,董仲舒的理论就是“儒表法里、王霸结合、德刑兼用、引礼入法”。今日细读董仲舒,我们的确可以在字里行间感受到两种相反相成的力量在其中的均衡。比如在“天人三策”中,董仲舒提出了影响后世两千年的“天人感应”理论:一方面认为“王承天意以从事”,这当然是在为君权统治寻找合法性根据,但另一方面又认为王若有违天意则“天夺之”,又何尝不是一种意在约束君权的“有中国特色”的民权思想呢?由此可见,在这次所谓“罢黜百家、独尊儒术”的运动中,法家思想实际上在董仲舒的理论体系中实现了与儒家思想的历史性结合。它们的契合点就是承认并服务于君权的统治,二者之间构成一种“一刚一柔,一硬一软”的张力。而正是这样两种相反相成的力量刚柔相济、阴阳调和的奇妙结合,奠定了大一统体制的坚强基石。中华帝国的统一大业远溯于三代,孕育于春秋战国,开创于始皇帝,终于大成于武帝、董仲舒。以公元前134年的“元光决策”为标志,中国终于形成了儒表法里、王霸道相杂的经典治国方略并代代相传,中华帝国的统一基业自此稳如磐石。据说汉元帝刘奭当太子的时候,曾经向他的老爹汉宣帝抱怨,说是朝中的文武大臣们个个满嘴的仁义道德,实际上满肚子都是刑名之学,留在朝中只怕是祸国殃民。却没想汉宣帝勃然作色,骂道:“汉家自有制度,本以霸王道杂之,奈何纯任德教,用周政乎?”(《汉书·元帝纪》)汉宣帝当然有理由气急败坏:都当上我的接班人了,居然还没有搞清楚我大汉朝体制的真正奥秘所在,叫我怎么放心把这大好江山交到你手里呢?

由此可见,中国的统一文明应该包括两大核心要素——儒家与法家。现在不妨用简短的语言分别表彰一下这两大核心要素对于中华统一文明的价值所在。在我看来,儒家对于中华统一文明的重要性在于:以“仁”为核心的儒家思想具有十分强大的政治安抚能力和文明同化能力。要想开创和维持一个如此庞大的大一统帝国,长年累月的征战、扩张、迁移和融合自然是免不了的。而这就为文明核心区的主流文化提出了一个重大的挑战:这种主流文化是否具有包容乃至于同化其他文化的能力,从而安抚后者并与其建立起文化上的认同和联系,否则单纯的武力压服一旦失控,所谓的统一就会灰飞烟灭。西方历史上也曾横空偶出个把奠基在铁血之上的强大帝国。前有亚历山大大帝的马其顿王国,中有不世出的罗马帝国,后有查理曼大帝的法兰克王国。然而一旦枭雄逝去或国力衰退,貌似强大的帝国立即就会四分五裂。究其原因,缺乏文化上强有力的认同应该是一个十分重要的因素。1993 年,塞缪尔·亨廷顿发表了著名的“文明冲突论”,在全世界范围引发了巨大的争论。在我看来,且不论亨廷顿的出发点和结论是否有问题,他至少观察到了这样的一个历史事实:从古代到现代,不同的文明体之间的确一直在展开一场绵延数千年的拉锯式冲突。而当现代高级宗教诞生并以自己的名义分别定义了几大文明之后,人们似乎就更加看不到这场冲突的尽头了。从某种意义上说,宗教是人类为了解决自身的有限性与世界的无限性之间的永恒矛盾而诞生的必然产物。一个宗教尤其是具有严密教义的高级宗教一旦诞生，就基本上不可能为其他宗教所同化。我信的是安拉，你信的是基督，要让一个信仰安拉的去信仰基督，门都没有。杜维明曾经称赞近年来宗教之间的对话和交流，比如基督徒约翰·科伯和佛教徒阿部正雄之间的长期交流。但是谁都知道，要在可预见的时间里形成超宗教的普遍信仰，可能性微乎其微。宗教难以融合，决定了文明也难以融合。而如果其中的任何一方不幸地决定将自己的价值观和行为方式强加于另外一方的话，不同文明体之间的冲突也就不可避免了。从中世纪一次又一次的十字军东征一直到今天的伊拉克战争泥沼，西方基督教世界与阿拉伯伊斯兰世界之间长达一千多年的痛苦冲撞已经充分地证明了这一点。这还算是不同宗教之间的冲突，想当年西方人搞宗教改革，同样也引发了天主教与新教之间长达数百年的血腥厮杀。相传英格兰国王亨利八世在与教皇闹掰之前，最大的爱好就是将搞新教运动的所谓异端分子送上火刑架活活烧死，以至于英格兰地区的木柴奇缺，价格飞涨。当初洛阳纸贵是为了传颂美丽的诗篇《三都赋》，而英格兰柴贵则是为了焚烧异教徒。这真是令人不胜唏嘘。要知道这些互相视为异端的天主教徒和新教徒读的可是同一本《圣经》，信奉的也是同一个上帝，仅仅是教义理解上的不同就能驱使他们走向如此的极端，宗教的狂热与狭隘由此可见一斑。

然而，如果将视线从西线的宗教狂热漩涡中转向东线，我们马上就会发现一个令人惊奇的历史事实：支撑中华帝国文化基石长达两千多年的儒家思想从本质上讲竟然是无神论的！不是吗？《论语》记载，季路问事鬼神，子曰："未能事人，焉能事鬼？"樊迟问知，子曰："务民之义，敬鬼神而远之，可谓知矣。"刘向的《说苑》也记载了这样一段经典的对话。有一天子贡问孔子："死人有知？无知也？"

各位看官,这个问题可是十分关键的。它实际上已经触及到了人类存在的一个终极问题,也就是人究竟有没有“来生”,因此往往也是宗教萌生的逻辑起点。但是没想到孔子的回答却是:“吾欲言死者有知也,恐孝子顺孙妨生以送死也;吾欲言无知也,恐不肖子孙弃而不葬也。赐,欲知死人有知将无知也,死徐自知之,犹未晚也。”从孔子与弟子们的对话中我们可以看出,儒家思想虽然没有完全排斥宗教,但是十分明智地回避了注定没有终极答案的宗教问题,而是将其全部的注意力紧紧地围绕人本身展开,从而发展出了世界上最为发达的人伦思想体系。而恰恰因为这一点,儒家在不经意间抓住了人类文明的核心共性——人伦。各位不妨想想,不管你信奉何方神圣,终归是人皆有父母、人皆为儿女,人皆为人,在这一点上总是绝无例外的。因此不管在扩张和融合的进程中遭遇何种宗教文明,强调人伦的儒家文明都可以予以包容。即便不能在短时间内将其同化,至少也可以与之和平共处。中国的历史发展证明,当无神论遭遇有神论,可以有两种基本的相处方法。一种方法就是“无”消灭“有”:因为我不信神,所以也不许你信。中国古代的灭佛运动和“文化大革命”的“破四旧”大概便是采取这一方法。所幸的是这些时期在历史的长河中十分短暂,不是中国历史的主流。另一种方法则是“无”包容“有”:既然我自己不信神,自然也就没有什么神可以提供给你信,你就信你自己的神好了。两千多年来,儒家与各种宗教基本上就是以这种方式相处的,它应该是中国历史的主流。相比起来,若是有神论尤其是像基督教、伊斯兰教这样只信奉“那世界唯一的真神”的一神论居于主导,反而难以做到对其他有神论和无神论的包容。这也许就是人们常说的“虚怀若谷”、“有容乃大”的智慧吧。而正因为拥有了这份相处的智慧,中华文明早在两千多年前就在意识形态层面成功地解决了其他文明至今无法解决的宗教冲突问题,从而从根本上穿越了文明扩张过程中的宗教樊篱。在当今世界无处不在的宗教樊篱间左冲右突,一只再强壮的大象也会撞得头破血流。然而假如你是水,或者是空气,自然就可以悄无声息,无孔不入地弥漫而过。我想这大概就是柔弱的胜过刚强的,“无”胜过“有”的智慧吧。有两个小小的例子可供佐证:全世界的吉普赛人至今仍到处颠簸流浪,但是在现在的中国却找不到吉普赛人。相信不是吉普赛人从来就没有到过中国,这么大的文明体绝不可能从未来过。因此答案只能是:他们已经被中华民族同化了。而以色列学者和美国犹太学者研究也表明,中国是世界上唯一没有发生过排犹运动的国家。犹太人流浪世界上千年,依旧顽强地保持着自己的民族特性,然而来到中国的犹太人居然逐渐失去了保持本民族特征的心态,终于在中华民族的汪洋大海中慢慢消失了。中华文明超乎寻常的同化能力由此可见一斑。在所谓的“文明冲突”愈演愈烈的今天,这一份来自中国的智慧有朝一日或许可以为这个世界打开一扇通往未来的门。

实际上自从在中原地区起家后,中华文明的基本运动方式便是以自己的先进文明不断地融合和同化周边地区。如今在中国以汉族自居的人口超过了九成。若细细地从血缘上去分析,果真人人都是“根红苗正”的中原华夏后裔?唐太宗当世的李姓后裔相信都会把自己当做纯正的汉族人,但是他们的老祖宗李世民先生的亲生母亲实际上是突厥人,而他的奶奶则是鲜卑贵族(早就有人怀疑李世民家族实际上就是鲜卑族)。按说李世民至少算是个混血儿了,可是今天又有谁在乎呢?几千年的历史早已经证明,中国人擅长很多东西,但最不擅长种族歧视。据说以前中国从来就没有统计过民族成分。民国的时候进行户籍统计,一问:“你是什么民族的?”“啊,什么民族?不知道。”“不知道?不知道那就是汉族了!”所以汉族人人口最后变出了这么多。这个说法应该是有一定可信度的,否则你真的很难解释历史上那么多的其他民族人口都跑到哪儿去了。要知道在中国的扩张历史中,征战固然在所难免,但是的确没有进行过像西方殖民者对印第安人所干的那样种族灭绝式的大屠杀,所以唯一的答案只能是同化。今天我们说起这个话题来显得很轻松,但是慢慢咀嚼就会渐渐感到惊心动魄。数千年的时间,十几亿的人口,这个举世无匹的文明大熔炉是以怎样的气度数千年如一日地包容了差异,文明了野蛮,消弭了仇恨,最后熔炼出了中华民族这一块具有如此包容力和凝聚力的百炼精钢。几千年历史坎坷路,这个庞大的帝国已经记不清多少次跌倒了,但是它从来就没有散过架,过去没有,未来也不会。因为那种文化上根深蒂固的血肉联系早已将这个民族、这个国家紧紧地联结为一个文化共同体,一个命运共同体。

然而仅仅只有儒家显然是不够的,因为作为一个大一统帝国“定于一尊”的主流意识形态,儒家有一个自身不可克服的内在缺陷,那就是:一个经过儒家思想长期教化的民族天然地具有一种消解血性和勇力的倾向。面对饱受列强欺凌犹如一盘散沙的中国,陈独秀曾经痛心疾首地说:“西洋民族以战争为本位,东洋民族以安息为本位。儒者不尚力争,何况于战。”我相信孔子在说“临事而惧,好谋而成”的时候,他的原意并不是要后人当软蛋,但是其基调毕竟是一种非暴力的价值倾向。后人若是有点出息的,或许还能理解圣人话里的大智慧。若是碰到个没什么出息的,这话恐怕就要演绎成“君子动口不动手”了。若再没出息点,大概就剩下“一介书生,手无缚鸡之力”了。如果撞大运刚好处于一个缺乏外力威胁的太平环境中，天下无鸡可缚，书生们倒也可以之乎者也地混混日子。然而若是运道不好，处于一个强敌环伺，弱肉强食的险恶环境中，这样的民族必然险象环生。书生们平日空谈误国，事到临头倒也有一死以报国的骨气，“无事袖手谈心性，临难一死报君王”，名节是顾全了，但国家也跟着完蛋了。历史显然不是靠撞大运就能混出来的。要知道古代的中华帝国虽然总是“庞然大物也”，但是它的外部威胁实际上从来就没有消失过。因为它一直都有一个强有力的对头，那就是北方大草原的游牧民族。这一历史常态决定了中国人只会“之乎者也”是肯定不够的，他们必须找到一种能够将整个国家和民族强有力地组织起来的基本方法，以克服儒家思想的不足。而这大概正是法家之所以能够成为中国两大主流意识形态之一的根本原因所在吧。一言概括之：法家的最大价值就在于为中国提供了一种强大的组织性和纪律性，内聚民心，外御强敌。

其实自从在中原地区立国之后，中华帝国的历史命运就一直与北方的游牧民族纠缠在一起。有些外国历史学家观察到中国在唐宋之后游牧民族多次入侵中原并数度成功征服庞大农耕人口的历史事实，于是经常讥笑中国乃是一个无兵的民族。从某种意义上讲，这的确是与儒家思想成为主流意识形态之后对中华民族性格的长期影响有关。自汉唐之后，儒家思想通过科举制度与文官系统的相互配合，早早地完成了对国家意识形态的控制，从而在根本上影响了整个国家的价值取向。从此以后，武将们建功立业的好日子仅仅被局限在马上得天下的短暂时期。一旦皇帝老儿坐稳了江山，还得赶紧夹起尾巴做人，免得落个鸟尽弓藏、兔死狗烹的下场。开国元勋在有生之年都活得如此窝囊，等到这批老家伙们咽气之后，那些在太平环境下长大的四肢发达的年轻同志的地位就更别提了。

我们不妨算笔粗账。中国历史上主要王朝的轮回时间平均是300年,在这300年的时间里,属于武将的好日子撑死不过头尾的几十年,剩下的200多年时间里基本上都是文官说了算。俗话说“干什么吆喝什么”。诸位想想,连个卖西瓜的都要自卖自夸,文官当家,怎么可能吆喝武将那行当有前途呢?国家既然如此引导,老百姓家培养孩子,其价值导向自然也是“操刀弄棍的不如饱读诗书的”。因此也自然有了宋代那首著名的《神童诗》:“满朝朱紫贵,尽是读书人。自小多才学,平生志气高。别人怀宝剑,我有笔如刀。学乃身之宝,儒为席上珍。君看为宰相,必用读书人。”这种尚文鄙武的价值导向对于维持一个稳定和平的体制架构固然十分有利,但也正因如此,儒家思想在完成对一个民族的精神塑造的同时,也渐渐地消解了这个民族的血性,致使汉民族的组织性和纪律性下降,战斗力慢慢削减。等到汉民族的规模再也不能抵消骑马民族的剽悍时,以小欺大的经典历史剧就会准点上演。其实如果站在整个中华民族历史发展的高度上审视游牧民族对农耕民族的威胁和入侵,我们会发现,这种威胁和入侵实际上是一种历史常态,从某种意义上讲也是在为中华文明输血。输的是什么血?输的正是法家精神的血。

难道不是吗?每当中原王朝在超稳定的结构中走向颓败的时候,游牧民族的入侵就犹如为它打了一针强心剂,让天朝大国在那种活泼泼的外部力量面前将自己的腐败和朽烂暴露无遗。在强有力的外部挑战面前,中华民族一次又一次地惊醒并将自己重新组织起来,以应对这种挑战。历史可以作证,中华民族的应战是成功的。在多数的情况下,挑战是被重新组织起来的内部力量直接挫败的。而在少数的情况下,挑战是在表面的外部征服后以内外部力量的直接融合和重新组织的方式被挫败的。不管怎样,每一次挑战和应战之后都是一个强盛王朝的涅槃再生。对于中国来说,这种砥砺固然十分痛苦,但的确十分必要,否则它一定走不到今天。从这个意义上讲,中华文明本来就应该是农耕民族和游牧民族在彼此对立统一的矛盾运动中共同缔造的。他们之间应该是一种双向性的复杂互动关系,而绝非一种单向性的简单同化关系。其实在中华文明起源的传说中,黄帝就是一个游牧部落的首领,而炎帝则是一个农耕部落的首领。这两个部落恰恰是通过战争得以融合,进而孕育繁衍出了一个庞大的中华民族。今天当我们每每以"炎黄子孙"自称的时候,难道就不曾回味一下其中蕴含的某种深意?

2007 年 6 月 4 日,美国《新闻周刊》刊登了一篇文章:没多少人害怕巨龙。文章说,突然之间,中国龙看上去不再那么可怕,但这并不是说龙一下子变成了可爱的熊猫。那么中国究竟是一条喷火的巨龙,还是一只可爱的熊猫?文章的作者不置可否,也许他本来就没有想明白。其实如果这位美国作者对中华文明的理解能更深一点的话,他是可以得到答案的:中国既是一条喷火的巨龙,同时又是一只可爱的熊猫。在中华民族的身上,这两种截然相反的性格从来都是同时存在的,也从来都是同样的渗入血液,同样的深入骨髓。在不同的场合他们可能会有不同的称谓,其本质却是相同的。这位美国朋友把它们称为喷火的巨龙和可爱的熊猫。在电影《上甘岭》的主题曲里,淳朴的中国人则这样描述它们:"朋友来了有好酒;若是那豺狼来了,迎接它的有猎枪。"而在本书里面,我把它们称为"儒家法家相反相成"。

历史告诉我们,自秦之后,中国古代王朝的覆灭基本上只有两种方式:一种是由内而外的农民起义,另一种是由外而内的异族入侵。[1] 至于究竟是以何种方式覆灭,则在很大程度上取决于儒家与法家之间的关系,至少从统治集团及其体制张力的角度来看当是如此。当二者之间结合得相对平衡的时候,中原王朝往往比较强大,比如汉朝。当天平向法家大幅度倾斜失衡的时候,这样的王朝往往过于暴戾,最后总是在农民起义的怒涛中倾覆,比如秦朝。而当天平向儒家大幅度倾斜失衡的时候,这样的王朝则往往过于柔弱,最后总会遭受到异族铁骑的蹂躏,比如宋朝。这些有规律交替出现的历史事实表明,对于中国来说,儒家与法家的确是一对相互制约又相互依存的矛盾范畴。中华文明就是在这对矛盾范畴的对立统一运动中走过了两千年漫漫长路,时至今日依旧挺立不坠。打个不恰当的比方,法家之于中华文明,犹如骨骼之于躯体,而儒家之于中华文明,犹如血肉之于躯体,二者缺一不可。1972 年,汤因比在与日本的池田大作进行对话时曾经这样说过:"就中国人来说,几千年来,比世界任何民族都成功地把几亿民众,从政治、文化上团结起来。他们显示这种政治、文化上统一的本领,具有无与伦比的经验。"我相信汤因比在说这句话的时候,心中已经有了自己的答案。不过如果我们把这句话理解成为疑问句的话,那么本书的回答是:几千年来,中国人这种将几亿民众从政治、文化上统一起来的无与伦比的本领和经验,其核心就是儒家与法家这对矛盾范畴之间的对立统一。

马克思主义在中国

农耕民族与游牧民族规律性交替的二重唱剧目在中国历史大

---

〔1〕 在汤因比那里,这种内部的起义和外部的入侵又被称作内部无产者与外部无产者对文明体的破坏与挑战。

舞台上经典上演了两千多年之后，终于落幕于1840年。随着鸦片战争的炮声轰鸣，中华民族再次跌入了苦难的深渊。这是一次前所未有的挑战。数千年来，中华民族的威胁一直来自于北方的大草原，东南方向的海洋除了一小撮打家劫舍的倭寇之外，从来就没有产生过真正的战略威胁。然而这一次，“老革命终于碰上了新问题”了。更要命的是，过去的威胁总是来自于文明层次更低的游牧民族，而这次威胁却来自于更为发达的工业文明体。这不仅意味着中国过去那套专门用来对付游牧民族的“打得过就大漠千里追穷寇，打不过就纳贡割地加和亲”的老本领已经过期作废，而且意味着中华民族那招屡试不爽的最后杀手锏——用更先进的文明同化征服者——也不大可能发挥作用了。几个回合较量下来之后，人们开始逐渐意识到问题的严重性了。于是古老而羸弱的中华文明再次大声疾呼。但是这一次，过去的“输血专业户”游牧民族是不可能再来了，因为当时执政的就是骑马出身的满族。在先进工业文明造就的战争机器面前，单凭血气和蛮劲已经拯救不了中国。中华民族必须寻找到更为先进的外部力量来激发自己、拯救自己。历史的生死转折出现在1921年。这一年，以中国共产党的成立为标志，一个从来就不相信救世主的“救世主”不远万里来到了苦难中的中国，它就是马克思主义。由于来华时途经苏维埃俄国，所以它顺路邀约了一位志同道合的同志一路同行。因此中国人有时又把它们合称为“马克思列宁主义”。随后的历史发展大家都知道了。尽管付出了惨重的牺牲，但是马克思主义的确挽狂澜于既倒，扶大厦之将倾。是它，将奄奄一息的中华民族从帝国主义的铁蹄之下拯救出来。是它，奋力阻止了古老的中华文明就此坠入万劫不复的历史深渊。

然而千秋功罪自有后人评说。近百年时间过去了，历史风云跌宕变幻。在这条注定不平坦的道路上,中国人有过胜利的欢呼,也曾备尝挫折的伤痛。今天也许有些人会在心里悄悄地问:马克思主义来到中国,是否真的就是一种历史的必然,还是只不过是众多偶然中的一种,甚至只是一个美丽的错误?在本书的分析框架下,我想冒昧做一些自己浅薄的解读,仅供各位参考。

在我的理解中,马克思主义应该是对西方文明走向极端之后的一次革命性的反动。在那个距离我们并不太遥远的时代,西方文明用物化的辉煌与人性的丑恶同时书写了一段充斥着对立与撕裂的历史。那真的是一个羊可以吃人的时代,一个资本家宁可将牛奶倒进密西西比河也不愿意给饥饿的穷人喝的时代。正是在这样的时代背景下,马克思主义怀着人类的良心与满腔的怒火诞生了。它诞生于西方文明的母体,却是以西方文明的批判者和异化物的面目出现。用它自己盛怒之下的话就是"资本主义社会的掘墓人"。而正因如此,马克思主义在许多方面都表现出了与西方文明截然相反,却又暗合于东方文明的特质。从世界观方面看,我们都知道西方文明植根于深厚的宗教传统。即便在科学十分昌明的现代,其有神论的意识形态根基依然难以动摇,甚至可以说,科学有多发达,宗教就有多发达。与之形成鲜明对比的是,马克思主义自诞生起便一直秉持彻底的无神论的意识形态立场,而正如前文分析的,中国的主流意识形态——儒家思想也恰恰是无神论的,因此二者在世界观上的确是相互契合的。从方法论角度看,我们知道西方哲学的核心和基础主要是形而上学,马克思主义哲学的核心和基础却是辩证法。从中国哲学的思想渊源来看,其基本的方法论也主要是辩证法。从《易经》的"一阴一阳之谓道",到《道德经》的"有无相生,难易相成,长短相形,高下相盈,音声相和,前后相随",再到孔子的"不偏不倚中庸之道”,辩证法思想可谓一脉相承。也难怪汤因比在谈到马克思主义的辩证法思想为什么很容易被中国人接受的时候这样说道:“中国人本来玩的就是这一套。”只不过中国传统的辩证法思想因为社会变迁的相对缓慢而显得平衡和稳态,而诞生于西方社会剧烈变迁时代的马克思主义辩证法则更强调主要矛盾以及矛盾的主要方面而已。再比如从价值观方面看,西方文明的基本价值取向是以个人为本位的,其基本社会形态是“资本主义社会”;马克思主义的基本价值取向是以集体为本位的,其理想中的社会形态是“社会主义社会—共产主义社会”。而中华文明也正是强调集体本位,并把自己理想中的社会形态称为“小康社会—大同社会”。我们当然不能简单地将二者等同起来,然而仔细品味,又的确可以从中发现二者的异曲同工之处。再打个比方,大家都知道西方军队在进行军事演习的时候,传统上都将自己的军队称为“蓝军”,把假想敌军队称为“红军”。但是中国军队进行军事演习的时候,其称谓却很自然地倒了过来的,把自己的军队称为“红军”,却把假想敌的军队称为“蓝军”。红色向来都是中国人的幸运色,一如蓝色之于西方人。而如果说马克思主义也有属于自己的幸运色的话,那么也一定是红色。难道不是吗?李大钊在《布尔什维主义的胜利》中不正是这样宣告的吗:“试看将来的环球,必是赤旗的世界。”而无论是苏俄还是中国,当自己的革命军队诞生的时候,人们也都很自然地把它称为“红军”。若是有人觉得把中西文明比较这么严肃的事情归结到两种颜色的差别上是不是有点牵强附会的话,那么我的回答是:如果谁能成功地劝服自己的任何一位邻居在过年的时候贴上蓝色春联,我就承认颜色的偏好与文明传统无关。不要小看这个颜色偏好,心理学家已经证明,颜色的偏好与心情有关,心情与生活方式有关,而个人的生活方式自然又与社会的存在方式有关。红色是一种暖色调，是一种红红火火、热热闹闹的“合众之色”，而蓝色是一种冷色调，是一种冷冷清清、孤孤单单的“分离之色”。因此在英语中“blue”同时也有“忧伤、孤单”的意思。也许人们平日里熟视无睹，但是在本书看来，中西文明对于红与蓝两种颜色的不同偏好的确在某种意义上折射出了中西文明“合”与“分”两种精神的长期分野与对峙。也正因如此，尽管马克思主义诞生于西方文明的土壤，但是由于天生的“叛逆”，它在这块生养了自己的土壤上却一时难以立足，而只能是“一个幽灵，一个共产主义的幽灵，在欧洲游荡。”当这个“幽灵”终于发现自己在西欧这个资本主义的森严堡垒中难以施展手脚后，它选择了向东方进发，并且很快地在俄罗斯这个虽然大致上属于西方，却又具有浓厚的东方集体主义传统的国度找到了自己的临时落脚点。这一落脚就是70年。然而俄罗斯文明毕竟是属于西方文明之下的一种亚文明，因此马克思主义必须继续向东走，一直走到中国这个天生以“合”为美的国度，才终于找到了最适合自己生存的土壤。1949年，这个红色的“幽灵”停下游荡的脚步，在这块土地上安了家。

然而以上全部文字还只是论证了问题的一个方面，那就是马克思主义在中国扎根的可能性问题。因为我们从世界观讲到方法论，从价值观讲到审美观，都不过只是证明了马克思主义与中华文明之间的确具备诸多相互适配的共性。谈过恋爱结过婚的同志都知道，有共同点并不见得就一定会在一起生活。不是有那么一句话么：“相濡以沫不如相忘于江湖。”那么这两个相见恨晚的人为什么最后会选择“相濡以沫”，而不是选择“相忘于江湖”呢？这需要我们从理论上解决问题的另外一个方面，也就是马克思主义在中国扎根的必然性问题。

马克思主义来到中国是一种历史的必然。因为它的到来满足了中华文明的一个深刻的时代需求,那就是在中华民族最为涣散最为软弱的历史关头,将这个古老的民族重新强有力地组织起来。从此以后一盘散沙被捏成了一个拳头,而且是一个由最先进的理论武装起来的铁拳头。其实从1840年开始,在西方文明的生死挑战面前,中华民族就一直在苦苦寻找能够将自己重新组织起来的那种力量和资源。我们曾经选择重新跨上马背,希望唤醒血液里潜藏的游牧民族的血性。然而当僧格林沁的精锐骑兵悲壮而无望地倒在英法联军的炮火面前时,这条老路终于走到了尽头。我们曾选择直接搬用西方的器物文明,希望能够通过洋务运动"师夷长技以制夷",然而这个空中楼阁的梦想也随着甲午海战的硝烟散去而成为泡影。于是我们选择直接搬用西方的制度文明,希望变法以图存,然而这种连脚下土壤的酸碱度都不搞清楚就匆匆播种的行为只能以收获失望收场。万般无奈的我们病急乱投医,最后祭出了搞封建迷信的看家本领。我们先是搞点西方式的"迷信"活动,也就是将基督教进行中国化改造,希望用"基督教中国化的最新成果"武装中国农民的头脑。然而当太平天国在自相残杀的荒唐悲剧中走向崩溃之后,这条新路也被宣告走不通。最后我们使出中国式迷信活动的看家本领,看看义和团的烧符念咒是不是能让自己刀枪不入,不幸的是最后刀枪全入了。经验告诉我们,中国人骨子里是不信神的,一旦临时抱佛脚,效果一般都不太好。这种招数基本上等同于泼妇揪头发、泰森咬耳朵,只能证明中国本土资源的利用的确已经走到了山穷水尽的地步。1911年,四处碰壁的中华民族终于放下身段,选择向西方全面学习,希望能够复制出一个西式强国,然而这次试验最后也以失败告终。因为当时的人们并不知道,西方文明的强大是植根于他们自己的土壤上的,他们当然也有属于自己的组织方式,但是那种方式对于中国来说却十分陌生,直到现在我们才知道它叫做“契约”。未来的我们仍然需要学习它,但是当务之急是振作自己,也就是迅速找到一种最适合自己的新型组织方式强有力地将自己组织起来,以对抗越来越严峻的内外挑战。不要忘了当时的主要敌人就是包括帝国主义在内的三座大山。如果中国人仅仅是学习和模仿西方,那只能成为西方文明一个亦步亦趋的跟随者,永远无法真正地超越和战胜它。因此经过长时间的竞争和淘汰,中华民族最终历史性地选择了马克思主义。作为大机器工业生产方式的先进代表和资本主义社会的掘墓人,马克思主义不仅具有十分强大的组织性、纪律性,而且代表着当时最为先进的生产力和文化。它来自于敌人的堡垒之中,最有能力反戈一击,因此足以承担将中华民族重新组织起来并挫败西方文明挑战的历史重任。从这个意义上讲,马克思主义来到中国的确并非外在强加的,而是内在需要的。因为它的到来至少迎合了中华文明内在矛盾运动的一种内生需求,即为中华民族在现代条件下重新获得一种全新的组织性和纪律性。两千多年来,中华文明一直在儒家与法家的矛盾运动中进行着相对封闭的循环。而这一次,历史的主线终于螺旋式上升了,中华文明在又一次的自足运动中发生了一次历史性的质变。

历史早已经证明,马克思主义来到中国又一次让中华民族获得了新生,被重新组织起来的中华民族再一次迸发出了令人震撼的巨大力量。1949 年 9 月,当毛主席庄严宣告中国人从此站起来的时候,也许并没有多少西方人愿意相信这个事实。但是那些傲慢的人很快就要为他们的无知和偏见付出血的代价。1950 年,当中国政府一再发出警告要求美军不得越过三八线时,麦克阿瑟傲慢地对着杜鲁门下了一个贻笑万年的结论:“中国共产党在虚张声势。中国人是亚洲人的思维,他们是懦弱的。他们敢过江,我就会让他们遭到人类历史上最大的屠杀。”然而一个多月后,老麦克阿瑟眼中的“懦弱”的中国人就在长津湖畔用他们的坚忍与无畏给了他致命的一击。1950 年 11 月 27 日那个血色的黄昏,当志愿军第九兵团向美军陆战一师发动猛烈攻击的时候,措手不及的美国人完全被惊呆了。他们哪里想得到,为了初战的隐蔽和突然,中国 10 多万大军在美军不间断的侦察下,穿着南方冬服,忍饥挨饿在夜间极温低于零下 40 度的冰天雪地中静静地潜伏了整整 6 个昼夜。当冲锋号吹响的时候,不少中国士兵早已经因为长时间卧地而冻死,活着的士兵基本上也都已经冻饿得神志不清了,然而在这 6 个昼夜中竟然没有一名中国士兵暴露。正是凭借着这样一种钢铁般的组织纪律和战斗意志,装备处于极端劣势的中国军队与对手舍命相搏二十多天,将用钢铁包裹起来的美军最强悍的陆战一师打得狼狈逃窜、溃不成军。这就是改写世界历史的清长之战。英国牛津大学战略学家罗伯特·奥内尔博士在他的著作《清长之战》中这样评价道:“中国从他们的胜利中一跃成为一个不能再被人轻视的世界大国。如果中国人没有于 1950 年 11 月在清长战场稳执牛耳,此后的世界历史进程就一定不一样。”然而我们知道吗,由于入朝匆急,第九兵团十几万大军来不及配备御寒物资,所有重武器由于敌人的空中猛烈轰炸也无法随军潜行,手榴弹几乎成了中国士兵最大的重武器。在零下几十度的酷寒和美军的钢铁火雨之中,这些中华民族的优秀儿女几乎是用自己的血肉之躯铺设了这一条胜利之路。战史记载,在新兴里围歼战中,第八十一师二四二团五连奉命在敌人撤逃途中设伏。然而当战斗打响时,却无人站起来冲锋,因为他们永远站不起来了。已经展开战斗队形的全连一百多名指战员个个以手执武器的冲击姿态怒目注视前方,全部冻死在阵地之上,化为了一座座永恒的冰雕。1950年的那个严冬,在朝鲜盖马高原的冰天雪地之中,这些纯朴得像泥土一样的中国农民子弟就是这样拖着冻烂的身躯,啃着冰雪充饥,用最为简陋的单兵武器和最为炽热的爱国烈焰,将最为现代化的美国战争机器击溃于长津湖畔。几个月后,麦克阿瑟终于为他的傲慢和偏见付出了代价。他被杜鲁门总统以新闻发布会的方式公开解职。他已经没有资格当面听到他的对手彭德怀将军在停战协定签订后说的那句名言了:“西方列强在东方海岸上架几门大炮就可以霸占一个国家的时代一去不复返了。”

作为一个生逢太平的中国人,我一直深深地着迷于朝鲜战争史。因为无论从哪个角度看,这都是一场决定中华民族命运的战争,一场熔炼真金的烈火。冰火交加的长津湖可以作证,烈焰焦土的五圣山可以作证,在中国共产党的坚强领导下,被重新组织起来的中华民族是怎样在最为困难的条件下,以最大的勇气和牺牲,与最为强悍的敌人进行了一场决定命运的殊死较量。让我们永远记住他们,记住那些为了中华民族的独立自由而长眠在朝鲜战场上的有名的和无名的英雄们。在所有深爱着祖国的中国人心中,你们永远不会死。今天是公元2007年12月1日。我知道,57年前的今天,你们正与强大的敌人激战于长津湖畔,为了苦难民族的重新崛起,为了我们今天的幸福生活。如今硝烟散去,后辈们已不能为您们送去弹药棉粮,也不能追随你们舍身杀敌,但是请你们相信,你们的血不会白流。值此57周年忌日,谨献上一首小诗祭奠你们的在天英灵:

甲午辛丑风云殇,
赤水金沙铁索寒。
铮铮中华铁骨再,
朝鲜一战定江山。

统一文明的新境界

在我的理解中,马克思主义来到中国并在中国深深扎根,是一种历史的必然选择。它不仅可能,而且必然。正是由于它的到来,中国统一文明再一次得以自足,古老的中华文明重新焕发出了生机与活力。而如果说两千多年来中华文明的核心问题就在于儒家与法家也就是文明同化能力与组织性纪律性之间的矛盾运动的话,那么对于今天的中国来说,也同样离不开马克思主义与中国传统文化的之间的结合。事实上这些年来我们都已经分明地感受到了这一种结合的必要性与现实可能性。2004 年中国决定在海外设立 100 所孔子学院推广中国的语言文化,然而仅仅三年时间,孔子学院就突破了 190 所。现在中国政府的目标是在 2010 年前达到 500 所。这的确是一个耐人寻味的现象:在一个以马克思主义为理论指导的国度里,当人们决定开展对外文化交流的时候,却很自然地选择了孔子作为自己的文化名片。我想在本书的分析框架下,这个问题应该是可以找到答案的:由于天然的互补性与契合性,以儒家思想为核心的中国优秀传统文化与马克思主义的结合应该是历史的必然选择。它们之间应该是一种相互补足而不是非此即彼的关系。打一个很不恰当的比方。在我个人的理解中,秉持儒家思想的中华民族如同一个富有的家族,由于男丁日渐凋零、女眷柔弱,备受恶邻欺凌。马克思主义就如同中华民族的“上门女婿”,虽然贫穷却有阳刚之气，他赶走了恶邻并重新支撑起了门户。尽管这个家庭在磨合的过程中时有矛盾，但是只要这个基本的架构在，相信它们一定能磨合成功。不是常说“老祖宗不能丢”么？对于今天的中国人来讲，新中国的确应该有“两个老祖宗，两个都不能丢”。在我个人的理解中，中国共产党人不仅仅是马克思主义的先锋队，也应该是中国优秀传统文化的衣钵传人。

第三节 文明的第一分水岭

统一文明的当代价值

在本章的前面内容里，我们已经证明了“统一”对于中华文明的核心价值，也证明了统一文明的历史渊源。现在我们需要证明的是统一文明的当代价值。这的确是一个值得探讨的问题。既然契约文明是近现代人类文明的分水岭，那么是不是意味着作为古代人类文明分水岭的统一文明已经完成它的历史使命，从此应该将它请进历史的博物馆，甚至应该扫进历史的垃圾堆？1840 年，代表着古代文明发展高度的中国与代表着近现代文明发展高度的英国进行了一场战争。这场战争固然是以鸦片和贸易的名义进行的，但实际上又何尝不是统一文明与契约文明在经过数百年此消彼长后的第一次正面较量呢？当然结果如何我们都已经知道了。合四亿人口之众，千万平方公里之大，中华天朝依然不是小小英伦三岛的对手。难道历史真的喜新厌旧，在契约文明这一新宠诞生之后，就准备彻底抛弃统一文明了吗？本书的答案恐怕是否定的。

在我的理解中，所谓“统一”和“契约”，实际上只是中西文明所固有的不同秉性，它们之间在本质上是不存在高下胜负之分的。这就好比有的人天生就是急性子,有的人天生就是慢性子一样。我们并不能简单地断言究竟是急性子好还是慢性子好,而只能说在特定的环境条件下,某种性格可能会表现出更加良好的适应性罢了。中国的统一文明在古代历史时期的优异表现,主要在于这种文明秉性恰好迎合了当时"合力为王"时代的主题,而西方的契约文明之所以在近现代历史时期大出风头,当然也是得益于民主与科学的时代来临。反过来,契约文明在古代时期的表现就明显不尽如人意,一如统一文明在近现代时期所表现出来的平庸。如果我们将不同的文明放在选定的历史截面上根据某一个标准进行横向比较,的确容易得出一个孰高孰低的答案,然而文明之间的竞争在本质上更接近于一场马拉松比赛,暂时的交替领先并不能说明全部的问题。只要文明不死,比赛就未见分晓。汤因比在他的《历史研究》中用攀岩者来形容这种文明的长期竞争。他说:"前文明社会就像是一群昏睡在山腰部的一块突出岩石上的人们,它的下面是悬崖峭壁。文明则像是这些'以弗所的昏睡者'们的伴侣,他们正拔起脚,开始攀登上面的绝壁。而我们这一方可能更像是一批旁观者,视野仅限于那块突出的山岩和上面那块峭壁的底部,我们到达现场的时候,正值被观察者的不同成员摆正了彼此的姿势和位置。我们第一眼看到的可能是两组人之间出现的显著差异,我们可能会称呼那些攀登者为运动健儿,称那些昏睡不动的人是瘫痪病人。但随后一想,我们就发觉还是谨慎一些好,不要妄加判断。无论如何,那些静卧的人并没有真正瘫痪,因为他们不可能出生在那块支出来的岩石上,除了靠他们自身肌肉的力量,没有谁能将他们拖上那个濒临万丈深谷的地方。他们绝不是瘫子,他们一定是经验丰富的体育家,已经成功地爬上了那个高度,正在享受因自己那一番劳作而应得到的歇息……

我们见到的、现在正处在休整状态的所有前文明社会,肯定能再次活跃起来。所有已进入文明的社会,或迟或早会以这种或那种方式陷入停顿。"[1]如果能用这样的视角来看问题的话,那么1840年的那场战争,就可以看作是一次发生在特定历史截面的横向比较。在那个历史截面上,西方文明刚好处于上升的阶段,而中华文明则显然处于停滞的时期。双方的竞技状态并不在一个层面上。这样的比较显然是不公平的。然而从文明进化的角度来讲,这样的比较又是十分有益的。正是由于这一次比较,受到挑战刺激的中华文明重新振作了起来,经过百年的抗争与探索,最后终于引入了马克思主义这一重要外援,并重新组织起队伍投入比赛,而队名依旧是"中华统一文明"。随后的比赛我们都看到了,在新生力量的统帅下,中国队彻底甩掉了东亚病夫的帽子,在赛道上大跨步地追赶着对手。尽管由于数百年的积弱,我们还很难一下子赶上对手,但是如果把1950年发生在朝鲜半岛的那场战争也当作一个历史横截面来进行比较的话,我们的结论又会是什么呢?

然而毕竟应该看到契约文明在近现代人类文明进步方面所发挥的决定性作用。正如马克思自己所承认的那样:"资产阶级在它不到一百年的阶级统治中所创造的生产力,比过去一切世代创造的全部生产力还要多,还要大。过去哪一个世纪料想到在社会劳动里蕴藏着这样的生产力呢?"在我的理解中,正是西方契约文明在近现代的高度发展,才释放出了社会劳动中"蕴藏"的生产力,它在这个时代所表现出来的先进性是毋庸置疑的。无论是前苏联还是新中国,它们在立国前期所表现出来的强大生产力也不是凭空而来的,

[1] [英]阿诺德·汤因比:《历史研究》,刘兆成、郭小凌等译,上海世纪出版集团2005年版,第59页。

客观上也都是奠基于契约时代释放出来的那些生产力基础之上,甚至直到今天我们依旧还处在向契约文明学习的历史阶段。因此我们在这里并不是力图否定契约文明的先进性,而是力图证明:即便是在近现代历史时期,统一文明依旧拥有契约文明自身所不具备的某种核心价值,这种价值我们可以将其称为“统一文明的当代价值”。它究竟是什么呢?

制度经济学上有一个成本内部化的理论。这个理论认为,所谓企业实际上是对市场的某种替代。通过企业的规模化经营,可以在一定程度上实现对市场的替代,从而大大地节省了市场的交易费用,也就是契约成本。市场交易需要耗费交易成本,如果市场主体过于零散,则彼此之间谈判交易的费用会比较高昂。而如果将这些市场主体合并成一个企业,就可以大大地节省彼此耗费的交易成本,这就是交易成本内部化。经济学家通过这个理论解释了为什么企业的规模往往有做大的天然倾向。当然,随着企业规模的急剧扩大,企业的管理层级增多,其管理成本也会直线上升。因此企业规模大小的合理边界实际上就取决于这个企业所节省的交易成本是否大于或等于其所浪费的管理成本。一旦超过这个边界,那么企业的效率就会下降,大企业病就会出现。要想继续扩大企业规模,就必须通过扁平化管理压缩管理层级,节约管理成本。这个企业理论如果搬到国家的层面我想应该是可以同样适用的。国与国的竞争从来都是人类历史发展的主题之一,而“统一”的核心价值就在于实现契约成本的内部化,从而让国家在竞争中占据规模优势。我们都知道,今天欧盟的经济总量已经超过美国,整体的科技实力也不在美国之下,但是作为一个组织体,欧盟的政治影响力与美国则不在一个档次上。究其原因就在于欧盟是一个松散的国家联盟,而不是一个统一的国家。比如说这些年来,欧洲的一些国家出于自己的经济利益需要也曾多次试图解禁对华军售,但是在关键时候总是受到美国的阻挠而作罢。作为一个国家俱乐部,欧盟每要做出一个重大的决定,必须二十七个国家全部同意,其契约成本当然十分高昂。美国人只要攻其一点,即可破其全体。至于由于缺乏统一而给欧盟各国造成的各种或明或暗的利益损失,这些国家自己心里应该是最清楚的。2002 年韩国公开招标购买新一代主力战斗机,四个国家的飞机制造商参与竞标。其中法国达索公司的阵风战斗机在评估中明显占优,眼看就要抢得头彩。不料美国人祭出大棒,几次推迟国防部长拉姆斯菲尔德的访韩日期,对韩国小兄弟施加起政治压力,终于成功地把法国人一脚踹开。最后的结果不用猜都知道了:波音公司的 F-15K 战斗机中标。竞标结果公布后,波音军用飞机和导弹系统部门负责人杰瑞·丹尼尔斯激动地说:“能够被贵国选中为合作伙伴,是波音公司的荣幸。我不得不赞叹(韩)国防部和空军在竞标过程中的严格、透明和公平。”我相信法国人听了这句话一定气不打一处来,不过也不要觉得太委屈。因为要论政治介入,法国人自己也不是吃素的。据说法国总统特使也曾拜会金大中,并转交法国国防部长的“私人”信件。该办的也都办了,最后大事不济的确也没啥可怪的。真要怪也只能怪自己的国家不如人家有肌肉,怪整个欧洲为何总是一盘散沙。而前苏联解体之后,除了波罗的海三国和格鲁吉亚外,11 个原加盟共和国又聚拢成了一个独联体。若从单纯的规模看,独联体几乎与前苏联相当,但是谁都知道,那个强大的苏联时代已经一去不复返了,因为统一已经一去不复返了。

孩子看电影的时候喜欢将电影里的人分为好人和坏人。其实大人看问题又何尝不会犯这种简单二分的幼稚病呢?常常见到有人将这个世界区分为“民主国家阵营”与“非民主国家阵营”。似乎只要是民主的,就是自家人,一切都好商量。只要是“非民主”的,那就是“非我族类,其心必异”。其实要接受这种理论是很容易的,只要不动脑子就可以了。但是只要稍微动一下脑子就会发现问题:法国不是民主国家吗?可为什么美国人在国家利益问题上一样的刀光剑影、毫不客气?俄罗斯不也向民主阵营靠拢了吗?为什么美国在北约东扩问题和导弹防御系统部署问题上照样步步紧逼、绝不放过?为什么在俄罗斯的家门口策动起“颜色革命”来总是那么毫不客气?在只相信永恒的利益,不相信永恒的朋友的国际利益角斗场上,所谓的民主的共同价值观从来就是一个靠不住的幌子。从某种意义上讲,它只是某些国家大搞“有西方特色”的“统一战线”的意识形态工具罢了。当然谎言在还有利用价值的时候是很难被戳穿的,因为它有可能在被重复一千遍之后摇身变成“真理”。但是在我们看来,狗肉就是狗肉,就算挂上了最诱人的羊头,它还是狗肉。

由此可见,尽管本书将统一文明称为古代文明的历史分水岭,但绝不意味着“统一”一旦进入契约文明时代就彻底失去其价值。相反,无论在过去、现在还是将来,“统一”对于一个国家及其体制而言都具有举足轻重的价值。相对于契约而言,统一的最大价值就在于能够实现契约成本的内部化,它不仅可以大幅度地减少契约的谈判成本,更重要的是可以在最大限度上避免契约不成之后的对抗成本。也许正因如此,契约文明的发源地欧洲在两次大战的浩劫之后,终于痛定思痛启动了统一的历史进程。当然这些都是后话了,本书在后面的章节里还会专门讨论这个问题。

万里长城永不倒

历史不相信眼泪,落后就要挨打。1840 年之后,中华文明在西方文明的挑战面前节节败退。偌大的一个帝国被西方列强不断地蚕食和鲸吞,真可谓是丧权辱国。自三代以来,中国的版图固然时有盈缩,但总体上呈现出开疆拓土的基本趋势,中国的统一文明也因此长时间地保持了一种充盈的张力。然而鸦片战争之后,统一文明开始逐渐地由盈转亏。在列强的侵略之下,中国的国家主权和领土完整受到了巨大的侵蚀,其间多少椎心泣血也已无法历数,此处暂且按下不提。我在这里想要说的是:尽管中国统一文明在近代受到了巨大的侵蚀,然而不幸中的万幸是,仰赖无数优秀中华儿女抛头颅洒热血的拼死抗争,中国毕竟主体尚存。当初敌人用枪炮和屠刀都没能夺走的东西,如今又怎能用一纸契约的诱惑就让我们自毁长城呢?我们当然要继续学习西方的契约文明,但是这绝不意味着要以放弃统一文明作为代价。对于今天的中国来讲,契约乃我所欲也,统一亦我所欲也,二者必须得兼。中国人治史的时候,往往会给予为国家的统一做出重大贡献的历史人物或政治力量以崇高的历史地位,我相信这正是镌刻在中华民族灵魂深处的统一意识所决定的。曾经有人说过,在中国衡量一个政治力量进步还是反动的根本标准就是看这个政治力量是将中国变成一个拳头,还是一盘散沙。一盘散沙的中国除了被强加诸身的战争外,只会盛产丧权辱国的不平等条约和一个个"震惊中外"的惨案。而自从中国共产党将中华民族捏成一个拳头后,就再也没有一只外国大兵的军靴敢于踏上中国的土地,这已是为历史所一再证明的铁的事实。

然而百年沉沦毕竟让中国人付出了沉重的代价。直到今天,中国的统一依然还有许多历史遗憾尚未弥合。其他问题且不多说,至少台湾问题至今仍是中国人心中挥之不去的痛,这是中华民族之痛,也是统一文明之痛。兄弟阋于墙,邻人欺之。中国因台湾问题而受到外国势力的巨大牵制以及两岸中国人因彼此争斗而不断消耗的庞大的外交资源和经济资源,也反证了统一对于当代中国的巨大价值。书写到这里,按照正常的逻辑似乎应该接着论证一个问题:台湾究竟会不会回归祖国的怀抱。然而我却突然发现自己似乎并不想谈这个问题。请不要觉得奇怪,这并不是因为台湾问题不重要,而可能是因为自己在潜意识里已经不再愿意花费时间和精力去论证一个基本上相当于"1+1=2"的问题了。台湾必须统一,台湾必定统一。对于同胞和朋友来说,这句话用不着解释,对于汉奸和敌人来说,这句话不必要解释。所以还是省点力气吧,下面还有很长的旅途要走。

长城既然已经建起,那就永远不会倒下,因为真正的长城是建立在所有中国人的灵魂中的。

CHAPTER 03 >>

第三章

和　谐

我们从一个当代命题的原点出发，走向历史的深处寻求最初的答案。在本书的前面两章，我们一起见证了西方契约文明在近现代时期的发达，也一起见证了中华统一文明在古代时期的辉煌。为了寻找到那个答案，我们在历史的迷宫中摸索前行，一直走到了中西文明进化的逻辑起点处。现在让我们从历史的深处折返，将视线投向人类的未来：如果说古代文明和近现代文明的核心价值分别是"统一"和"契约"，那么后现代人类文明的核心价值又会是什么呢？在全人类携手踏上文明十字路口的历史时刻，追问这个问题应该是有意义的。冷战结束后，在西方世界一片欢欣鼓舞中，美国的弗兰西斯·福山发表了他著名的"历史终结论"。福山认为，20世纪80年代世界上发生的一系列重要政治事件并不仅仅是冷战的结束，更是历史自身的终结，历史的演进过程已走向完成。随着社会主义制度在前苏联和东欧国家的失败，历史已经证明，自由与民主的理念已无可匹敌，西方的自由民主制度已成为人类政治的最佳选择，它即将成为全人类的共同制度形式。尽管福山意识到这一条“道路是曲折的”，然而他坚信“前途是光明的”。一句话，在福山那里，人类文明的进化已经完全定格，西方文明（用本书的话来说就是“契约文明”）将是人类再也无法超越的文明巅峰。那么，事实果真如此吗？作为一个历史的初探者，我真的很想知道，如果历史真的已经终结，为什么在西方文明崛起和发展的数百年中，人类社会（包括西方社会内部）还要承受如此之多的苦难与血流？同样地，不管有多少人反对福山的“历史终结论”并认为未来的世界应该是一个“中国世纪”，作为一个普通的中国人，我还是需要认真地探究一下，在今天这样的一个历史转折时刻，中华文明是否真的具有重返人类文明之巅的核心能力？

让我们一起继续前行，走向人类文明更加遥远的未来。

第一节　历史轮回的第三回合

历史的超越？

听过这么一个故事：1998 年，德国的戴姆勒集团并购美国的克莱斯勒公司后，克莱斯勒的 CEO 来到戴姆勒的工厂参观。回去以后这位 CEO 向他的下属说：当时那座德国工厂的整洁程度让他感到用舌头去舔地板都不会觉得脏。这是一个未经证实的管理学故事，不过我总愿意引用它。因为我想借这个故事说明一个问题：文化自觉的重要性。在我看来，德国人这种精益求精的态度背后正闪耀着德意志民族执着严谨的文化精神。而正是这份他人难以复制和临摹的文化自觉决定了德国人在精密制造工业领域他人难以企及的高度。有位学者曾这样比喻那种融入血液之中的文化力量。他说，四川的小孩哭了,给他一个辣椒就不哭了,而德国的小孩哭了,给他一个齿轮就行了。我一直相信,只有当这种发自内心甚至于本能的深刻自觉性发生作用的时候,一个人才会调动起他最大的潜能,去工作、去生活。一个人如此,一个团队如此,一个民族当亦如此。我相信先进的生产力一定是与先进的文化相互匹配的。任何一个国家、民族或文明要想在硬实力方面领袖群伦,就必须同时成为软实力方面的旗手。从这个意义上说,美国之所以在高科技领域具有十分蓬勃的创新能量,应该是与其崇尚自由独立的文明特质分不开的。而这个年轻的国家几十年来之所以能够称霸全球,除了倚赖于那十几艘航空母舰外,恐怕也与其"民主模范生"的形象有着莫大的关系。反过来说,如果一个国家、民族或文明永远只是模仿和学习别人,那么它恐怕永远也无法实现真正的超越。我们至今都还记忆犹新:20世纪七八十年代,日本曾经凭借着自己强大的学习模仿能力迅速崛起,令西方世界一片恐慌。1979 年美国学者傅高义的那本畅销书《日本世界第一》,实际上就折射出了当时西方人的普遍心态。然而当泡沫散尽的时候,日本最终还是在美国强大的原创能力面前败下阵来,原来学生终究还是比不上先生的。也难怪,尽管现在日本也自称是一个民主国家,然而如果今天谁要想学习和研究民主精神的话,相信都会优先选择到欧美这些民主价值观的原产地直接进行考察,而不大可能甘心只从日本这样的二级经销商那里搞点转口贸易吧。这应该就是文明的核心竞争力。我一直相信,真正的核心竞争力是很难被外在模仿的,因为它一定源于文明的母体,是文明的本质属性在特定历史环境条件下的一种外在表现。坦率地说,尽管我认为中国当下最应该做的就是努力地学习和移植西方的契约精神,但是在自己的内心深处,我是不相信中国人能够依靠学习让自己对契约精神的理解和尊崇达到与西方人等量齐观的水平的。就好像我决不相信老外那洋腔洋调的京剧水平有朝一日能够赶上中国人一样。因此,如果我们真的期望所谓的“中国世纪”梦想成真,那就不仅需要认真学习西方文明的优秀成果,而且必须在中华文明的母体内寻找到一种面向未来的核心竞争力和文明制高点。从历史的逻辑进行推想,这显然应该是一种比西方契约文明层次更高的核心竞争力,是继“统一”和“契约”之后的人类文明进化的第三个高峰。可是现在福山式的问题来了:直到目前为止,西方文明似乎依然遥遥领先于我们,中国人凭什么推断自己未来能够超越西方?换句话说,仅仅“契约”二字,我们学了一百多年都还没有学到家呢,如何突然间谈论起超越来了?而如果未来果真会有这样一次超越的话,那么在中华文明的母体里,究竟又隐藏着哪种文明的品性,竟然具有如此的能量,能够帮助我们最后完成这样的一次超越,并为人类文明的未来发展提供核心动力?

让我们一起从“契约”的内在缺陷谈起。

契约的内在缺陷

数百年来,西方国家凭借着契约文明提供的强大驱动能量,创造出了令人目眩的物质文明和高度发达的法治文明,令东方民族瞠乎其后。实际上从哥伦布起锚首航的那一刻开始,挣脱了地理牢笼的西方文明就已经踏入了一个永无休止的自我膨胀过程:发现——征服——再发现——再征服。大航海世纪是一个分水岭。在大航海之前,四分五裂的西方文明被牢牢地囚困在亚欧大陆西部的这个大半岛上,将它们的所有能量都消耗在了彼此之间的争斗上。在大航海之后,西方文明终于冲破了地理的牢笼。几千年来一直向内相互作用的能量决堤而出，席卷了世界各大洲。从美洲到非洲再到澳洲，随着这些所谓的文明真空地带和半真空地带被相继征服填充完毕之后，羽翼渐丰的西方文明开始将目光转向了最后的高密度文明区域——亚洲。首先征服的是印度，接着转向中国。1842 年，《中英南京条约》在英国人的炮口威逼之下签订，标志着古代文明最强大的堡垒终于也被西方文明打开缺口。1901 年，《辛丑条约》签订，随着中国半殖民地化的最后形成，西方基本完成了对全世界的征服和瓜分。

然而正所谓“满则损，盈则变”。从某种意义上讲，西方文明完成对全世界的征服和瓜分之日，也就是自己走向衰败的起始之日。在全世界尚有剩余空间可供征服和瓜分的时候，西方人的内在能量基本上还有可供释放的空间。虽然彼此之间也常因分赃不均而拳脚相向，但比起过去在欧洲家里那种不要命地厮杀来讲，基本上可以算是相安无事了。然而一旦世界瓜分完毕，事情就完全不一样了。西方文明那种躁动的内在能量再也无处可去，很快又重新转化为自噬的危险力量。打个不恰当的比方。这就好比一群海盗因为抢劫的共同“事业”而走到了一起。在遍地财宝的时候，大家联手作案，然后大碗喝酒，大块吃肉，当然痛哉快哉。然而当财宝终于被全部抢光之后，这一群贼性不改的海盗无处可抢，却又不甘心就此洗手不干，于是将贪婪的目光盯上了彼此的口袋。尤其是那些入道比较晚的年轻海盗们，更容易愤愤不平：凭什么我这么倒霉，刚刚入道就没得抢了？你们这些老不死的，有我这么年轻力壮吗？1897 年，德国外交大臣比洛就是这样宣称的：“让别的民族去分割大陆和海洋，而我们德国人满足于纯粹空谈的天空的时代过去了，我们也要为自己争取阳光下的地盘。”眼红的德国民众也气愤地大声叫嚷：

"德国人已经看够了别人在分食那个甜包子。"于是1914年6月，随着萨拉热窝的一声枪响，西方世界在内在能量的剧烈积聚和扰动下终于崩溃了。由于整个人类社会至此已经基本上被西方绑上了它的战车，因此这次大崩溃又被称为"第一次世界大战"。其实在本质上它并不是什么世界大战，而是西方文明内在矛盾的世界化。四年血腥的战争过后，西方文明的内在扰动能量基本上被释放殆尽，精疲力竭的世界暂时恢复了平静。然而事情并未结束。1919年，当《凡尔赛和约》签订的时候，法国的福煦元帅说了一句意味深长的话："这不是和平，这是20年的休战。"这是一个见证了无数血与火的欧洲老兵凭借他对西方世界的深刻理解而发出的历史预言。果不其然，20年后的1939年，希特勒德国对波兰发动了闪电战，第二次世界大战爆发，西方世界再次劫持全人类一起陷入大崩溃。

这到底是为什么呢？在我们的印象中，西方文明至迟从1689年的《权利法案》开始，就已经奠基了现代民主法治的里程碑。数百年来，在大大小小、形形色色的契约上，这些文明人不都已经郑重地签署上自己的名字了么？可为什么他们就不能用缔结契约的方法来解决彼此的矛盾，而非得选择战争？为什么在契约文明的世界里还会一而再再而三地出现这种史无前例的人类浩劫呢？看来西方的契约文明并不像某些人所宣称的那样完美无缺，与中国的统一文明一样，它一定也有着自身难以克服的内在缺陷。那么，这个内在缺陷到底是什么呢？

与容易压抑个性的统一文明相比，契约文明最大的优势就在于善于释放每个个体的创造性能量和追逐财富的欲望。若非如此，大航海就不会发生，工业革命也不可能发动。然而这种由个性驱动的行为其致命缺陷就在于天然地缺乏一种"大共同体关怀"的意识，容易忽略自身行为的外部性效应。当然这并不等于说契约文明就没有共同体意识,而是说至少与其个体欲望的满足相比,契约文明内生的共同体意识总会慢上几拍。因为“契约”的基本逻辑就是由个性到共性,由个体到共同体,由微观到宏观。这种逻辑的最大缺陷就在于个体总是优先于共同体。甚至于共同体能否能形成,都必须取决于每个个体的理性成熟度。所谓“契约”有两个基本要素,其一是以承认不同的个性为出发点,其二是不同的个性在某一均衡点上的契合。这说明“契约”本身不仅仅是一种“分”的倾向,实际上也是一种“合”的智慧,它本身就是“分”与“合”的辩证统一。然而必须说明的是,契约文明的这种“合”与统一文明的那种“合”是截然不同的。从某种意义上讲,统一文明的“合”是自上而下的,对于共同体内的每一个体而言,这种“合”具有一种先定义务的性质。它的基本逻辑是先合后分,能合则合,不得不分的时候才分;合是目的,分是手段。而契约文明的“合”是自下而上的,是每个个体为了自己的更大利益需要而选择相互联合的一种理性行为。它是自私与理性的混合体,是典型的“经济人行为”。其基本逻辑是先分后合,能分则分,不得不合的时候才合;分是目的,合是手段。因此与抱持“天下一家”观念的统一文明相比,契约文明只能孕育出一种“小共同体意识”,而无法孕育出“大共同体意识”。

所谓小共同体意识,就是一群个性相对接近的个体为了实现自己的利益而进行自愿联合并自觉服从于这个小共同体的社会心理习惯。它的优点在于善于保护个体的利益,因为小共同体的存在和运作都是以个体利益的需要为出发点的。它的缺点则在于天然地缺乏全观的视野,容易忽略甚至损害本小共同体之外的其他个体、其他小共同体以及小共同体本身所依存的大环境的利益和需要。

因为既然是“契约”,就有可能达成,也有可能达不成。如果双方差距较小,大家成交的可能性就比较大,如果双方差距过大,那么成交的可能性就小。因此要让不同个体达成自愿的联合,必须保证这些个体的个性以及利益诉求相对比较接近,否则契约往往难以达成。而从历史上看,由于受到地域、民族、宗教、血缘、语言、文字、历史传统、生产方式、风俗习惯、交通条件等无数标准纵横交错的切割,这种以个性相近为前提基础,以契约为基本联合手段的小共同体的规模、开放度和包容度都受到了很大的限制。随之而来的便是,各个不同的小共同体之间层出不穷的误解、猜忌、歧视、对立、争斗、厮杀贯穿了西方文明的整个历史发展进程。有一个我们可能熟视无睹的事实是:孕育和发展了西方民主生活方式的欧洲国家基本上都是些小国家,而且基本上都是操同一种语言的单一民族国家。像比利时这样由两个语言集团构成的国家在这种文明传统下往往就难以自持,随时有陷入分裂的危险。这说明在个性差异较大的群体之间,一纸契约的拘束力还是比较脆弱的。中国有句老话叫“道不同,不相与谋”,那么西方的情况大概就可以叫做“个性不同,不相与谋”了。西方近现代历史上国内民主与国际战争长期并存的事实告诉我们,即便这些欧洲国家在自己的国内普遍建立起平等自由的民主秩序,但在对外关系上却基本上是另外一张以邻为壑的面孔。这种国内国外两重天的历史事实充分暴露了孕育于契约文明之中的“小共同体意识”的历史局限性。汤因比在《历史研究》中毫不客气地将这种“小共同体意识”称为“部落意识”。他说:“这种新型的民主观念,在西方世界的政治实践中,却表现为不是兼爱和人道,而是部落意识和穷兵黩武。国家精神可以定义为(虽是贬义,但很准确)使人们在感觉、行事和思考中,把任何既定社会的一部分都视为该社会总体的一种精神。这种民主与部落主义互相妥协的怪异产物，在我们现代西方世界的政治实践中的影响力，远胜过民主本身。”[1]虽然随着交往的不断深化，不同共同体之间的差异总体上会逐步消弭，当它们之间的共性达到了一定的临界点时，一个新的更大的共同体似乎也可能通过缔结契约而形成。然而这种由微观走向宏观的进化方法在认识论意义上仍然存在着一种自身无法完全克服的局限性，因为它有两个基本问题无法解决：第一，在更大的共同体还没有形成之前，应该如何妥善处理与自己差异较大的其他小共同体之间的关系？第二，在足够大的共同体还没有形成之前，谁来对大家必须共同依存的总体环境负责？

一个毋庸置疑的事实是：我们一直并将长期共同生存在一个充满了差异性，同时又存在着相当刚性的边际约束条件的世界之中。在这样的一个世界中，总有太多的差异是无法用契约的方式予以消除的。然而文明的地域壁垒又早已被打破，这些差异已经面对面地站在了一起，甚至是相互纠缠在了一起。不管大家是否彼此喜欢，每一个小共同体都必须与对方共同生存在这个唯一的星球上。那么既然契约不能解决全部的问题，我们就必须为它们找到另外一种相处的智慧，而不是任由伊拉克式的悲剧在文明冲突的名义下一再上演。同样地，小共同体意识的狭隘性也使西方文明严重缺乏全观的大共同体关怀意识。我们知道，相比起人类惊人的创造力和破坏力而言，今天这个世界的边界约束条件已经十分严厉了。但是西方发达国家依旧本着“各扫自家门前雪，休管他人瓦上霜”的传统精神，继续掩耳盗铃地对外输出矛盾。就拿全球气候变暖来说吧。要

[1] [英]阿诺德·汤因比：《历史研究》，刘兆成、郭小凌等译，上海世纪出版集团2005年版，第8页。

论人类的生产生活方式居然能对地球气候产生如此巨大的影响，西方国家当然是居功至伟了，因为这种生产生活方式基本上就是西方国家发明的。要论碳排放，这几百年来西方国家也不知道排了多少。仅仅因为这几十年全球化的机缘，发达国家得以通过产业转移，将污染耗能最厉害的产业转移到了发展中国家，然后一翻脸就将自己打扮成了地球的卫士、人类的导师。我常想，若是发达国家当真痛定思痛，不仅将自己家里打扫干净了，而且彻底与这种“肮脏”的生产生活方式决裂，那么以过来人的身份指责教导一下发展中国家那倒也情有可原。然而事实是：发展中国家的低端产业以直接污染自己、间接污染他人的巨大代价制造出来的产品恰恰主要是用来供养发达国家的。这些发达国家一面心安理得地享用着超廉价的进口商品，一面又毫不脸红地指责着这种廉价商品的生产方式，这就显得有点不太地道了。用中国人的话来形容就是：端起碗来吃肉，放下筷子骂娘。这些年来我一直在参与一项关于企业社会责任的课题研究。所谓企业社会责任是西方国家发明不算太久的一个新概念，通俗地说就是要求企业不能只顾埋头赚钱，还必须承担对社会的责任，要从自己口袋里多掏出些钱来保护自然环境，增进劳工福利等等。从20世纪90年代美国公众反对血汗工厂的运动开始，西方社会对企业履行社会责任施加了越来越大的压力。表现不好的企业现在在西方社会基本上成了过街的老鼠。然而这些大企业也不是什么省油的灯。俗话说消费者是上帝，自然是得罪不得的。但是白皮肤的上帝一时半会儿也管不了黄皮肤和黑皮肤的，因此何不明修栈道，暗度陈仓，将原料、劳动密集型的生产流水线来个乾坤大挪移，搬到发展中国家去？这样一来，不也就将那烦人的企业社会责任问题统统推出去了？即便等到白皮肤的上帝发现问题所在,要求这些跨国公司“清洁供应链”时,它们也有个推诿责任的对象。2007 年,“中国制造”屡屡受到这方面的指责,中国做代工的厂商面临巨大压力,却鲜有报道将矛头直接指向跨国公司。要知道,在全球产业链的利润分配中,身处低端的中国生产者赚取的仅仅是一份微薄的工资,最大量的超额利润是被高端的跨国公司攫取了的。举例来说,2006 年江苏扬州贴牌生产了 10 万只德国世界杯吉祥物“格列奥六号”(Goleo VI)——一只光屁股的玩具小狮子,出口价大概是每只 1.45 欧元。然而到了德国,销售价却是每只 19.95 欧元。其间差距真是不可以道里计。各位看官不妨想象一下,这可怜的 1.45 欧元扣除了原料成本、人工成本,还能剩下多少可以用来保护环境,增进福利?然而这个在我们看来十分简单的算术问题许多西方人却似乎总是看不到。为什么?如果说这些西方人不是故意的,那么说明他们的视野的确存在着一个巨大的缺陷:西方文明根深蒂固的小共同体意识的确严重地限制和削弱了他们胸怀全局的全观视野,使得西方国家在国际利益的公平分配问题上表现出了与他们惊人财富远不相称的自私与狭隘。

这种自私与狭隘不仅表现在发达国家对待发展中国家的态度上,还表现在了发达国家对待全球问题的态度上。这些年来,旨在减少温室气体排放的《京都议定书》好不容易达成了共识,但是全世界最发达的美国居然一直拒绝签署,理由是议定书给美国经济带来过大的负担。从某种意义上说,这难道不是一种十分典型的西方式自私与狭隘的拙劣表现吗?地球人都知道美国的阿拉斯加和沿海地区蕴藏着丰富的石油资源,但是由于受到国内环保势力的反对一直不能开采,导致美国石油“严重依赖”进口。这个问题我们如果就事论事地分析,会很赞赏美国民众的环保意识。但是如果我们用全球的视野来观察的话,就会马上发现一个问题:不管美国使用的石油在哪里开采,总是要威胁当地环境的。既然美国阿拉斯加的环境需要保护,那么中东的环境难道就不需要保护了吗?"热爱"环保的美国人不会为了"环保"而放弃开车,因为把整个国家安在车轮之上早已经成为他们的生活方式。他们所能做的只是掩耳盗铃——不挖自家的,专挖别人的。阿拉斯加石油开采计划被美国民众阻止,美国的国内矛盾实际上并没有被消除,而是被输出转移到了其他国家尤其是中东地区了。自从上个世纪中东发现石油之后,这个地区从此就被无数的鲜血和仇恨所充斥,这难道不是这种悄悄转移而来的矛盾的最好见证吗?顺便说一句,所谓文明之象,光且大。美国人自诩人类文明的灯塔。可是就目前来看,他们的生活方式其他人基本上是无法学习复制的。因为这个世界上根本就没有那么多的石油。而不能光大,又何谓文明?还有,不要以为这种事只有美国人会干,整个西方世界至今都没有摆脱这份自私和狭隘。我一直以为,随着1901年《辛丑条约》的签订,世界基本上已经被西方瓜分完毕,但是现在我知道自己的想象力太差了。2007年8月,俄罗斯探险队下潜4261米,在北冰洋海底插上一面俄罗斯国旗,宣示对北极地区拥有主权。于是加拿大、丹麦、挪威、美国等国迅速跟进,看似无可争夺的北极地区掀起了一轮争夺主权的狂潮。2个月后,战火延烧到了南极。被俄罗斯人在北极拔了头筹的英国绅士重新发扬当年日不落帝国争夺殖民地时不甘人后的优良传统,宣布将向联合国提交对南极地区部分海床拥有主权的动议,主张对南极南大洋沿岸超过100万平方公里海床的所有权。英国在南极地区的老对手智利、阿根廷等国家又怎甘落后,当然也迅速地作出了反应。南极争夺战一触即发。

坦率说,西方国家这一轮 2007 年极地争夺战的确结结实实地给我上了一课,也多少印证了我心中关于西方文明进化的那个一直悬疑未落的判断。现在我知道了,无论签署过多少份契约,西方文明的血脉中永远都会流淌着那份不断向外伸展扩张的躁动和欲望。只要出现足够的利益空间,这些文明人就会毫不犹豫地撕下披在自己身上的文明衫,以东方人难以想象的勇猛和速度亮出自己的尖牙和利爪,一扑而上。在那一刻,契约总是如此的脆弱。当初一纸《凡尔赛和约》挡不住纳粹德国的铁蹄,今天一纸《南极条约》同样也不可能挡住西方国家暗战南极的决心。地球的最后一块净土即将敲响它的丧钟,埋葬它的将是源于西方契约文明深处的那份为人类带来深重灾难的自私与狭隘。从梦魇中惊醒,我们突然间发现,这个不堪重负的世界原来早已被各种各样的"小共同体意识"及其所代表的形形色色的"小共同体利益"切割得四分五裂。尽管在现代化的征程中,这个世界一直都不缺乏超级大国,但是我们共同生活的地球家园从来就没有出现过一个真正能够统揽全局、协调各方的监护者。历史和现实告诉我们,如果继续任由西方文明这匹脱缰野马拖着人类文明的大车肆意奔突,等待在我们前方的很可能将是彻底覆灭的共同命运。

中国也有先生

种种迹象表明,正如中华文明在现代化的挑战面前表现出种种难以自足的内在缺陷一样,西方文明在跨越后现代门槛时也同样暴露出了自身难以克服的内在缺陷。而吊诡的是,这次问题的解决方案似乎又转回了东方。

要想克服"小共同体意识"的局限性,我们迫切需要在人们的内心深处培育起一种胸怀全局、兼容并蓄的“大共同体意识”。所谓“大共同体意识”是一个与“小共同体意识”相对应的范畴。它是指所有个体在一个大命运共同体的认同前提与约束条件下和衷共济互助互让的社会心理习惯。在这种意识中,一个大共同体的存在并不是每个个体的理性选择,而是一种不可否定的先定义务。在我的理解中,这种根深蒂固的社会心理习惯不太可能内生于一个长期处于四分五裂状态的文明传统,而只能内生于一个长期处于“天下一家”状态的文明传统中。因为如果一个小共同体长期处于与其他小共同体相互竞争甚至是相互威胁和相互伤害的历史常态之中,那么要想让它超越自我的生存需要,大唱“我们是一家人”的高调并为他人的利益负责,显然是不切实际的。因此分裂的西方文明只能内生出“小共同体意识”,而不太可能诞生“大共同体意识”。然而中华文明的情况恰恰相反。在被西方的坚船利炮打开国门之前,中国一直处于一个世界的中心。在亚欧大陆东部这个相对封闭的文明系统中,中国以其举世无匹的规模和力量当仁不让地占据了主体与核心的地位。几千年来,除了北方游牧民族在军事意义上的骚扰和威胁外,没有其他文明力量可以与中华帝国竞争。在这种长期缺乏外力竞争,同时自身体量极大、多样性十分复杂的历史常态下,统治者的确有责任有义务也有动力为天下所有子民的利益负责,也一定会引导社会的主流价值观渐渐与之相互适配。在主客观条件的长期相互作用下,中华文明逐渐内生出了一种胸怀天下、统筹兼顾、包容多样的文明传统。这种文明传统我们不妨把它称为“大共同体意识”。尽管现在我们都已经知道,中国虽大毕竟也只是这个世界的一部分,但是这种在一个统一封闭的小世界中孕育出来的文明传统简直就像是为今天这个大世界制作的一个小型模版。同样的天下一家,同样的包罗万象,只不过是一个稍小,一个更大。这是历史的巧合,还是造化的有意安排?

顺便说一下,常有人将西方国家的情况拿来与中国直接进行比较,其实在多数情况下这种简单机械的比较是不合适的。因为如果按照西方人对国家的定义,过去的中国实际上根本就不是一个国家,它是一个世界,一个包容多样的小世界。注意观察时事的人会发现一个现象,那就是新中国似乎跟每一个邻国都存在着边界未勘的历史问题。这看似反常,其实十分正常。因为中国自古以来就是一个独一无二的"天下国家"(牟宗三把它称做"宇宙国家",费正清则称其为"中国小宇宙"),而不是让·博丹所说的那种欧洲式的"主权国家"。[1] 在中华文明的边缘地带,中国的国界往往十分模糊,而且经常会随着自身控制力的强弱变化而有所盈缩。中央国家与附属国之间的分分合合也是常有的事,比如历史上的高丽和越南都曾经成为中国版图的一部分。正是由于这些历史原因的存在,才导致了中国今天与邻国之间大量存在边界未勘的现象。这些当然都是后话了。本书在这里想要说的是:这样的一个"天下国家"里孕育出来的文化意识、制度传统、思维方式和行为习惯,毫无疑问会大大地迥异于在西方那些小国家里孕育出来的东西。这是我们每个人在进行中西比较时必须时刻牢记的前提事实。

回到正题上来。如果说西方文明的"小共同体意识"在当前的历史条件下已经越来越多地暴露出其自私狭隘的内在缺陷,从而需要用中华文明的"大共同体意识"来给予修正和弥补的话,那么我们

---

〔1〕 中国自古以来就没有正式的国名,有的只是朝代的名称。中国古代也没有国旗、国歌、国徽,因为西方人发明这些东西的本意就是用它们来与其他国家相互区分的,但是中国由于长期身处一个世界的中心而拥有一种独一无二的国家地位,所以根本没有必要为自己打上标记以示与其他国家区分。这种情况一直持续到清朝末年中国与另一个世界相遇。

究竟应该用怎样的一个源自中华文明母体的耳熟能详的词语来对这种“大共同体意识”进行概括呢?或者说,既然我们已经将古代和近现代文明的分水岭分别概括为“统一”和“契约”,那么如果我们需要为后现代文明的分水岭抽象一个关键词的话,它应该是什么呢?站在历史的拐点处默默审视这个在四分五裂中痛苦扭曲的世界,本书的推荐是——“和谐”。

数百年来,凭借着契约文明提供的强大动力,西方国家创造出了令人炫目的物质文明和高度发达的法治文明,令东方民族瞠乎其后。然而当人类的脚步踏遍地球的每一个角落时,当人们的身影充斥社会的每一个空间时,这个对于我们来讲一直浩瀚无边的地球突然间变得空前的狭小和拥挤。相应地,一直如同脱缰野马般勇往直前的西方契约文明也终于触碰到了自己的边界。其实早在十七八世纪的时候,西方的一些智者就已经认识到了西方文明的内在缺陷,甚至已经意识到解决西方问题的金钥匙很可能就掌握在中华文明手中。其中最著名的大概就是德国的莱布尼茨了。作为亚里士多德之后最伟大的百科全书式学者、微积分的发明者,莱布尼茨曾经发出这样的感叹:“我们在中华民族中发现了优美的道德,即在道德上,中华民族呈现着异样的优越……中华文明特有的凝聚力和包容性也许对西方强调个人权利与自由的自我中心主义是一副最好的解毒剂。”历史的发展证实了莱布尼茨的洞察力和预见性。几百年来,西方文明在为这个世界带来了民主与科学福音的同时,也使这个世界日益遭受到人类中心主义、西方中心主义和个人中心主义的痛苦折磨。汤因比在《历史研究》中这样说道:“当代有三个事实要求人类必须走向稳定。这三个事实是:核武器的发明、人口爆炸以及人类赖以生存的不可再生的自然资源的消耗和污染。"[1]我们知道,《历史研究》写于上个世纪的70年代,现在我们有理由为他的论断再加上第四个事实:克隆技术的滥用有可能在微观层面上彻底摧毁整个人类社会的存在基础。历史轮回的第三回合终于到了,曾经向中国派出德赛二先生的西方开始求师问道于东方了。而我们准备好了吗?我们选拔出待命出征的良师了吗?我们整理好教益天下的经卷了吗?我们准备好了。尽管良师刚刚睁开惺忪的睡眼,尽管经卷刚刚拂去厚厚的蒙尘,但我们都已经知道他们是谁了,他们的名字叫"和谐"。

作为中华文明根深蒂固的核心价值观,"和谐"也许是中国为当前这个四分五裂的世界所能开出的最好的和最合适的药方了。正如汤因比所说的那样:"最近五百年来世界的西方化乃是西方一系列分立而竞争的地区性国家的产物。他们之间的竞争乃是西方扩张的主要动力。政治上的分裂乃是西方化进程给全球政治地图造成的主要特点之一。西方文明在全世界扩张时就把西方这份分裂和混乱遗产传遍地球的每一个角落。一个深受中国传统影响的观察者看到这种景象就会认为,当前"阳"在世界的猖獗已经预示着,在不久的将来,"阳"就会突然颠倒过来,转变为以"阴"为主。"阴性"状态似乎可能取代目前的"阳性"阶段,而且将不会再让"阳"兴风作浪。"[2]"我们从大一统国家历史中所获得的最大教益之一就是,相互竞争的文化如何和平共处并相互促进、相得益彰。"[3]在《历史研究》中,汤因比一直采用"中国模式"、"大一统国家的历史"这类

---

〔1〕[英]阿诺德·汤因比:《历史研究》,刘兆成、郭小凌等译,上海世纪出版集团2005年版,第288页。
〔2〕[英]阿诺德·汤因比:《历史研究》,刘兆成、郭小凌等译,上海世纪出版集团2005年版,第287页。
〔3〕[英]阿诺德·汤因比:《历史研究》,刘兆成、郭小凌等译,上海世纪出版集团2005年版,第289页。

概念来笼统地描绘这份东方智慧,很显然已经认识到了人类未来的启蒙先生应该来自中国,来自中华文明的历史深处。由于汤因比一直没有找到一个关键词来称呼这位中国先生,因此本书愿意在这里用自己的方式直呼其名——“和谐”——一位来自中国的后现代启蒙先生。

第二节　为什么和谐源自中国

民族性格

从某种意义上讲,大概没有人能比中国人更加熟悉“和谐”了,因为它就写在中国人的脸上,它就刻在中国人的灵魂里。一般认为,中华文明是儒家、释家和道家“三合一”的文明,我想这个说法大致上是可以成立的。而如果我们继续追问一下这“三合一”中的“一”究竟是什么的话,那么本书的答案就是“和谐”。因为在我们看来,无论是入世的儒家,还是出世的佛家与道家,都有一个共同的核心精神,那就是“和谐”。从这个意义上讲,中华文明也可以称之为“和谐文明”。简单地说,儒家孜孜以求的是一种人与人之间的和谐,佛家念念不忘的是肉体与灵魂之间的和谐,而道家心向神往的则是人与自然之间的和谐。这三者之间,既存共性,又相互补,千百年来共同塑造了中国人独特的精神气质,也共同构建了中华民族独特的文明传统。在本书的第六章我们还将对此展开专门的论述。中华文明在三代时期尤其是周代就已经发展出了与当时“地分九州,国在中央”的基本社会形态相互匹配的“居中致和,天人合一”的主流意识形态。在《周易》和《尚书》等古代典籍中,我们可以分明感受到这种思想的大量沉淀。《中庸》对此做过一个总结:“中也者,天下之大本也，和也者，天下之达道也。致中和，天地位焉，万物育焉。”到了老子和孔子的时代，“和谐”的思想得到了最大程度的继承、整理和发扬，并从此获得了哲学和伦理学意义上的理论自觉形态。翻开《论语》、《道德经》，那种以和为美，以和为贵的句篇可谓俯拾皆是——“礼之用，和为贵，先王之道斯为美”（《论语·学而》）、“君子和而不同，小人同而不和”（《论语·子路》）、“道生一，一生二，二生三，三生万物。万物负阴而抱阳，冲气以为和”（《道德经》第42章）。这些在轴心时代迸发出来的伟大思想对于后世中国人的影响究竟有多大有多深，用台湾民主进步党一位博学先生的话来形容，那可真是“罄竹难书”。而在中国市井田舍的生活中，这些圣贤的教导也早已经转化成了这样的一些耳熟能详的百姓俚话：“家和万事兴”、“千万别伤了兄弟们的和气”、“和气能生财”。中国人看武侠小说或电视连续剧，总习惯于这样的情节安排：要想练成绝世武功，一定得机缘巧合地流落到一些高山流水、奇寒酷热的地方。然后朝练晨曦，夜观天象，日日夜夜吸天地之精华。最后恍然顿悟，任督二脉打通，神功终于练成。不能不说，儒道两家的人与人和谐、人与自然和谐的思想的确深深地影响和塑造了中国人的思维方式。而两汉之后，佛教辗转传入中华，在与儒道思想长时间的碰撞与融合中进一步回答了中国人关于生命的限度及其超越的思考与期待，更是最后解决了中国人关于灵与肉之间如何实现和谐的精神难题。中国人独特的精神气质至此基本养成。

几千年的时光流淌，这种天人合一，万物和谐的思想早已完全融入中国人的血液和性情，并以我们民族性格的方式存在和表达着。在我的理解中，所谓民族性格就是一个民族的根本特征和存在方式，它伴随着你生，也伴随着你死。它只可能被改造，而不可能被埋葬。即便你试图将它埋葬,它依旧会在坟墓中支配着你。不是吗?曾几何时,我们一心想要打倒"孔家店",彻底埋葬"腐朽不堪"的儒家,以便甩开膀子直接奔向共产主义的灿烂明天。于是我们破四旧,我们烧,我们砸,反正用尽一切办法就是要与可恶的"孔老二"划清界限。一时间我们以为自己做到了,然而短短三十年时间过去,当我们重新决定向全世界宣传和推介自己的时候,我们还是选择了在各个国家建立数百所孔子学院。多少历史轮回之后,孔子依旧是中国人的名片。站在历史的角度,我们其实无权指责那个破四旧的年代,因为那也只是历史的钟摆在受到外力干扰之后的一次必然的反摆运动。若非经此一役,凤凰不可能涅槃,中华民族也不会重生。在走到一个极端之后,历史钟摆终究会再次摆回,并在一个崭新的点上形成新的均衡。这时我们突然发现,原来孔子们并没有走远,实际上他们从来就没有走远。在孩子们发着脾气,自以为远远地离家而去的时候,老人们只是一声叹息,然后站在那里默默地注视着,静静等待着孩子回家的时候。蓦然回首间我们才发现,原来他们的身影是如此的高大与坚韧,他们的目光是如此的深远与悠长,以至于我们走了很久,却依然没有走出他们的视线。我不敢完全肯定,不过我一直猜想,也许我们永远都走不出他们的视线。

孪生兄弟

在本书的第二章,我们已经将中华文明在古代长期领先世界的原因归结为"统一",现在我们又将中华文明在后现代的核心竞争力归结为"和谐"。那么在这两个我们同样耳熟能详的关键词之间,究竟又会是一种什么样的关系呢?

简单地说,"统一"与"和谐"在本质上是同一个问题的两个方面,二者是一种相伴相生、相辅相成的孪生关系。它们的共性在于“合”,它们的区别就在于:“统一”更多地表现出一种外在的强制性,我们不妨称其为“统合”,而“和谐”则更多地表现出一种内生的自觉性,我们不妨称其为“和合”。可以这样说,在中华文明的历史进化过程中,是“统一”催生了“和谐”,而“和谐”反过来又成就了“统一”。中国是一个幅员十分辽阔,地区差异十分巨大,多样性十分复杂的国家。在这种国情条件下长期保持一个大一统的中央集权体制,必然会带来两个方面的结果:第一,中国的中央集权必须建立在对地方、民族和宗教多样性的充分尊重和包容的基础上,并努力保证这些多样性之间的和谐。历史告诉我们,虽然文明同化的进程从来就没有停止过,但是在相当长的历史时段里,这些多样性是不可能轻易消弭的,更不可能被强制消灭。作为一个如此庞大复杂帝国的终极管理者,中国的中央集权有动力也有压力创造一种合适的体制机制来保证各种多样性因素之间的和谐共处。费正清在他的《伟大的中国革命》一书中这样说道:“历代王室……保持一个统一的国家,作为保证在人民中间维持和平、安宁与繁荣的方法。中国这个国家虽在人口上不断增长,而这种团结的理想却持续下来……可以翻一下世界地图。全欧洲和南北美洲住着 10 多亿人。这 10 多亿人生活在大约 50 个主权独立的国家,而 10 多亿中国人生活在一个国家里。这个惊心动魄的事实,全世界中学生都是熟悉的,但是迄今为止几乎没有人对它的涵义做过分析。中国在宗教和国家之间没有分管,甚至对国内和海外也没有分管的情况下,它的要求和愿望常是包罗万象……中央政权不能不承担和允许大量的地方情况存在,从北极到赤道,从干燥到潮湿,从人烟稠密到人口稀薄的地区,无所不包。"[1]而汤因比也在他的《历史研究》中指出:"作为医治动乱时期带来的灾难的万应灵药,大一统国家是其缔造者强加给人民的,但也被人民所接受。在骨肉相残的战乱中硕果仅存的强国创造了它。而帝国缔造者们的最直接和最高目的是,在他们内部建立和谐关系,与以前的地方小国的少数当权者达成和谐……少数当权者力求在自己阶级内实现和谐,也会把这种和谐推广到他们与国内外无产者的关系上,推广到他们和这个濒于瓦解的文明所接触的任何外来文明的关系上。即使无法实现完全彻底的和平,至少也要实现某种休战状态和某种权宜的和解。"[2]汤因比还说:"一系列的文明或文化传统将不得不学会如何在一个政治体制下和平共处。因此,我们从大一统国家历史中所获得的最大教益之一就是相互竞争的文化如何和平共处并相互促进、相得益彰。把一种文明在政治上统一起来的大一统国家大多包含着另外一种或多种文明的某些区域,也包含着自己社会中偏远的蛮族地区。随着时间的推移,原来成分复杂的臣民往往会在彼此之间建立起某种休戚与共的情感,仿佛是一个共同人类家庭的孩子。被迫害的少数派或受到文化压迫的臣民就不可能有这种休戚与共感。正是鉴于这种情况,大一统国家的建立者会承认和容忍自己统治范围内的这种文化多样性。"[3]我想,汤因比的论述已经足够清晰地表达出了"统一"与"和谐"之间的必然因果联系。

第二,从另一个角度来看,大一统体制既然已经建立,也必然会产生这个体制本身的核心价值与核心利益。这必然会对其治下的各种多样性的自由伸长形成很强的边界约束。在这种大一统体制

---

〔1〕[美]费正清:《伟大的中国革命》,刘尊棋译,世界知识出版社2003年版,第14页。

〔2〕[英]阿诺德·汤因比:《历史研究》,刘兆成、郭小凌等译,上海世纪出版集团2005年版,第253页。

〔3〕[英]阿诺德·汤因比:《历史研究》,刘兆成、郭小凌等译,上海世纪出版集团2005年版,第289页。

所设定的边界条件的强力约束下，各种个性的发展被迫形成了向内作用的倾向，从而在彼此融合碰撞和反复博弈的痛苦经验中逐步内生出了中华民族特有的自制、内敛、求同与包容的和谐精神。中国传统主流文化都主张自我反省与向内审视，儒家的“克己复礼”、“反求诸己”，佛家的“戒、定、慧”，道家的“专气致柔”，无不表现出一种通过自我修炼来适应外部环境的思想。从某种意义上讲，这也是强大的金字塔集权体制在数千年漫长历史时期里对中国主流意识形态的选择、塑造以及异化的必然结果。可以说，中国的统一文明就是和谐文明最好的历史孵化器。举一个看上去不太搭界的例子吧。我们知道，内家拳是中华武术的重要瑰宝，其源也远其流也长。如果大家有兴趣探究一下内家拳各拳种的起源传说，就会发现一个有意思的规律，那就是这些以徒手搏击为主要形式，内外兼修以内驭外的内家拳法往往是由一些退休将领创立的。想当初天下大乱的时候，这些将领铁马金戈，战阵厮杀，靠的长兵快马的硬功夫。待得国家统一，天下治平，这些当初威风八面的将领要想不倒大霉，最好趁早解甲归田。然而厮杀了大半辈子的人，又如何过得惯那种文绉绉的生活，估计安静不了几天手脚就该痒痒了。不过痒了又能怎样？难道还敢重新提枪跨马，摆开阵法，每天找人厮杀上几百回合不成？真要这么做了，估计用不了多久，就得让皇帝老儿当作不安分的老走狗毫不客气地给烹了。历史告诉我们，就这样糊里糊涂被烹掉的老走狗历朝历代都是不缺的。〔1〕 于是剩下的那些还没被烹

〔1〕 中国历史上“烹走狗”烹得最厉害的当属明朝的开国皇帝朱元璋。当年与朱元璋一起打天下，金戈铁马百战百胜的大将军们如徐达、蓝玉、傅友德等先后被朱元璋以各种莫名其妙的理由一个个地收拾干净。其中就有一个叫冯胜的大将军因为犯了严重的“战争后遗症”而招来了杀身之祸。据说为了继续感受当初战阵厮杀的场景，这位老兄在自家打谷场的地下埋上许多大腹小口的瓦瓮，以便陶醉于那车马压过时发出的战鼓似的咚咚声。结果可想而知，冯胜被人指控私藏兵器，最终被朱元璋逼迫自杀。及朱元璋去世时，开国全部九个公爵只有一个中风了的汤和还勉强活着，而全部五十四个侯爵中也只有两个平庸之辈侥幸得以免死。

的“聪明狗”,就会自然而然地想到一个既能保证解痒,又能保证不被烹的好办法,那就是:马放南山,然后自己就地扎马步;刀枪入库,然后自己化枪为拳,化刀为掌。就这样,求诸外物的刀马硬功逐步演化成了反求诸己的拳脚内功,内家拳由此诞生。外国人看中国的武侠小说,愣是想不通一个道理:为什么武林高手总是赤手空拳就能战胜许多拿兵器的武林低手,而且武功炼得越高,兵器就越是没用。因为据说凡是高手比拼的都是“内力”,或者一种什么“气”,但凡乒乒乓乓地拿刀互砍的都是些不入流的“低手”。这些自圆其说的武侠理论看得老外一愣一愣的,不过中国人倒是看得津津有味,一点也不见怪。从文化传统上看,西方人就算再进化一千年,也折腾不出这种“以内驭外”的东西,所以说中国功夫只此一家,别无分号。然而要论求诸外物,折腾那些坚船利炮的东西,这些老外却是一等一的行家里手,中国人反过来又得老老实实跟着人家学习。同样是寻求自身力量的延伸,不同的文化传统选择了不同的路径,一个向内挖潜,一个向外借力,为什么?一言以蔽之:外部环境使然。

第三节　文明的第三分水岭

和谐文明的未来价值

在本书的第二章,我们借用一个简单的经济学方法来阐述统一文明相对于契约文明的核心价值,即统一有助于实现契约成本的内部化。现在我们尝试一下能否再次借助同样的方法来阐述一下和谐文明相对于契约文明的核心价值。

从经济学的角度看,契约的主要优点在于明晰产权,通过“定分”来达到“止争”的目的。商鞅变法于秦时,曾有一句名言,说的大概也是这个道理:“一兔走,百人逐之,非此兔可分以为百,由名分未定也。夫卖兔者满市而盗不敢取,由名分已定也。”在今天这个充斥着产权占有与分割的市场经济社会里,契约无疑应该成为人们处理彼此关系的基本调整手段。恰当地运用契约的方法处理人与人之间的关系,让每个人都能各得其所,不仅可以大大地减少因为彼此之间产权不清晰而造成的争夺,而且可以大大减少公地悲剧的发生,从而降低由此支付的不必要的社会成本,这也许正是契约在现代社会中最为光彩的一面。然而这并不意味着契约就一定能够无条件地降低社会成本,实际上,当人与人之间、群体与群体之间的生活交错纠缠时,契约的边际效益就会迅速递减,而边际成本却会急剧上升。这应该也是很好理解的。因为在各种利益交织纠缠得十分厉害的条件下,要想事无巨细地通过订立契约来彻底明晰产权,有时不仅不会降低交易费用,反而会令交易费用激增。中国不是有句老话吗:清官难断家务事。我想大概就是这个道理的反映。因为在一个中国传统式家庭里,家庭成员之间关系往往十分密切,所以其利益也往往共生共长,难分你我。如果不幸发生了家庭纠纷,大家拉扯到了公堂之上,这时要想为他们理清头绪、明晰产权,的确就十分困难了。如果有人非要为其“定分”,有时不仅不能“止争”,反而还会“促争”。也就是说,契约的边际成本甚至有可能会超过契约的边际收益。从这个意义上说,一个家庭,至少是中国式的家庭的确不能完全采用契约的理论进行解释和建构。笔者还记得当初在法学院读书的时候,关于婚姻性质问题的法理争论。大而言之,西方法学理论的观点倾向于认为婚姻是一种契约,而中国的立法和学理都不完全赞同这个观点,认为婚姻不仅仅是一种契约,而且还带有较强的人身属性。大家知道中国今天的许多法律基本上都是舶来之品，学理方面也基本上唯西方学界马首是瞻，因此这算是我印象中中国法理学为数不多的比较坚持的独立见解之一。究其原因，不能不说这与中国传统文化对人们家庭婚姻观的有力牵制有着莫大的关系。当然这样说并不意味着家庭契约观没有价值，相反在中国传统家庭结构中引入平等的契约观念，对于彻底解构数千年来旧传统对于人性的压迫而言具有十分重要的意义。事实上今天的中国社会也正在学习西方社会，在现代家庭婚姻关系中渐渐地引入了"契约"的价值与方法，比如增强对破碎家庭离婚的宽容度，允许进行婚前财产公证等等。我在这里想要说的只是，在婚姻家庭的问题上我们应当警惕不要从一个极端走向另一个极端，以免让这份本应为人们带来福祉的契约最后蜕变成为一棵谋杀中国传统价值观的毒草。中国式家庭血脉相连的情感纽带、互爱互助的优良传统以及以和为贵的生活智慧无论在任何时候都是人类社会的重要财富之一。它的强大的生命力已经为数千年的历史时光所证明，相信未来还会被继续证明下去。

从家庭的层面引申开去，我们会发现这个道理实际上在其他层面也是同理可证的。不管是人与人之间，还是国与国之间，都遵循着这样的一个基本逻辑：彼此关系越紧密，契约的边际成本就越高昂。而一旦这种边际成本超过了边际收益，原意在于"定分止争"的"契约"也就走到自己的反面。克服"契约"的这一限度需要我们引入"和谐"的理念。在我的理解中，和谐是有效克服契约边际成本急剧上升的根本出路。不妨举一个和谐社会的例子来说明这个道理：假定将一个社会的全部关系约化为二个人之间的关系，其中一个人的心智健全，每月收入为一万元，另一个人的能力低下，基本无固定收入。如果根据契约精神的制度安排，一人多劳多得，另一人不劳不得,他们之间自然是互不亏欠的。然而这种貌似公平的制度安排必然导致一人饿死,并很可能在饿死之前与另一人进行破坏性博弈,其结果往往是系统崩溃。那么究竟应该怎么办呢?假设将一万元在二人之间强制进行平均分配,那岂非又成了大锅饭?而如果杀富济贫,将一万元全部转移给穷人,那恐怕就是革命了。历史早已经证明,大锅饭不是个好方案,革命也是迫不得已而为之的事。这两种办法都会破坏契约的调节机制,使劳动者丧失劳动激励甚至引发阶级对抗,从而导致系统萎缩甚至崩溃,因此都不是社会的最优安排。最优的安排应该是:高收入者通过社会利益协调机制向无收入者让渡自己的部分收入(我们不妨假定为一千元)。从经济学的角度看,这一千元对于高收入者而言,其边际效益是比较低的,但对于低收入者而言,其边际效益却很高。二者简单相加(9000 + 1000),社会总财富没有变化(还是一万元),但是社会的总福利却大大增长了,因为社会总边际效益大大地增长了。由此可见,对于一个和谐社会而言,简单地遵从契约的制度安排或者简单地否定契约的制度安排都称不上是最优的。只有在尊重"契约"的基础上适度地引入"和谐"的理念,进而实现"契约"与"和谐"的辨证统一,才有可能达到最优的制度安排。所谓和谐社会,本质上应该是"契约"与"和谐"的辨证统一体。

由此看来,对于利益本位、个体本位的"契约"而言,"和谐"的确是一种超越的智慧,一种建构于利益基础之上,却又超越于利益壁垒的智慧。在契约的边界处,利益已经不能再单纯地沿着契约的指向流动,而应该更多地听从情感与道德的召唤。这也许就是松下幸之助那句名言所要表达的主要意思吧:"心与心之间没有契约或法律规定,只有互谅互解,才会有默契。"对于利益壁垒森严的契约及其过度利己排他的毒果而言，和谐的确是一种超越，一种莱布尼茨所渴求的西方文明的解毒剂。

从契约到和谐

尽管“和谐”的思想起源于遥远的中国古代，但是在个人中心主义、西方中心主义以及人类中心主义膨胀的今天，相比起锱铢必较寸土必争的“契约”精神，“和谐”的确蕴涵着一种更高层次的文明价值。在强弱对立的二元世界里，和谐的要义更多地表现为对强者课以适度的“额外”义务，以更好地实现对弱者的“转移支付”。因此和谐本质上不是苟同和吞忍，它是一种强者的智慧，一种源自内心的包容和自制。我们之所以判断“和谐”可能会成为后现代文明的核心价值，也正是出于两个基本的事实判断：其一是全球一体化不可逆的进程，其二是人类改造世界能力突飞猛进的现实。全球一体化进程已经使得世界变得越来越小，人们之间的关系越来越紧密。这种环境条件要求我们在与自己“性相近、习相远”的全球村邻居们相处的时候必须表现出更多的相互理解和相互包容的精神，否则被全球化急剧拉近并绞合在一起的种种差异性以及随之而来的猜忌、怀疑、对立和对抗将使我们的世界永无宁日。同时，人类改造世界的能力突飞猛进乃至于失控的现实又时刻提醒我们，今天已经远远不是大航海的时代了。凭借着对科学技术空前的操控能力，人类已经拥有了轻而易举地毁灭掉整个地球家园从而毁灭掉自己生存基础的可怕力量。在这种情况下继续肆无忌惮地放任自己的欲望和力量早已经不再是一种值得赞颂的美德，而是一种值得警惕的罪恶。这个时代的真正美德是要求人们在已经空前脆弱和易怒的大自然面前展示出更多的自我克制和自我约束的勇气和耐心。就在我写下这些文字的时候，正值2008年的农历春节。中国的南方地区正在遭受着前所未有的冰冻雨雪灾害天气的蹂躏。京珠高速瘫痪，空港瘫痪，电网瘫痪，电气化铁路大动脉瘫痪，数十万的春运客流凝滞在广州火车站，整个南中国在大自然突如其来的报复面前瑟瑟发抖。而当我们环顾世界时，才发现这场雪灾原来也并非中国独有，整个北半球几乎都和中国一样被这场暴风雪横扫。美国中西部气温几个小时内狂降28度，加拿大甚至出现了零下60度的超低温，而中东的巴格达则是百年来首次降雪。这些年来，关于人为因素影响全球气候的警告声一直不绝于耳，然而相比起人类的能力而言，人类为此所付出的努力的确是微乎其微。也许很多人觉得现状还不是很糟糕，但是17世纪格陵兰岛因为气温下降2度导致生态突然毁灭的悲剧提醒人们，生态系统的变化往往是以突变的方式完成的。在我的梦魇里，灾难是一位不速之客，它随时会来，然后亮出“赏善罚恶令”，请我们到《后天》的冰河世纪里喝冰冻的腊八粥。

我不想等到喝粥的时候再来数落西方契约文明五百年来的功过是非，我想在我们还能有所作为的时候就做点什么。对于中国人来讲，这真的是一件任重而道远的事情。也许我们会以为自己掌握了通向人类美好未来的金钥匙。然而不要忘了，现实世界的权杖依然掌握在他人手中。中国人必须首先在他人制定的规则下赢得比赛，然后才有机会推动这个世界制订出一套全球行动的新规则。从历史的视角来看，这不仅仅是一场与他人的赛跑，更是一场与时间的赛跑。或者可以说，今天中国投入比赛绝不仅仅是为了战胜对手，更是为了赢得战胜自我的机会，而且必须赶在灾难突然降临之前赢得这个机会。在穿越了一百多年的历史苦难之后，今天的中国已经在这场文明的竞争中渐渐地赶上了曾经遥不可及的对手。现在我们希望能够再赢得这样的一个机会,为全人类的共同未来做出一个决定性的贡献。

二十一世纪初,当中国人决定在自己的意识形态大旗上写下“和谐”两个大字的时候,也许没有多少人意识到这是一个怎样的历史性的举动,但是我相信历史会记下这一笔的。这是中华民族穿越了属于西方的契约时代之后,迎来的属于自己的又一个时代。在螺旋上升的历史轮回中,古老的中国正面临重返人类文明巅峰的历史机遇。我们应当无比珍视这个千载难逢的机遇,在努力发展硬实力的同时,积极构建出一个以“和谐”价值观为核心的新话语体系,从而发展出属于自己的软实力。无论是中国传统的文化理念,还是远道而来的马克思主义,都蕴含着十分深厚的“和谐”思想。只要我们抛开狭隘的意识形态束缚,就完全有机会将两者深度结合起来,构建出一份根源于中西文明的历史深处、着眼于全人类共同未来的核心价值观,真正打造出属于中国也属于未来的软实力,从而在与世界各主要文明尤其是西方文明的对话和竞争中真正赢得主动。《孙子兵法》说:“凡战者,以正合,以奇胜。”我们当然不愿意相信亨廷顿关于文明冲突的危言,我们希望各个文明之间能够相互学习,和平共处。然而如果注定将会有一场文明的竞争乃至于冲突的话,那么我们希望未来的中国能够做到“以硬合,以软胜”——以硬实力合之,以软实力胜之。

二百年前,亨利·梅因在他的《古代法》中用“从身份到契约”这样的名句写下了契约的宣言。二百年时间过去了,不经意间我们又走到了一个文明分水岭之前。我们当然无意于撕毁那张契约的宣言,但是今天的人们的确需要签署一份新宣言,它的主题应该就是“和谐”。在我的理解中,“和谐”站在“契约”的边界处提醒人们要认识自我的限度并怀着节制、感恩与友爱的心情生活，从而为人类不测的未来开启了一扇透出光亮的门户。如果说从古代社会到现代社会的进步可以归结为一场“从身份到契约”的运动的话——“所有进步社会的运动，到此为止，是一场从身份到契约的运动”，那么我们是否也可以将从现代社会到后现代社会的进步归结为一场“从契约到和谐”的运动——“所有进步社会的运动，从此开始，是一场从契约到和谐的运动”。

CHAPTER 04 >>

第四章

同　归

在本书的前三章，我们详细论证了中华文明与西方文明几千年以来的三次历史分野。我们分别用“统一”、“契约”、“和谐”三个关键词来为我们理解中的古代文明、近现代文明与后现代文明命名，同时也试图用它们来为中西两大文明截然不同的品性命名。如果本书截至目前为止的工作还称得上成立和有效的话，那么现在就有必要单列出一个章节来论述一下中西文明携手走向共同未来的互动关系。我把这一章命名为“同归”，当然不是希望中西文明“同归于尽”，而是希望中西文明能够“殊途同归”。无论如何，这个世界已经紧紧地联结在一起了。中国、西方以及其他文明实际上已经结成了一个命运共同体。如果人们不能彼此尊重、相互学习，最后做到“殊途同归”的话，那么“同归于尽”的结局恐怕也不是什么危言耸听。不管人们选择什么，也不管人们喜欢与否，“同归”早已经成为这个蓝色星球的宿命。

第一节　有条不紊的历史主线

合—分—合

我们从一个现实的困惑出发，为了寻找心中的答案，迂回穿行于历史的深处。当文明渐渐褪去繁杂的外衣袒露出自己的本质时，我们发现了一个有条不紊的历史主线："合"(统一)—"分"(契约)—"合"(和谐)。这是一个历史的伟大轮回，是人类文明进化的前进波浪与上升螺旋。从某种意义上说，人类各主要文明尤其是中西两大文明实际上从轴心时代开始就已经奠定了自身的基本品格。从那以后，历史走了整整两千五百年。而这两千五百年大概又可以分成两段：在长达近 2000 年的古代历史时期，中华文明凭借着"统一"的品格创造了一个长盛不衰的文明神话。它的起始分水岭应该是公元前 221 年秦始皇统一中国；在随后 500 年左右的近现代历史时期，西方文明则凭借着"契约"的精神开启了一个席卷全球的西方化时代。它的起始分水岭应该是公元 1500 年左右的大航海世纪。而如果我们没有判断错误的话，那么从现在开始，应该是一个中华文明携手人类其他文明共同开创的"和谐"新时代。它的起始分水岭也许已经出现，也许即将出现。当历史把镜头拉远之后，相信未来的人们会做出更加准确的判断。而就我个人的理解而言，这个起始分水岭应该已经出现，它的标志或许是第一颗原子弹爆炸成功的骇人瞬间，或许是"9·11"事件中飞机撞进世贸中心大厦的悲剧一刻，或许两者都是。

从"统一"到"契约"再到"和谐"，我们看到的是中西两大文明在不同历史时期交替领先的历史事实,而它的背后则是“合”与“分”这两种更为本质的文明品性在不同历史时期交替主导的历史规律。从中国哲学的视角考察,可以发现这种交替的规律的确十分符合《易经》所讲的“阴”与“阳”之间相生相克的交替韵律,也就是所谓“太极动而生阳,动极而静,静而生阴,静极复动。一动一静,互为其根”。而且正如“阴”与“阳”之间并不存在高下之分一样,“合”与“分”这两种文明品性也并不存在什么高下贵贱之分,它们只是人类社会在长期的历史发展中因为机缘巧合而逐渐进化出来的两种截然不同的性格。如果我们认真观察,就会发现这两种性格其实在任何一个文明身上都会同时存在,就好比太极图中那两条“阴中有阳、阳中有阴”的阴阳鱼一样,只不过不同的文明往往会有不同的偏好。中华文明和西方文明从地理上看刚好各处亚欧大陆的东西两端,从文明性格上看刚好也在由“合”到“分”的光谱中各执一端,也可以说是这两种文明品性登峰造极的典型代表。正是凭借着这一点,中华文明和西方文明才能够在数千年的历史中交替领先,先后推动了人类文明的发展进程。

谁在推动历史的转盘?

现在有个问题:为什么在不同的历史时期,不同的文明品性会有截然不同的表现呢?或者更明确地说,为什么古代是属于“统一”的,近现代是属于“契约”的,而后现代又是属于“和谐”的呢?为什么不会是相反?如果这的确是一条历史的主线,那么又是谁在冥冥之中规定了这条螺旋式主线有条不紊的先后顺序呢?

正如本书前几章所论述的那样,中华文明和西方文明从它们诞生的那一刻起,就注定了它们会各自走上一条截然不同的发展道路。从地理环境的逻辑起点出发,各种因缘际会决定了中华文明一定会逐渐养成一种以“合”为美的性格,而西方文明者则注定会逐渐养成一种以“分”为美的性格。这两种性格之间在本质上没有高下贵贱之分。它们在不同的历史时期之所以会有截然不同的表现,仅仅是因为在特定的历史阶段,某一种文明性格刚好迎合了当时特定的生产力发展水平的需要,从而使自己成为那个特定阶段的历史宠儿。在漫长的古代时期,人类认识世界和改造世界的能力一直相当弱小。面对各种不测的自然力量和外部威胁,这个时期的人们主要依靠“合力”来战胜困难。在这种历史条件下,哪个国家哪种文明能够更加有效地组织起更多的人力物力共同应对挑战,这个国家这种文明就自然而然会成为当时人类社会的优等生。而中华文明正是以其举世无双的统一品格适应了这种历史需求,从而毫无争议地成为当时人类文明竞赛的长期领跑者。到了近现代时期,经过数千年缓慢的经验积累,人类终于站到了科学的门槛上。公元 1500 年之后的短短数百年,人类认识世界和改造世界的能力由于科学技术的大发展而得到了突破性的增长。在这个科学的时代里,人们转而依靠发挥和释放每个人的聪明才智来推动社会发展。在这种历史条件下,哪个国家哪种文明能够更加有效地释放每个人的创造性和自利心,这个国家这种文明就一定会在竞争中取得领先。而西方文明恰恰以其根深蒂固的契约精神适应了这种历史需求,从而迅速赶超中国成为当时人类文明竞赛的领先者。那样的一个时代是属于亚当·斯密的,属于爱迪生的。然而当人类征服了世界的每一个角落并拥有摧毁世界的能力之后,爱迪生和斯密的时代宣告结束,历史跨入了后现代时期。因为当我们的聪明才智能够发明电灯和电话的时候,我们当然应该充分释放自己的创造力,因为它可以给我们带来光明和福音。然而当我们的聪明才智能够发明核弹与基因武器的时候，我们还能够像过去那样肆无忌惮地释放自己的创造力吗？历史真的像一个难以捉摸的转盘。自诞生以来，人类就一直面对着一个威不可测的大自然。然而当我们终于借助科学技术的威力吹响了征服自然的号角时，我们却突然发现，原来真正的魔鬼并不在大自然，而是藏在我们自己的内心深处。在人类空前张扬的创造力与破坏力面前，这个过去似乎漫无边界的世界突然间变得如此的小。环境对于人类的边界约束条件又一次收紧了，人类必须重新习惯于一种内向发展的逻辑。在这样的历史条件下，哪个国家哪种文明能够更好地做到克制自己和包容他人，更好地做到与他人和谐相处，与自然和谐相处，这个国家这种文明就应该成为未来人类文明的新旗手。而如果这个判断准确的话，那么中华文明与生俱来的和谐品格很可能就会更加适应未来人类文明发展的需求，从而有机会在新的历史轮回中引领人类社会开启一个和谐和平、共存共进的新时代。

这一个“统一——契约—和谐”的历史轮回告诉人们，其实人类的全部历史都是由“人”与“自然”之间的矛盾运动推动的。在“人”的主观能动性还比较弱小的历史时期，“自然”的外部环境约束条件相对严苛，这时候的“人”需要依靠共同体的合力来共同对抗“自然”的挑战。而在“人”的主观能动性得到大大增长的历史时期，“自然”的外部环境约束对“人”的束缚已经大大减弱。这时候的“人”最需要的就是自由地伸展自己的个性和创造力，并在一定程度上解除共同体对个体的约束。然而当“人”的主观能动性进一步爆发式增长并终于挤压到“自然”的承受边界之后，“自然”的外部环境约束又一次收紧。人们这才意识到，原来所谓的“自然”并不是自己的敌人，而是自己的生存基础。在这种条件下,人们需要重新唤醒自己的共同体意识,重新学会约束自己以确保“人”与“自然”的和谐共处。可以说,不是上帝的旨意,也不是历史老人的随意偏好,而是人类社会生产力条件的历史变化。更准确地说,是人类的主观能力与自然的客观环境之间的矛盾运动,推动了历史的转盘,决定着人类文明主题的历史转换。

第二节 中西文明的补课运动

用一盏灯点亮另一盏灯

我一直相信,上天以文明的名义分别赋予了东西方两种截然不同的禀赋,又分别安排它们各自在一个最适宜的环境中孕育生长,一定不是希望它们永远如此疏离和对峙下去,而是期待他们最终能够做到相互学习和相互补足,从而以辩证的方式从文明的矛盾对立中走向文明的矛盾统一。作为人类文明有史以来表现最为优异的两个组成部分,中华文明和西方文明的优点和缺点是同样突出的,而且一方的优点恰恰正是另一方的缺点。因此要想塑造一个健全的文明品格,需要中西两大文明的完美结合。这是人类文明的光明前景,也是中西文明进一步发展的必然归宿。当我写下这些文字的时候,我相信自己的心情与 17 世纪莱布尼茨写作《中国近事》时的心情是一样的。这位科学成就堪比牛顿,哲学造诣不逊康德的伟大智者在他 300 年前的《中国近事》中就是这样教导人们的:“人类最伟大的文明与最高雅的文化今天终于汇集在我们大陆的两端,即欧洲和位于地球另一端的——如同‘东方欧洲’的‘Techina’(这是‘中国’两字的读音)。我认为这是命运之神独一无二的决定。也许天意注定如此安排,其目的就是当这两个文明程度最高和相隔最远的民族携起手来的时候,也会把它们两者之间的所有民族都带入一种更合乎理性的生活。”莱布尼茨又说:“昔日有谁会相信,地球上还有这样一个民族存在着,它比我们这个自以为在各方面都有教养的民族过着更具有道德的公民生活呢?当我们对中国人的了解加深以后,我们却在他们身上发现了这一点。如果说我们在手工技能上与他们不分上下,在理论科学方面超过他们的话,那么,在实践科学方面,即在人类生活及日常风俗的伦理道德和政治学说方面,我不得不汗颜地承认他们远胜于我们。的确,我们很难用语言来形容,中国人是如何完美地致力于谋求社会的和平与建立人与人相处的秩序,以便人们能够尽可能地减少给对方造成的不适。人类最大的痛苦是由个人以及人与人之间造成的,这是一个不争的事实。‘人与人相互为狼’这句话亦是再现实不过了。尽管我们已经面临着如此频繁的自然灾害,人们还是要给自己添加苦难,这特别是我们这里的一件巨大的蠢事,然而全人类亦是如此。”〔1〕在1697年的一封信中,莱布尼茨说:“我觉得它有利于人类的幸福,有利于我们欧洲和中国各自科学与技艺的成长。这就像文明之光的交换,能在短时间内让我们掌握他们奋斗几千年才掌握的技能,也让他们学会我们的技艺,丰富双方的文化宝库。这都是超出人们想象的光辉事业。他们以观察见长,而我们以思考领先;正宜两好合一,互相取长补短,用一盏灯点燃另一盏灯。”〔2〕

莱布尼茨写下这些话的时间在公元1700年左右,那恰好是一个

〔1〕[德]莱布尼茨著、[德]李文潮、张西平主编:《中国近事》,[法]梅谦立、杨保筠译,大象出版社2005年版,第1~2页。

〔2〕[德]莱布尼茨著、[德]李文潮、张西平主编:《中国近事》,[法]梅谦立、杨保筠译,大象出版社2005年版,第2页。

中西文明彼此错肩的时点。当时的西方契约文明已经在科学领域和思想启蒙方面崭露出他们蓬勃的朝气,而中国凭借着康熙皇帝的文治武功也在最大限度上保持和延续了统一文明的最后辉煌。莱布尼茨没有机会看到随后几百年时间里中华文明如何在大一统体制的僵化束缚下慢慢走向衰落,也没有机会看到二十世纪西方文明如何在分裂厮杀中将人类社会推向崩溃的边缘。然而这丝毫不会减损这些话的真理含量,因为中西文明之所以会出现这些严重的致命问题,恰恰是因为它们随后的运行轨迹并没有沿着莱布尼茨的伟大设想而展开。在相当长的一段时间里,它们都没有意识到原来彼此学习和相互补足是如此的重要。尽管莱布尼茨的《中国近事》受到了欧洲人的尊敬和追捧,但是当时几乎没有人愿意为了所谓"人类最伟大的文明与最高雅的文化之间的相互学习"而真正行动起来。1697 年,莱布尼茨曾不遗余力地鼓动新教国家利用沙皇彼得一世访问西欧的机会,促使沙皇同意西欧的传教士假道俄罗斯前往中国,从而避免经过海路的危险和漂泊。然而全欧洲应者寥寥,有个叫莫莱尔的人甚至回信直接告诉莱布尼茨:"(荷兰人)他们喜欢的反正是银币,而不是异教徒的灵魂"。[1] 对此莱布尼茨大为不满,他在回信中说:"您很难想象我是多么的气愤,我无法饶恕英国人和荷兰人的无所谓态度。他们也将为此付出沉重的代价。"300 年后的今天,我依然能够感受到莱布尼茨当时的失望心情。然而与欧洲人相比,中国人当时在这方面的表现只有更差:偌大的中国,似乎只有一个康熙皇帝对学习西方先进科技保持了浓厚的兴趣,康熙之后则再无他人。随后的历史发展的确印证了莱布尼茨的预言:中国、西方

〔1〕 [德]莱布尼茨著、[德]李文潮、张西平主编:《中国近事》,[法]梅谦立、杨保筠译,大象出版社 2005 年版,第 144 页。

乃至整个世界的确都为自己的选择付出了十分惨重的代价。

走出历史的困局

现在是走出各自的历史困局的时候了。20 世纪下半叶,当最后的硝烟和躁动渐渐远离人类的家园后,一场史无前例的文明补课运动开始了。人类文明的两大发源地——欧洲和中国分别启动了一个注定改写自己历史甚至改写整个人类历史的伟大进程。契约至上的欧洲用德国和法国这对死对头的煤钢联营行动启动了统一的列车,“分”了数千年的欧洲从此走上了史无前例的统一道路。而统一至上的中国则用安徽省凤阳县小岗村 18 户农民的红手印签署了契约的宣言(这张编号 GB54563 的“大包干契约”据说现在还一直保存在中国革命博物馆),“合”了数千年的中国从此以“改革开放”和“市场经济”的名义拉开了一场深刻而又广泛的契约运动。而现在他们都在路上。就像两位文理偏科得厉害的天才学生一样,今天的欧洲和中国都在为完善自我而努力补课。欧洲人补的是“统一”课,而中国人补的是“契约”课。有意思的是,尽管是在补一门自己最不熟悉的课,但是中国和欧洲都习惯性地各自选择了一条自己最为熟悉的路径。我们可以看到,今天欧洲走向统一的路径实际上还是契约式的。从 1957 年成立欧洲经济共同体和欧洲原子能共同体的《罗马条约》,到 1993 年奠基欧洲联盟的《马斯特里赫特条约》,再到 2005 年在荷兰和法国被全民公决否决的《欧盟宪法条约》,欧洲统一进程的每一个步伐都是用契约来铺垫的。与此形成鲜明对比的是,今天中国走向契约的路径却基本上是统一式的。不管是改革开放的发起,还是社会主义市场经济的提出,还是一轮又一轮的普法教育,中国这场契约运动至少在直观形式上是通过各种自上而下的决议、讲话以及运动式的活动安排来驱动的。也许中欧这种“反其道而行之”的补课方法显得有点滑稽,但是细细一想,又不能不说是一种无奈的必然。尽管欧盟旷日持久、斤斤计较的谈判和争吵让欧洲的真正统一遥遥无期,尽管中国政府促导型的市场经济发展方式为腐败滋生和官僚主义留下了巨大的空间,但是若不如此,他们又能如何呢?难道让欧洲复制中国的统一模式,重燃战火再决雌雄?还是让中国复制欧洲的契约模式,解散国家从头开始酝酿契约的精神?这显然没有必要,也绝不可能。尽管心情可以理解,但是我们必须记住这毕竟是一场补课运动。不管是中国还是欧洲,都不要指望能够完全成功复制对方的长项。况且即便如此,这已经是一次异常艰难的行军了。因为中国和欧洲都在远离自己熟悉的精神家园,穿行于陌生的丛林以探索通往未来的路径。这一路荆棘遍布,危机四伏。然而他们已经别无选择。为了补上这一课,中国和欧洲都已经向历史缴纳了无比昂贵的学费。这次可能真的是历史的末班车了,如果再次错过,他们也许再也无法继续成为历史的宠儿。因为斗转星移,时过境迁,历史的新宠——美利坚合众国已经诞生。作为一个由欧洲移民建立起来的新国家,美国从《五月花号公约》开始就继承和发扬了欧洲的契约传统。但是与欧洲分裂成数十个小国家不同的是,13 个从英国那里赢得独立的殖民地邦 1787 年在费城争吵了几个月后,居然石破天惊地搞出了一部《联邦宪法》,从而在北美洲广袤的土地上奠基了一个统一的联邦体制国家。经过南北战争的战火淬炼后,一个超级大国就此横空出世。从美国史无前例的成功中我们可以总结出无数条的理由,然而如果我们从文明的角度分析,美国的成功基本上可以用一句话概括之:因为美国将人类文明的两大核心要素——“统一”和“契约”——辩证地结合起来,所以成长为当今世界的超级大国。一个值得回味的事实是:历史上在美国本土只发生过两场战争——一场是追求独立自由的独立战争,另一场则是追求国家统一的南北战争。我相信发生在本土的战争对于一个国家和民族的性格塑造具有某种决定性的作用,因为这种战争实际上是这个国家内在矛盾的激化与解决,它对于这个国家的影响一定会远远地胜过那种将内部矛盾输出转移的境外战争。而美国这两场价值导向完全相反的本土战争实际上已经十分明确地告诉我们:美国的核心精神和核心竞争力正是“契约”与“统一”、“分”与“合”的辩证统一。在这样一个朝气蓬勃的全能型国家面前,各执一端的中国和欧洲的相对衰落自然也就在情理之中了。如果按照汤因比的“文明挑战—应战说”,那么美国现象的异军突起就可以算是对中国和欧洲的一次巨大挑战。在轴心时代之后的两千多年时间里,中国和欧洲一直是你方唱罢我便登场的主角。然而现在世界历史的舞台中心却第一次被中欧之外的演员占据了,早已习惯于站在镁光灯下的中国和欧洲突然发现自己如同一个过气的老明星一样沦为了配角。对于他们而言,现在迫切需要思考的是:这会是一个无可奈何花落去的不可逆的历史趋势,还是一次刺激自己重新崛起的历史挑战?不管怎样,已经有很多人在为新帝国的诞生而欢呼了。在《帝国——全球化的政治秩序》一书的封面上写着这样的文字:“就在我们眼前,帝国主义正在成长、形成。无边无垠,永无止境,这就是全球化政治新秩序——一种新的主权形式:帝国。未来的关键,在于帝国及其抵制力量的互动结果。我们基本的假设是主权已经拥有新的形式,它由一系列国家和超国家的机体构成,这些机体在统治的单一逻辑下整合。新的全球主权形式就是我们所称的帝国。"[1]而至于什么叫"帝国",这本书的作者迈克·哈特和安东尼奥·内格里在2004年访问中国的时候是这样解释的:"帝国的主权通过世界上类似君主和贵族力量之间的长期合作来确立。例如,可以把五角大楼视为全球军事事务中的君主力量,它常常根据单边决定采取行动;当美国政府作为一个整体,有效支配全球政治经济事务时,它也具有君主的特点。至于世界的贵族力量,必须在美国之外加上其他支配性的国家力量和非国家力量(如主要的资本主义公司)、国际机构(如联合国)、超国家的经济组织(如世界银行和国际货币基金组织),以及一系列其他力量。君主力量不能单独统治这个'帝国',而要长期与全球各种贵族力量合作。换句话说,没有一个国家可以单边支配这个'帝国',美国也不能。"[2]坦率地说,这是一段富有创意但令人哭笑不得的话。这就是当今强者的逻辑,而且还是改良后的逻辑。作者从古代西方的"君主—贵族"二元政治体制中汲取灵感,接受美国单边权力受到限制的现实,却设想建立起一个以美国为主导,其他国家参与其中的全球政治秩序。我相信这应该代表了当今很多美国人的想法。如果把这个观点放在当前这个历史横断面上看,不能说一点道理都没有。然而历史的发展总是绵延不绝的。如果我们回溯历史,就会知道所谓的"君主—贵族"体制从来就不是一个终极的架构。那些迷信君权神授的君主起先总是幻想"朕即国家",要求独揽大权,接着由于自身力量的局限性而被迫与贵族妥协并共享权力,而最后的结局不是被高高地虚悬起来,就是被拉上断头台。历史已经证明,这

---

〔1〕[美]麦克尔·哈特、[意]安东尼奥·奈格里:《帝国——全球化的政治秩序》,杨建国、范一亭译,江苏人民出版社2003年版。

〔2〕《当世界成为帝国》,载《瞭望东方周刊》2004年第24期。

个世界早已经不需要一个君临天下的君主了。西方世界不需要,东方世界也不需要。因此那些还想要当君主的人最好要做好心理准备:不管现在他们有多么强有力,只要历史规律还靠得住的话,那么他们的前景暗淡。因为接下来在前方等着他们的不是贵族造反,就是平民革命,很可能还有断头台。

记得华盛顿将军率领美国人民赢得独立后,许多人希望华盛顿能够担任新国家的国王。因为当时的欧洲国家都是君主制,人们还无法想象一个没有国王的国家会是什么样子。然而华盛顿拒绝了。美国的开国元勋们在费城绞尽脑汁,终于创设出了民选总统的职位,并根据分权制衡的原则创建了美利坚合众国。这一跨时代的创举成就了美国今天的强大。然而时过境迁,随着当时的13块殖民地变成了今天的超级大国,有些人反而想起当君主了。这一切不由得让我相信,如果说美国因为同时拥有"统一"和"契约"两大文明核心要素而超越中欧的话,那么他很有可能将错过人类文明的第三课——"和谐"。我想这个判断应该是可以理解的,因为西方的文明传统的确从来就没有在这么大的平台上运用过自己的力量。当西方文明还局限在欧洲的时候,各个国家之间天然形成了一个相互制衡的格局。多少年来,法兰西一伸手就碰到了德意志,一蹬腿又踢到了西班牙,它一探脑袋,英格兰就隔着海峡敲打它一下。然而对于现在的美国来讲,这样的外部制衡与约束已经荡然无存,其后果自然可想而知。我并不怀疑西方文明从欧洲移植到北美洲之后的适应性问题,不过在这里还是要顺便重提一下汤因比的那句话:"这个被分离出来的漂泊的文化因素,由于这种胡乱放逐而一下子失去了原来的存在理由,同时也不再受原先抗衡因素的制约,因此在异国他乡胡作非为。”[1]我想,对于这样一个在很大程度上已经失去外部制衡的西方文明体来讲,的确很难在短时间内形成对以“包容差异”和“自我克制”为主要内涵的“和谐”精神的内生需求。而这恐怕也正是今天伊拉克和阿富汗式悲剧屡屡上演的深层原因所在。如果我们关于文明第三分水岭的判断还算正确的话,那么美国的未来恐怕不会像现在看起来那么美好。因为这意味着今天的民主模范生美利坚合众国很可能将不再代表人类先进文化的前进方向。而一个不代表先进文化前进方向的国家,最后也会被证明是不可能代表先进生产力的发展要求的,当然也就不可能代表最广大世界人民的根本利益了。

这就是当今世界三大主要力量的现状:中国以“统一”见长,正在努力地补着“契约”课。欧洲以“契约”见长,却又努力地补着“统一”课。而美国“统一”与“契约”兼备,但遗憾的是很可能欠缺了“和谐”这一课。我无法判断美国有没有这样补课意愿,因为我还无法判断这个年轻的国家是否已经意识到自己缺课的现实。相比较而言,反而是长期分裂的欧洲有可能在走向统一的艰难进程中逐步体会到彼此宽容与相互谦让的重要性,从而渐渐形成对“和谐”的内生需求。由此可见,欧洲实际上是“统一”、“和谐”两课并补的。基于这个判断,在人类文明的未来进程中,古老的欧洲仍然是值得期待的。当然,若要论及“和谐”性格的根深蒂固,中国无疑具有明显的优势。因此从根本意义上说,中华文明的伟大复兴将主要取决于我们能否真正补好“契约”一课。我们将在后面的章节里认真探讨这个问题。

新一轮文明竞争的发令枪已经鸣响,中国、欧洲和美国都已经

---

〔1〕 [英]阿诺德·汤因比:《历史研究》,刘兆成、郭小凌等译,上海世纪出版集团 2005 年版,第 374 页

上路。[1] 三位超级选手各擅所长，也各有所短。所以这一次比赛胜出的秘诀将不再是相互厮杀，你死我活，而是相互学习，扬长补短。祝中国好运！祝大家好运！祝世界好运！

第三节　一座殊途同归的桥

“三位一体”的文明新结构

这一场中西文明的补课运动提醒我们，从“统一”到“契约”再到“和谐”，这一条历史主线其实并不是一条不可逆的单行线，而应该是一条循环往复的回旋曲线。就像下面这个简单的模型所表示的那样，作为人类文明进化的三大分水岭，“统一”、“契约”、“和谐”之间是一种互为条件和相互制约的关系。首先，就“统一”与“契约”的关系而言，“契约”应该是“统一”之上的“契约”，即“契约”应当首先建立在维护“统一”的基础上，不能借“契约”之名行分裂之实。而“统一”则应该是“契约”之下的“统一”，即“统一”应尽可能保证充

〔1〕 在中西文明的边界处，还有两个重要而独特的文明体我们一直没有机会给予正面的展开。这两个文明体一个是俄罗斯，另一个是日本。在我的理解中，俄罗斯和日本应该分别属于西方文明和中华文明的亚文明或“变异”文明。我们知道俄罗斯在历史上基本上是学习西方的。西方文明是一种典型的海洋文明，它的文明性格是在一个个小小的城邦或国家中养成的。有着极力向外伸张的特性，却又彼此间相互钳制。这样的文明一旦被移植到俄罗斯这样一个巨大无匹的大陆国家中，必然会发生某种“变异”。俄罗斯具有西方文明的扩张冲动，虽然它在西线受到了西方国家的强力阻击，然而在它的东线却一直缺乏可以对其钳制的力量，其结果就是一泻千里的向东扩张。而日本在历史上基本上是学习中国的。中华文明是一种典型的大陆文明，它的文明性格是在一个有着广袤国土和多元民族的基础上逐渐养成的，其“向心合力”同时受到了多样性的牵制和包容性的化解。这样的文明一旦移植到日本这样一个只有单一民族的小岛国上，也必然会产生某种“变异”。日本具有中华文明的“合力”特质，却又缺乏足够丰富的多样性对这种向心力进行牵制和平衡。这个国家从本质上还远远称不上“大”，所以它很难具备大国应有的包容气度。在我的理解中，这样一种“变异性”很可能正是导致日本与俄罗斯虽然分别源于中西文明的母体，却经常呈现出另外一种文明特性的主要原因所在。我们知道，俄罗斯的集权主义传统一直十分浓厚，且曾是中国引入马克思主义的必经之路，至今也仍与中国保持着较好的战略伙伴关系。而日本则一直希望能够“脱亚入欧”，且曾是中国引入西方文明的桥头堡，至今也仍与西方国家保持着较好的战略伙伴关系。在我看来，这两个国家无疑也是世界的重要力量，尽管它们还无法与中国、欧洲和美国这三大世界主要力量相提并论。

分尊重不同的个性,不能借“统一”之名行极权之实。其次,就“契约”与“和谐”的关系而言,“和谐”应该是“契约”之上的“和谐”,即“和谐”应当建立在产权清晰的基础上,不能借“和谐”之名行苟且之实;而“契约”则应是“和谐”之下的“契约”,即“契约”应该受到道德良知的有力约束,不能借“契约”之名行冷血之实。就本书浅显的认识而言,理想的未来文明形态应该是能够将“统一”、“契约”、“和谐”三个核心要素完美结合起来的“三位一体”的文明形态。具体来说,按照这样的理想架构建设起来的文明体,首先应该胸怀“天下一家”的理想,能够将自己和自己的一切行动置身于一个息息相关、不可分割的大共同体之中。这样的一个文明体又应当执着于“民主自由”的坚定信仰,能够把尊重和促进每个成员的权利自由与个性伸长作为自己存在的主要理由。同时这样的一个文明体还应当拥有“有容乃大”的胸怀,善于包容各种差异,勇于克制自我贪欲,乐于与弱者共享利益。在我的想象中,这三种相反相成的品格应该同时共存于一个文明体的精神内核之中,并在互动互抑的矛盾运动中形成一个平衡而坚韧的新结构(如图 4.1 所示)。

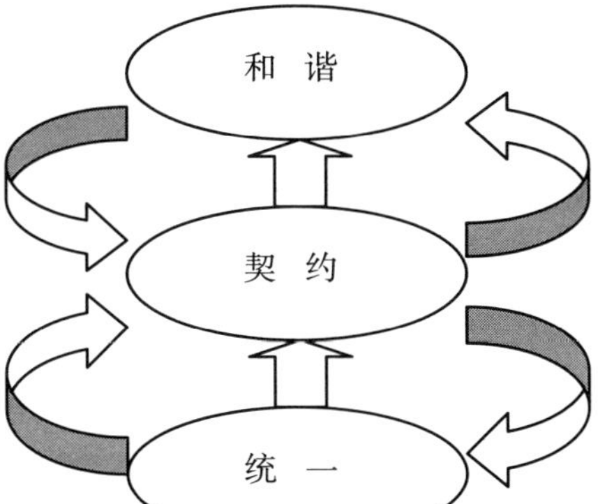

图 4.1 人类文明新结构

文明的此岸与彼岸

在遥远的轴心时代,中西文明的杰出代表孔子和亚里士多德各有一句流传至今的名言。孔子说:“君子和而不同。”而亚里士多德则说:“美是多样性的统一。”这是两位先哲在用自己的语言分别表达他们心目中人类文明的理想境界。从这个意义上讲,他们的思想有着某种惊人的相似之处。因为在孔子和亚里士多德看来,一个理想的文明境界,应该是一种个性与共性之间,个体与共同体之间,或者更抽象地讲,是“分”与“合”之间的辩证统一。他们的不同点在于,亚里士多德把这种理想境界称为“美”,折射出西方文明在观察外部物质世界方面一如既往的习惯与偏好,而孔子则把这种理想境界称为“君子”,反映了中华文明在向内审视和自我完善方面的不懈追求。不过就本书的语境而言,这恐怕并不是亚里士多德和孔子的最大不同。在我的理解中,亚里士多德和孔子这两句话的最大不同点在于“分”与“合”两种要素的排列顺序刚好相反。从某种意义上说,“美是多样性的统一”体现了一种在“分”的基础上“合”的价值取向,而“君子和而不同”则体现了一种在“合”的基础上“分”的价值取向。我想这也许就是中西文明的此岸与彼岸吧。在亚里士多德看来,西方文明现实的此岸就是“多样性”。它的理想彼岸应该是在“多样性”基础之上的“统一”。而在孔子看来,中华文明现实的此岸是“和”。它的理想彼岸应该是在“和”的基础上的“不同”。两千多年时间过去了,今天重读孔子和亚里士多德,我们仍然会惊讶于先哲们的智慧。在那文明懵懂初开的时代,他们居然就用自己如炬的目光洞悉了中西文明未来数千年的发展路径。在蹉跎了两千多年的岁月之后,今天的孩子们用如火如荼的文明补课运动证明西方文明的未来的确应该是在“多样性”基础上的“统一”，而中华文明的未来也的确应该是在“和”的基础上的“不同”。多少年来，在中华文明和西方文明之间一直横亘着一道深深的鸿沟。这道鸿沟曾经是陆地的，后来是海洋的，但是最深的那一道是人心的。而现在是架设文明的桥梁跨越鸿沟的时候了。如果造化曾有意安排两位幼年兄弟走在殊途，那么现在需要已经成年的他们通过自己的努力同归一家。对此我充满信心。

1972 年 5 月与 1973 年 5 月，汤因比与日本的池田大作在伦敦分两次进行了历时十几天的对话。当谈到世界的未来时，汤因比与池田大作在共识之下有了一点小小的交锋。汤因比认为未来的世界统一可能会在中国模式的主导之下进行。他说：“我所预见的和平统一，一定是以地理和文化主轴为中心，不断结晶扩大起来的。我预感到这个主轴不在美国、欧洲和苏联，而是在东亚。世界统一是避免人类集体自杀之路。在这点上，现在各民族中具有最充分准备的，是两千年来培育了独特思维方法的中华民族。”而池田大作显然更加推崇欧洲模式。他说：“今后世界统一应走的方向，不是像中国那样采取中央集权的作法，可能是要采取各国以平等的立场和资格进行协商这种联合的方式。从这种意义上说，与其说哪里是中心，不如说哪里表现出先锋模范作用。我个人认为欧洲共同体的尝试，大概能成为这样的一个楷模。即或需要时间，我希望还是一定要促其成功，成为全世界的楷模。”〔1〕我无意于评论两位前辈的分歧与高下。这场对话发生在中国的“文化大革命”期间。对话开始的那年，汤因比 83 岁，池田大作 44 岁，而我还要一年后才出生。我曾

〔1〕 [日]池田大作、[英]陈诺德·汤因比著：《展望二十一世纪——汤因比与池田大作对话录》，荀春生等译，国际文化出版公司 1985 年版，第 283 ~285 页。

经在灯下阅读汤因比的时候无数次地问过自己,如果我自己不幸身处那个红色狂飙的时代,我是否还能对中国模式抱有如此的信心?对于这个问题我一直无法回答。正因如此,我个人十分理解池田大作当时的判断,同时也就更加惊奇于汤因比的预言。为什么在那样的一个时代,汤因比依然对中华文明如此情有独钟?细细思索,我想到了"此岸与彼岸"的关系问题。在这一场东方文明与西方文明关于人类未来思考的对话中,双方都不自觉地流露出了一种站在此岸向彼岸眺望的思想倾向。如果说汤因比可能因为身处东方文明之外而对中国大一统体制的沉疴积弊少了点切身体会的话,那么池田大作很显然也因为身处西方文明之外而对欧洲数千年分裂对立的顽固本性少了点切肤之痛。其实对于中国和西方来讲,1972 年不太算是一个公平的历史横断面,因为那时欧洲已经在"统一"的道路上补了十几年的课,而中国还在红色的漩涡中挣扎,补"契约"课那还是几年后的事情了。在这样的时点上预测人类文明的未来,确实需要一份超人的洞察力和想象力。作为一个长者,汤因比亲身经历了两次世界大战,对于西方文明"小共同体意识"根深蒂固的狭隘性应该有着深刻的认识。尽管欧洲正在努力走向统一,然而其间的艰难与反复恐怕汤因比当时已有所料。更为重要的是,即便欧洲成功统一起来,那也只是一次西方文明的内部联合。西方文明仍然没有证明自己已经完全具备融合各种不同文明的能力。而不同文明不同宗教之间的剧烈冲突才是当前这个世界所共同面临的最大挑战。我想这大概正是汤因比之所以不看好西方文明反而看好中华文明的主要原因所在。毕竟这个世界的差异性实在太多、太大,贫富强弱的悬殊也太多、太大。一个能够将这样的世界成功联合起来的文明体,不仅要向世人展示自己能够建设一个富人俱乐部和一个基督教文明联合体，更要向世界展示自己具备统揽全局协调各方的胸怀以及成功融合各种不同文明并让它们和谐相处的能力。而这些显然正是中华文明独一无二的优势所在。从对话录上看，池田大作似乎过于执拗地关注中华文明最初是通过武力获得统一的历史事实，而没有注意到汤因比反复使用的一个提法："思维方法"。汤因比所表达的，显然不是主张照搬两千多年前中国的统一模式，也无意于追究文明的原罪问题，而是注意到了中华文明在两千多年时间里酝酿和培育起来的那种"天下一家、和而不同"的思维方法，并寄望于这种思维方法。因此他才会说："在这点上，现在各民族中具有最充分准备的，是两千年来培育了独特思维方法的中华民族。"我相信这正是汤因比历史哲学中最为闪光的智慧，就像他在《历史研究》中所说的那样："历史的确证实了爱因斯坦的一句名言，除非一个人摒弃细枝末节，具有更广阔的视野，否则，在科学中就不会有任何伟大的发现。"如果不从思维方法的角度来看问题，我们的确很难解释为什么郑和的舰队如此强大却从不进行杀戮、掠夺和侵占，反而每次都是"送菜回猪脚"（笔者老家的一句土俚，形容回的礼比送的礼还要重）——给周边小国送去厚礼；也很难解释为什么今天的中国会是"和平共处五项原则"与"和谐世界"的坚定倡导者，并在自己尚不富裕的情况下依然给予许多不发达国家尤其是非洲最不发达国家大量不附加任何政治条件的真诚援助。许多人骂中国爱当冤大头纯粹就是为了满足"天朝大国"的心理，我不完全反对这种说法。但是如果从另外一个角度来看，我想问的是："除了中国，历史上有哪个强者能够这样照顾弱者？而假设你是一个弱者的话，你又希望与什么样的强者共处于世？"曾有一位美国学者在学术研讨会的时候很坦率地问我："我知道你们现在都在批评美国，但是假设你们成为当今的超级大国,就一定保证比美国做得更好吗?”我理解这种“不当家不知道柴米油盐贵,不要坐着说话不腰疼”的抱怨。不过我当时想了想,回答他:“我不敢肯定中国处于美国的位置上一定会干得更好,但是我敢肯定如果中国拥有美国这样的实力,全世界发展中国家的日子一定会比现在更加好过些。”就个人的认识而言,我对“天朝大国”的心理一点都不感兴趣,我笃信的是祖先传留给我们的那句警言——“因为强大,所以宽容”。我想这大概也正是汤因比所期望的那种“思维方法”吧。当然,池田大作的观点也同样提醒我们:西方文明的契约传统对于未来的世界来讲同样是不可或缺的,除非努力补好这一门功课,否则在人类文明的未来竞争中我们同样面临出局的危险。

三生万物

《道德经》第四十二章有这样的一段话:“道生一,一生二,二生三,三生万物。万物负阴而抱阳,冲气以为和。”初读《道德经》的时候,我一直不太理解为什么非得“三生万物”?我想既然万物都是从“道”生出来的,那么为什么就不能直接讲“道生万物”、“一生万物”或者“二生万物”?还有,为什么到了“三”就可以直接“生万物”了,而不是继续“三生四”,“四生五”,然后“四生万物”或者“五生万物”?现在我有点明白了。“道”和“一”的确是不能“生万物”的,因为那时一切都还在混沌未开的阶段,就像人类文明之光未曾降临的蒙昧时期。要想走出蒙昧,人们的确需要将“一”分为“二”,就像轴心时代后中华文明与西方文明在亚欧大陆的两端花开两朵各表一枝。然而“二”也是不能“生万物”的,因为仅有割裂和对立是无法创造真正的未来,就像中西文明彼此的疏离和冲突是无法给人类文明带来福音一样。因此“二”还必须通过相互的交往融合而生成一个全新的“三”，就像中西文明必须通过相互学习和相互补足形成一个更加健全更加平衡的文明新形态。如果人类的认识有朝一日真的能够演进到这样的一个新层面，那么接下来我们的确可以说“三生万物”了，因为矛盾的辩证统一可以大大地推动事物向前发展，就像我们希望在中西文明的殊途同归中迎来人类文明繁花似锦的美好未来。

CHAPTER 05 >>

第五章

法　治

本书以《文明与法治》命名，本意就在于通过对中西文明土壤的研究，为舶来的法治种子在中国土壤上的生长创造一个更好的认识基础。鉴于前面半个问题的复杂性和重要性，本书用了四章的篇幅对其进行了一次较为系统但依然粗略的探索性论述。现在是讨论后面半个问题的时候了——在这样的一种文明土壤条件下，中国未来的法治模式究竟应该如何建构？如果说我们希望未来的中国应该在继承中华文明的基础上融合吸收西方文明的优秀成分，进而创建出一个更加健全更富有张力的崭新的文明形态的话，那么作为一个国家社会生活方式的框架性制度安排，中国未来的法治模式既是这种文明形态的必然产物，又必将成为这种文明形态最为重要的载体之一。在我的理解中，如果我们有朝一日真的能够建构起这样的一个法治模式，那么意味着中国人在历经百年的苦苦求索之后终于真正找到了一条通往光明未来的强国路径；找到了一种既能够让所有中国人更加团结与更加和谐地相处，又能够让每一个中国人更加舒畅与更加自由地发展的健康稳定的社会生活方式。其实，从莱布尼茨到汤因比，从李约瑟到费正清，再到当今世界一波又一波的所谓“中国热”、“北京共识”，关于人类社会应当从中华文明中汲取智慧的说法已经有很多很多。但是这些形而上的名言警句一旦落脚到形而下的操作层面上，人们往往就会突然变得无动于衷。从某种意义上讲，人们之所以无动于衷是由于他们无所适从。因为无论是莱布尼茨还是汤因比，都未曾给过我们一个明确的答案——这样一种全新的文明综合体究竟应该以一种怎样的制度载体呈现出来？如果说人类文明的未来的确寄望于中国的话，那么中国人究竟有没有能力首先解决自己的问题——将理论上的中西文明融合转化为制度创新上的现实，从而建立起一个全新的、有说服力的，博采中西之长、克服中西之短的中国特色的法治模式？不能解决这个“形而下”的问题，中国就不可能在当今中西文明的交流中获得真正平等的对话资格，更别提做什么人类文明的“新先生”了。

本书准备直接面对这个问题。尽管我知道这个问题的确十分棘手，然而为了寻找这个答案，我们已经迂回走过了那么长的路，我当然不希望自己在临门一脚的时候收获空空。如果我最终没有能力抵达理想的未来，那么至少也希望自己能够在影影绰绰的历史迷雾中瞭望到一条通往未来的路。

第一节　两个相互矛盾的基本判断

从“文明”直接落脚到“法治”的确是一件十分困难的事情。因为前面一个范畴“文明”是如此的宏观与抽象。它的变量极多，十分难以把握，很难形成一个统一的语境。而后面一个范畴“法治”却又如此的直接和具体。它要求人们提出的解决方案必须十分清晰,具备相当的可操作性。所以要想在这样的两个范畴之间建立一种必然因果联系的确十分困难。更何况所谓"法治"早已经拥有一套行之有效而坚硬的西方标准,任何解构或重构它的企图恐怕都会遭到一批卫道士的强烈反弹。当然所有这些关于困难的考虑只是进一步提醒我们应该更加谨慎和更加认真地对待自己所面对的这个问题,却并不能阻止我们进一步开展探讨的愿望以及进一步进行探索的脚步。因为我们相信,无论这本小书的认识有多么的幼稚,所设想的方案又有多么的粗糙,对于这个问题的研究毕竟需要有人迈出这样的第一步。爱因斯坦的相对论不也正是起步于手工课上一个粗糙鄙陋的小板凳吗?

那么,如果说本书前半部分关于文明土壤的研究和分析能够对中国未来法治模式的设想产生某种实质性影响的话,我相信这种影响应该主要表现为提供了中国法治的两个最基本的判断。

将契约革命进行到底

关于中国法治的第一个基本判断就是:中国的法治建设是一场迟到的"契约"革命。这是一个毋庸置疑的判断。正如前文所揭示的那样,从古到今,中国一直都是"统一"的强者,"和谐"的富翁。然而我们一直是"契约"的贫民。中华文明从来就不缺乏对国家民族的坚定信仰,也从来不缺乏对家庭和谐的不懈追求,却唯独缺少了一份对个性自由伸长的执拗关怀。也正由于在我们的文化基因及其制度安排中长期缺少这样的一份终极关怀,中国几千年来才一直无法真正建立起一个强有力的民主法治制度,一种横向平等的契约式结构。虽然从先秦时代开始法家就已经正式登上了中国的历史舞台，但是以现代法治的标准来衡量，中国古代法家所主张的“依法治国”其实并不是一种真正意义上的法治。因为真正的法治在本质上应该是一份自下而上的社会契约，而不是一份自上而下的政治命令。也就是说法治所依托的应该是一种“约法”，而不是一种“王法”。从这个意义上说，法治应该是绝大多数人的意志相互博弈的均衡结果，而不是少数人意志的单向强加。法治应该保证绝大多数人能够自由地表达自己的意愿和主张自己的权利，而不应该保证少数人能够自由地发布命令和滥用自己的权力。

然而历史的事实是，中国自古以来就一直缺乏这样的一种契约式的法治传统。数千年的大一统格局早已经深深地影响了中国的体制传统乃至中国人的心理习惯。在中国这样一块盛产集体主义的土壤上栽种契约精神的幼苗，我们需要加倍的勇气和耐心。然而无论遭遇多大的困难和挑战，我们都必须将这场迟到的契约革命进行到底。契约精神的失落已经令中国付出了数百年的蹉跎和血泪。在全球文明空前交融竞争的今天，我们已经没有任何资本也没有任何可能从这趟末班车上中途下车了。而且我们应该有这个信心。如果说“分”了几千年的欧洲今天都有着一份梦想“统一”的勇气和信心，那么“合”了几千年的中国又有什么理由不能完成这场“契约”的历史变革呢？站在历史的分水岭上，本书的第一个基本判断就是：对于中国法治建设而言，进一步完成对契约精神的移植和继承，仍将会是未来相当长历史时期内我们工作的主轴。这是中华文明亟须补好的一门历史功课，也是中国法治建设的主要任务所在。

既然是一场革命，那么这场契约革命的敌人究竟是谁呢？按照梅因的说法，“契约”在西方的最大敌人应该是“身份”。但是这个判断对于中国恐怕不尽适用。因为从文明传统上看，中国实际上并没有欧洲中世纪泾渭分明的身份差别传统。我们知道,古代欧洲由于长期处于分裂状态,主权国家形成较晚,对地方的控制力也相对松散弱小,各个封建领主和骑士阶层各自高筑城堡,长期割据一隅小国为君,于是渐渐形成了讲究血统传承和家世差别的身份传统。而中国由于长期处于统一状态,皇权对于国家的控制力十分强大和彻底,客观上不允许出现任何与之竞争的势力。魏晋南北朝后,地方豪门望族由于长期受到政府的打击而无法形成气候。明初沈万三因富招祸的传说实际上也是一个典型的例子。因此在中国往往有“富不过三代”的说法。与此同时,国家为了延揽天下英才为己所用,创设了科举制度,为天下所有老百姓提供了一条可以通过自身的努力改变自己社会地位的、虽然狭窄但也不失公平的直接通道。中国也因此有了“朝为田舍郎,暮登天子堂。将相本无种,男儿当自强”的说法。甚至于在太平时代不可企及的皇帝宝座,也可以在特定历史时期通过暴力猎取。因此中国也有“皇帝轮流做”、“王侯将相宁有种乎”的说法。可以想象在这样的历史传统下,中国的确很难形成像西方社会那样根深蒂固的“身份”传统。这些年来有人因痛恨国人在公共场合行为粗鄙没有礼数,于是大叹中国没有贵族,只怕也是有出处的。由此可见,梅因“从身份到契约”的论断对于中国恐怕不尽适用,至少我们不能按照西方的固有语境去理解它。

当然,这并不意味着“契约”在中国就没有对手,事实上它有着一个比“身份”更加强大和难缠的中国对手——“权力”。正如本书前文所讲的那样,由于长期维持一个稳定的大一统体制格局,中国自上而下的权力结构在漫长的历史演进中逐渐异化了中国社会结构和社会心理。是“权力”而不是“身份”成为了中国社会尊卑贵贱的基本排序方法以及社会资源调度的基本脉络通道。尽管“权力”

同样可以制造出“身份”,但是中国的传统是因为“权力”而产生“身份”,而西方的传统则是因为“身份”而产生“权力”,二者依然有着较大的区别。时至今日,这一“权力”传统依然根深蒂固地存在于中国社会的肌体之中。在今天中国走向法治的进程中,我们仍然会不断地遭遇“权大还是法大”、“人治还是法治”这类在理论上毫无悬念、在实践中却频繁出现的问题的反复拷问。究其本质,实际上就是中国根深蒂固的本土“权力”传统对西方“外来户”——“契约”精神的顽强狙击。在本书看来,要想彻底解除“权力”传统对中国社会的异化和控制,唯有发起一场迟到的契约革命,为中国输入自由平等的契约精神,进而从根本上重塑中国的社会结构及其意识形态。因此如果梅因先生同意的话,我想将他的那句名言做点适合中国的小小修改:“中国社会的进步运动,到此为止,是一个从权力到契约的运动。”

然而中国这场契约革命的前景究竟如何?在一个有着如此悠久与深厚的权力传统的国度里进行一场以平等自由的价值为指引的法治革命,真的有可能获得成功吗?既然我们一直在谈论土壤与种子的关系,那么我们难道就没有想到过这颗外来的种子有可能因为中国土壤的不适配而最终归于夭折吗?

本书对于这个问题抱有信心。因为除了良好的主观愿望外,中国契约革命决定性的客观条件实际上也已经具备。在本书的第一章中,我们已经论证了西方契约传统形成的外部环境条件——古代欧洲长期分裂的政治现实为欧洲各国提供了外部选择性的竞争压力,迫使各个国家在与外部力量以及自己治下的各阶层进行交往时选择采用平等交易的契约原则,而不是强迫掠夺的权力原则。我们同时也论证了中国之所以无法形成契约传统的外部环境条件——

古代中国由于长期处于一个缺乏外部选择性竞争压力的东方世界中心,导致整个社会几千年来基本上被自上而下的权力传统所控制。平等交易的契约精神因受到长期压制而无法充分发育,只能在权力所不及的地方扮演些候补的角色。如果说前文的这一判断基本上能够成立的话,那么今天我们就可以有把握地说,中国的契约革命一定可以成功,因为中国过去不具备的外部选择性竞争压力条件现在已经具备。一百多年前,西方化的浪潮撞开了封闭已久的中国大门。长期以天朝大国自居的中国人突然间发现,原来中国并不是这个世界的中心,其他国家也根本不是什么未开化的蛮夷。尽管中国依然很大,但它毕竟只是这个世界的一个组成部分。它必须学会与全世界其他200多个国家和地区长期和平共处、平等竞争。这些外部力量的存在以及全球化带来的高流动性之间的结合,为中国的发展提供了强有力的外部选择性竞争压力,也决定了中国在与自己治下的各种力量进行交往时必须学会遵循平等交易的原则。可以肯定地说,今天卖炭翁式和乔致庸式的悲剧已经不太可能在中国发生了。因为如果今天中国的政府决定对来到中国的外商投资过度征税,他很快就会发现,投资改到别的国家去了,他的收益不翼而飞了。而一个赖债的中国政府肯定会信用扫地,在下一次急需资金的时候,很难再借到一笔贷款了。可以说,在今天的中国,企业、个人、民资、外资都已经成为这个社会的重要成员,而绝不是敲边鼓的。当历史演进到这个阶段,我们基本上可以做出一个判断:与过去相比,今天的中国所面临的客观历史条件已经发生了重大的变化,中国的土壤性质也正在相应地发生改变。不管我们是否愿意,中国的契约革命都会进行到底,也一定能够成功。尽管目前情况还不是最理想,但是这一历史趋势已经是不可逆转了。

如果说中国土壤的性质已经和正在发生改变，那么最能够说明问题的就是中国社会主义市场经济建设取得的阶段性成功。人们之所以会说市场经济就是法治经济，实际上就是因为它们二者的本质共性都是“契约”。从小岗村的“大包干契约”到今天，中国引入市场经济已经30年了。这一场静悄悄的契约革命实际上也已经进行了30年。既然我们不再怀疑市场经济对于中国社会主义的必然性，那么我们同样也没有理由怀疑法治革命在中国最终获得成功的必然性。因为经济基础不可逆的变革运动最终必然会推动上层建筑的适应性变革。从这个认识出发，的确可以有把握地说：中国的法治革命在本质上首先是一场契约的革命。尽管它姗姗来迟，但是一定能够取得成功。

中国法治需要一种政治向心力

那么，中国的法治建设是否就只是一场单纯的西方式的契约革命呢？本书的答案当然是否定的。因为我们根本还没有证明，中国过去的文明传统究竟会给中国未来的法治模式带来什么样的影响？相比起过去，今天中国的土壤的确已经发生了重大的变化，但是我们在序言中就已经表明了对这个问题的基本看法：无论如何改造它，我们也无法完全改变它，更不可能彻底更换它。独一无二的地理条件，上下五千年的长途跋涉，中国的文明性格早已经养成并深深地镌刻在中国人的灵魂里。它决定了我们的思维习惯，决定了我们的行为方式，也一定会决定我们关于未来的路径选择。中国法治必须奠基于中国的文明传统之上，它一定有着与西方法治截然不同的结构和气质。

本书的第二个基本判断就是：中国以“合”为基本特质的文明传

统决定了中国的政治生态需要一种"向心力"及其所指向的政治领导核心。如果说本书前半部分的分析还算成立和有效的话，那么这些分析实际上早已经共同指向了一个不证自明的事实：中华文明的基本运动方式就是一种"中心——边缘"的矛盾运动。无论是在地理上、历史上，还是在文化上、经济上，或者是在政治上、军事上，中华文明都具备着一种西方文明所不具备的"向心力"。鉴于这种"向心力"的传统是如此的根深蒂固，并曾在中华文明的发展进程中起到过如此巨大的推动作用，我们完全有理由相信，在任何一个关于中国现代化的方案中，这种"向心力"都是不可能被解构和颠覆的。如果它被解构和颠覆，那么本书在序言中的警告恐怕就真的要成为现实：中国将不再是中国，中国人也将不再是中国人。更何况，本书第三章和第四章的分析也已经告诉我们，中华文明的这种"向心力"传统不仅仅在古代时期具备竞争力，在现代时期具备其价值，更重要的是，它还可能成为中华文明在后现代时期的核心竞争力。今天，"同一个世界，同一个梦想"的现实和理想都告诉我们，人类社会愈演愈烈的人为割裂与相互对抗已经将这个世界推向了灾难的边缘。在这样的历史条件下，只要人们运用得当，"向心力"不仅不是魔鬼的咒语，反而可能是来自天国的福音。更明白地说，作为与西方文明"分立制衡"传统（如果我们不把它称为"离心力"传统的话）相对应的中华文明的核心传统，所谓"向心力"只不过是中国人在漫长的历史长河中逐渐养成的一种相处习惯。它不仅浑然天成，而且本身是中性无害的，因此也根本无须解构和颠覆。就我个人的理解而言，中国的文明传统中真正需要被解构甚至需要被颠覆的是那种不受任何制约的绝对权力，而不是这种中性无害的"向心力"。这就像孟德斯鸠在《论法的精神》中所告诉人们的那样，西方的文明传统中真正值得人们珍视和学习的实际上是权力的制衡,而不是权力的分立。

然而对于许多人来说,全盘接受西方的法治理论和全盘否定中国的文明传统毕竟要比费心费力地进行这样的分析容易得多。因此想要让他们接受这一个看上去完全反其道而行之的"向心力"判断恐怕并不容易。考虑到本书是将"法治"当作一个包含了"民主"、"自由"、"人权"等内涵的大词来看待的,这样的一个基本判断的确显得比较大胆甚至是"离经叛道"。不过这并不要紧,这个判断是我们从历史深处一步一步艰难跋涉而来的自然结论。它是实事求是的产物,而不是范畴推演的结果。我们对于它的最终确立充满信心。如果说这也算是"离经叛道"的话,实际上我们"离"的也是未经消化的西方话语体系的"经","叛"的也是未曾与中国传统和现实接轨的学术想象中的"道"。而这样的"经"本来就应该被"离"的,这样的"道"本来就应该被"叛"的。那个"不思"的二十世纪早已经成为过去,今天再也没有哪个"主义"可以绕开"实事求是"的试金石而命令我们必须怎样想和怎样做。[1]

然而现在我们的确面临一个问题。因为从某种意义上说,这两个关于中国法治的基本判断在其基本价值倾向上似乎的确是相反的。关于"契约革命"的判断要求我们建构一个全新的自下而上的契约式社会以及与其相适应的体制,以保证人们既可以根据自己的利益需要相互订立利益交换的契约,又可以根据自己的意志愿望与政府订立委托授权的契约。换句话说,就像西方人所经常做的那

---

〔1〕 我曾在一本气魄很大的政治学论文集上看到过一篇满纸"主义"的论文——共和主义、自由主义、民族主义、民主主义、总体主义、共产主义,不一而足。于是我挑了其中的一页数了数,结果在一页32开的纸上一共数出了26个"主义"。我真的不知道这位作者在被人如此"主义"之后究竟还能给自己的思想留下多少的空间。

样,如果人们对某一个主权者不再满意,他们完全有能力与这个主权者解除授权关系。而他们的办法就是选择另一个政治力量来担任自己的主权者。由于可见,西方社会的契约革命之所以能够成功的基本条件之一就是维持多种政治力量的并存,然后通过它们之间的相互竞争来实现一种自下而上的权力制衡。然而关于“向心力”的判断却似乎要求我们必须拥有一个政治上的核心力量并一起拱卫它。就像一个太阳系不可能拥有两颗恒星,一颗使用一颗备用一样。这样的一种政治体制似乎也不应该维持两个以上基本对等的政治力量,否则也就谈不上什么“向心力”了。然而问题在于,如果没有了其他可供选择的政治力量,一旦这个政治核心力量有朝一日滥用了人民赋予它的“向心力”的时候,人们又应该如何制约它呢?而如果人们无法实现对主权者的制约,那么中国的这场所谓契约革命还能算是成功的吗?

如此看来,本书关于中国法治问题的两个基本判断在某种意义上的确是相互矛盾的,然而这并不能让我们陷入绝望。因为从另外一个意义上讲,矛盾对立的本身恰恰孕育着矛盾统一的可能。这可不是一句空洞的辩证法说教,而是一个被东西方的政治实践所一再证明的基本道理。我们在这里就不再谈论儒家与法家之间的矛盾运动,不再谈论“分”与“合”之间的对立统一,也不再谈论英国“君主”与“立宪”之间从你死我活到相辅相成的历史过程,我们在这里仅仅以美国的建国实践为例来说明这个道理。1787 年,13 个从英国那里争得独立地位的北美殖民地邦为了结成一个统一的国家,派出各自的代表在费城进行了一场长达几个月时间的争吵。当时的代表们所面临的最大困难就是:“邦权”与“国权”之间的关系究竟应该如何安排?为了让大家能够更加有力地应对各种内部和外部的挑战,比如西部印第安人的反抗、英国人的海上骚扰以及协调各州矛盾等等,13个邦都应该将自己的最高主权交给一个联邦政府。然而一旦联邦政府拥有了“国权”,不就有可能损害各邦好不容易才争取来的独立“邦权”吗?结果岂不是导致各殖民地邦刚刚摆脱了一个国王的统治,却又自动地陷入了另外一个“国王”的统治之下?从理论上来看,所谓的“国权”和“邦权”似乎的确是一对天然的敌人。一方强了,另一方似乎就一定会弱。因此也难怪许多代表都对二者之间的关系感到悲观。尤其是一些小邦的代表,更是像一只只容易受惊的刺猬一样,稍一感到不安就立刻耸起全身的刺毛,对于任何可能加强联邦政府权力的方案都表示激烈反对。其实当时的13个邦都已经认识到,“国权”是一定要被赋予的,而“邦权”也是一定要得到保护的,这两个判断本身都没有问题。问题就在于这两个判断之间的确是相互矛盾的,而美国开国元勋们的痛苦就在于他们必须在这个矛盾中寻找出一条路来。然而时至今日我们都已经知道,美国人的确成功了。这一个看似水火不相容的矛盾在费城经过一番痛苦的利益博弈之后,终于以《美国联邦宪法》的形式得到了统一。而这个问题的解决,又直接奠定了今天超级大国最为重要的体制基石。可见深刻的矛盾中的确隐含着重大的机遇。解决了联邦的问题,又冒出个总统问题。由于华盛顿将军拒绝担任国王,因此各邦的代表们还必须想办法发明出一个“总统”来管理这个崭新的国家。结果又是吵成一团。要知道当时的欧洲哪一个国家没有国王?欧洲所有成功的宪政实践似乎都在表明,所谓“立宪”必须是与“君主”联系在一起的。如果一个国家没有国王,那还能成其为一个国家吗?就更别提什么“立宪”了。然而事已至此,代表们也只好硬着头皮一起来想象一下这样的一个“总统”究竟该管什么,不该管什么了。这实在是一件十分痛苦的事。当时宾夕法尼亚州的著名代表古文诺·莫里斯就曾经自嘲说："我们实在是在做一件十分奇怪的事，我们既想树立一个强有力的人来保护我们，同时又要把他的双手捆到背后。"然而时至今日我们都已经知道，美国人的确又成功了。今天美国的总统的确可以说是一个十分强有力的人，然而他的双手也的确可以说是被捆到身后的。以史为鉴，可知兴替。两百多年前属于美国人的那一份矛盾与痛苦究竟能够告诉今天的中国人一些什么呢？

第二节　华人社会与明星村的案例考察

现在我们需要尽可能地寻找到一些可供观察的实践样本，以验证一下前文所说的那两个相互矛盾的基本判断是否有可能在实践中得到某种程度上的统一。需要说明的是，无论是中国古代的"儒表法里"，还是美国立国时"国权"与"邦权"的对立统一，这些案例对我们的研究所能提供的验证和支持都只是认识论意义上的，而不是本体论意义上的。我们今天所面临的具体矛盾毕竟与过去的和别人的完全不一样。今天的矛盾是：如何在维持一种政治向心力的条件下，完成一场自下而上的契约革命？要想解决这个问题，我们就必须直接面对这个矛盾本身。因此这里所需要寻找到的案例，一定要具备与中国问题相类似的约束条件。因为只有约束条件相类似，它们所面临的矛盾才有可能相类似，而它们解决矛盾的思路也才具有借鉴意义。那么，究竟应该怎样界定这样的一种约束条件呢？就案例考察而言，这是一个十分重要的环节。因为约束条件界定的宽泛与否无疑将直接影响到案例样本的采集和研究，进而影响到研究结论的科学性。就本书的语境而言，这样的一个约束条件在总体上可以表述为:一个具备中华文明传统的相对独立的政治实体,在当代的历史环境条件下,进行了一场现代民主法治的实践,且已经持续了相当长的一段时间。在本书的语境下,“具备中华文明的历史传统”以及“进行一场现代民主法治的实践”这两个约束条件显然是不证自明的。而之所以需要“一个相对独立的政治实体”,是因为这样的政治实践是上层建筑的根本变革,因此只有具备相当独立的政治发展空间的政治实体才有可能独立地进行这样一场空前的政治实践。这个约束条件将排除中国大陆的某些地方开展的某些实验性的政治体制改革实践以及像旧金山唐人街这样的华人聚居区内部可能进行的某些政治活动。而这一场政治实践之所以需要“在当代的历史环境条件下”进行,是因为与二战之前的历史环境条件相比,当代的历史环境已经发生了巨大的变化。民主法治的话语体系已经随着全球化的脚步前所未有地影响到了每一个国家。本书力图解决的问题正是中国在这样的环境条件下遭遇到的,因此只有在当代进行的实践才对中国问题的解决具有直接的借鉴意义。这个约束条件将排除像清朝末年“百日维新”这样的政治实践以及辛亥革命后中华民国在大陆进行的所谓宪政实践。还有,之所以需要“已经持续了相当长的一段时间”,也是希望这些案例能够有一个相对完整的实践周期,以便我们对它做出相对准确和全面的评价。这个约束条件将排除中国大陆目前刚刚开始的各种基层民主政治实践以及党内民主实践。

在这样几个约束条件下能够进入我们视野的是三个以华人为主的政治实体——中国台湾地区、新加坡和中国香港。对于中国未来的法治建设而言,这三个华人社会的确是三个珍贵的样本。它们拥有与中国大陆基本相同的文明传统和相对独立的政治发展空间,而且已经在民主法治的实践探索方面先行了一步。那么,它们在中华文明传统的土壤上栽种的那棵法治的幼苗,如今究竟长成了何等的模样?认真研究这三个华人社会的经验和教训,对于人们展望中国的未来法治之路应该具有十分重要的价值。需要特别说明的是,本书在这里并不准备更多地采集其他东方国家比如日本、韩国、马来西亚等国的案例,是因为这本小书的分析基础本来就是设定在中西文明的比较而不是东西方文明的比较之上。在我的理解中,像日本和韩国这样的东方国家虽然曾经深受中华文明的影响,但是它们恐怕并不能称为“中华文明传统”的国家。因为这些亚洲国家的基本国情实际上与中国有着很大的不同,而其中最关键的一点大概就是多样性的复杂程度了。正如本书前文所分析的那样,中华文明的最大特质是“多元统一”。因此中国的国家结构和社会结构的最大特点也是“多元统一”。从地理环境、历史渊源到语言文化、民族宗教,中国有着举世无匹的极其复杂的多样性。而正如本书在随后的分析中所力图揭示的那样,这些多样性对于中国政治体制的建构和运作具有十分巨大的影响。从古到今,中国任何一种政治上的安排都绝不可能无视这种多样性的存在而自行其是。然而恰恰就是在这样的一个关键条件上,像日本和韩国这样的国家基本上是不具备的。这些历史上一直处于中华文明边缘的小国家基本上都属于单一民族国家。由于受到中华文明的巨大影响,这些国家的确具备了中华文明“合”的价值倾向以及“向心力”的文明传统,然而它们的确又缺乏相应的多样性与这种“向心力”构成某种内在的平衡。因此在历史上这些国家的确是不能脱离中华文明而独立自处的。一旦中华文明由于国力衰败而“失重”,这些国家往往就会出现某种破坏性的失序状态。而在这样一种似是而非的文明传统上发展起来的民主法治模式,其对中国所具备的借鉴意义恐怕也难保没有似是而非的嫌疑。说得再直白一点,在日本这样一个国家里搞政治多元化的改革,人们永远都不用担心会导致国家分裂。但是在中国这样一个国家里搞这一套,恐怕就不得不认真考虑这样的一个现实危险。有鉴于此,本书在这里并不准备对三个华人社会之外的其他亚洲国家的案例展开分析。

最后还需要说明的是:即便是像台湾地区、新加坡和香港地区这样的华人社会,它们与中国大陆的情况也不可能是完全相同的。因此这些政治实体在民主法治实践方面的经验和教训也并不见得都能够全然地适用于中国的法治建设。虽然我们希望从这些案例的研究中获得某种有益的启示,但是任何不假思索的抄袭都有可能使我们从真理向着谬误的方向迈上危险的一步。这一点是我们在出发之前就必须明白的。

台湾的“分”

先来看看台湾的实践。

今天是公元 2008 年 3 月 2 日,再过二十天,台湾地区又要举行领导人大选了。蓝绿两大阵营之间的相互绞杀已经达到了白热化的程度。等到本书面世的时候,这场选举肯定早已经见了分晓。不过我并不想对下面的这些文字做出修改,因为我相信不管是谁当选谁落选,只要台湾社会没有根本改变自己的政治结构,台湾的政治生态就不可能在短期内得到根本性的改变。我并不是一个政治观察家。我最关心的其实并不是谁在这场选举中获得暂时的胜利,我最关心的是隐藏在这些现象背后的那个决定性的架构。因为这个架构的存在,那种泼污抹黑、立院掐架、“蓝绿共乌鸦一色、高跟鞋与子弹齐飞”,以及动不动就要“割喉割到断”的日子台湾至少已经过了8年。而未来不管是蓝营当选还是绿营当选,只要这个架构不变,这样的日子台湾恐怕就还要过下去。记得2007年初,台湾有个叫周奕成的人在台湾的《中国时报》上发表了一篇题为《台湾的终极内战来临》的文章。这篇文章在互联网上流传了一段时间。今天我们不妨也一起来择要地读一读其中的几段:

“你听到了远方隐隐然的闷雷吗?那是庞大的装甲车车队,轰隆着逐渐推进。较近一点,有如规律缓慢的鼓点?那是列队步兵的革履,在路面上雄壮地践踏。不要很久,双方的部队会在这个岛屿的盆地和平原上集结,然后展开一场惨烈厮杀。那就是台湾社会的终极内战。深谋远虑的老政治家在两年前已经一针见血地指出了台湾的‘民主内战’。这场内战,或公开或暗地里已经进行了漫长的年月。而2008年初春的领导人大选,则将是台湾两个政经利益集团之间的终极战役。所谓终极内战,是指双方都将之视为决定生死之战,也必然是截至目前最为惨烈的一战,而并不指这是最后一场战役。这毕竟是‘民主’的‘内战’,没有任何一方可以将对方屠杀灭族。不论谁是战败者,都还是会说‘我将奋起’,又一个四年,整军再战。‘民主内战’的可怕就在它不会结束。对台湾而言极端错误的‘半总统制’和两党体系,将过去两个社会之间曾经发生的历史冲突予以制度化。原本已经逐渐消弭的历史冲突,经由民主制度下的竞争反而被召唤、再度引发和激化。原本已经逐渐巩固的共通性、共同利益与共同体意识,则被每四年规律发生的制度性冲突快速地破坏。终极战役的可怕则在它的长远影响。2008 这一战可能会终结台湾的未来,因为'内战'会把台湾分成两半,人民被动员起来,一半的人对抗另外一半。双方都把对方视为仇敌,把所有的挫折困难都当作内部问题,而忘了他们必须团结才能应付真实的外部挑战。"

这是一篇有点见地也有点意思的文章。说它有点见地是因为这篇文章多多少少击中了当前台湾不良政治生态的某些要害。说它有点意思是因为这个周奕成并不是国民党员,更不是共产党员,而是民进党的原青年部主任。我没有兴趣考察周奕成先生与民进党"切割"并"反戈一击"的动机,我感兴趣的是这篇文章似乎从另一个侧面证实了我自己在观察台湾问题的过程中渐渐形成的一个基本判断:台湾的所谓"两党体制"很可能正是台湾乱象的根源所在。

如果这个判断基本上能够成立的话,那么它将对近现代以来西方社会关于"民主法治"和"政党政治"的经典理论形成一种挑战。这个理论告诉我们,一个现代国家应该同时拥有两个以上基本均等的政治力量,一个在朝,一个在野,然后通过它们之间的彼此竞争、揭短监督和轮流执政,形成一个相互制衡的格局。这个理论不仅在西方讲得通,而且在西方的政治实践中也行得通。因此这个理论被许多人奉为金科玉律,并成为一些人判断一个国家政治体制是否"正当合法"的主要标准:凡是一党执政的,就是专制国家,是邪恶的;凡是多党竞选、轮流执政的,就是民主国家,是正义的。安倍和小泉们之所以会到处兜售所谓的"民主国家联盟"、"自由与稳定之弧",说到底不就是靠着这个理论撑腰吗?然而今天台湾愈演愈烈的“民主政治”实践却将这个西方式的金科玉律撕开了一个令人尴尬的缺口:蓝绿两大阵营的政治较量看来并没有收到预期中的制衡效果,反而将台湾社会拖入了一场似乎看不到尽头的激烈争斗之中。在西方国家一直行之有效的两党竞争体制在台湾发生了严重的水土不服。这究竟是为什么?

2004 年 3 月台湾“大选”,两声莫名的枪响过后,台湾乱了。2004 年 4 月,龙应台向华人世界发表了她的《为台湾民主辩护》。用她优美而略带煽情的文笔为由于两颗子弹而变得丑陋不堪的台湾民主低声辩护:“我说,17 年太短;我说,台湾的民主不是‘国际笑话’,打击它的极权统治才是。我说,台湾人很了不起。”我想自己应该能够理解一颗从极权体制的禁锢下一路走来的心灵对于呼吸自由空气的渴望与珍视,我也相信自己在内心里一直保持着对龙先生的尊敬。然而我的确还是想十分遗憾地告诉她:“对不起,您恐怕搞错了。”民主本身的确没有错,台湾追求民主当然也没有错。然而种种迹象表明,台湾现在的所谓两党制民主却有可能错了。它错就错在简单地照搬了西方以“分”为特质的民主模式,以为这是一种放之四海而皆准的标准民主模式。但是没有想到的是,西方国家之所以会选择这样的一种模式,也许也只是因为这样的一种模式最符合它们自己的文明传统而已。在我个人的理解中,今日台湾乱象的本质只怕并不是什么“17 年太短”,而是“邯郸学步”的尴尬、“东施效颦”的不堪。西方国家当然能够消费得起那种分立制衡的政治架构,因为这本身就是他们的文明传统,他们的心理习惯,以及他们的行为方式。然而台湾人却不一定消费得起,因为不管有些人承认与否,台湾都是中国的一部分,而中国人显然并没有这样的文明传统。历史并没有培养中国人形成这样的一种心理习惯,也没有机会让中国人养成这样的行为方式。因此在突然间面对这种“以分立图制衡”的生活方式时,台湾有点手足无措了。

2005 年冬天,我在伦敦进行短期访问。一日傍晚,我和几位同事沿着泰晤士河边散步,刚好看到几十个英国民众手捧蜡烛,静静地站在议会大厦附近,旁边还有一两个人在默默地向过往的行人散发着传单。我好奇心起,接过一张传单细看,原来是在抗议布莱尔政府参加伊拉克战争。看着这些在寒风中默默站立的英国人,我不由地心生敬意。然而半个小时后,当我们散步一圈回来时,却发现原来站满了人的地方已经空空如也。寒风漫卷而过,好像这里什么事情都没有发生过一样。我的同事错愕不已:“人呢?怎么都不见了?”我半玩笑地说:“天这么冷,大概喝咖啡去了吧。”没想到同事甚为不满:“反战就反战,怎么喝咖啡去了,英国人挺会作秀的。”我安抚他:“恐怕不能这样认为吧,也许英国人就有这样的习惯,反战归反战,喝咖啡归喝咖啡,两不耽误。”难道不是吗?由于长期在彼此独立的状态下生活,西方人应该早已经养成了这样的一种心理习惯以及行为方式:你表达你的,我表达我的。我反对你所说的话,但是我誓死捍卫你说话的自由。在这样的文明传统基础上,西方人当然十分习惯于那种多党竞争的政治生活方式,自然也就十分习惯于将反对政府与喝咖啡很好地分开,而不至于要死要活地闹个不停。然而至少从目前来看,台湾似乎还做不到这一点。从 2004 年蓝营抗议“两颗子弹”选举不公,到 2006 年红衫军“天下围攻”,以及绿营动不动就搞上那么一下的所谓“台湾人站出来”或“牵手护台湾”之类的大游行,台湾的每一次抗议活动,哪一次不是动辄十万计的大动员?哪一次不是疾风骤雨式的运动狂潮?同样的哪一次不是来潮也猛烈退潮也干净的无疾而终?从这一点来看,台湾人反倒不如英国人

“今天喝喝咖啡,明天继续反战”的那份涓涓细流般的耐心和耐力了。顺便说一句,在这个问题上还有一个值得人们玩味的细节:西方人在举行抗议政府集会的时候,往往选择“静站”的方式,而中国人在做同样的事情时,却基本上选择“静坐”的方式。为什么?我猜可能是因为静站容易腿酸,站不了多长就得走人,而静坐比较节省体力,比较有利于打持久战吧。记得2006年台湾“天下围攻”的时候,有一天突然下起了大雨,凯达格兰大道上的红衫军们一哄而散,只有一位老兄还穿着雨衣十分突兀地坐在广场的中心。记者们如获至宝,赶忙上前采访。只听得这位老兄用老僧入定般的语气嗡嗡地说:“我就是要在这里坐下去,一直坐到陈水扁下台为止。我倒要看看,究竟是陈水扁的脸皮厚,还是我的屁股厚。”当然后来的事实已经证明,陈水扁的脸皮的确要比这位老兄的尊臀厚上很多。因为一年多时间过去了,天下围攻的红潮早已退去,这位老兄也早已不坐在凯达格兰大道了,但是陈水扁依然还在台上甘之如饴。

对台湾问题的长期观察让我一直怀疑,台湾所谓民主政治的致命缺陷很可能恰恰在于许多人引以为傲的“两党体制”,在于不恰当地在台湾的政治核心地带引入了一个西方式的“分”字。正是这个“分”字诀,如同埃及法老的诅咒一般,在过去8年时间里将整个台湾社会搅了个天翻地覆。正如本书在前文的研究中所揭示的那样,与西方文明以“分”为传统不同的是,中华文明向来都以“合”为传统的。而在政治生活领域中,这种文明传统直接表现为一种多元统一的“政治向心力”。我们当然能够理解台湾发动一场民主革命的用意所在。然而正如前文所分析的那样,中国传统的极权体制中真正需要被“革命”的部分应该是“不受制约的无限权力”,而不是这种中性无害的“政治向心力”。但是现在台湾的情况是,孩子和洗澡水被心情迫切的人们一起匆匆忙忙地倒掉了。在今天台湾两党竞争的体制下,中国传统的政治向心力已经被一剖两半。其直接的结果就是:整个台湾社会也随之被一剖两半。从此一半人被动员起来反对另一半人,台湾永无宁日。周奕成在他的文章中用“内战”来形容这场发生在台湾的争斗,某种意义上也是恰如其分的。因为这种政治撕裂的本质在某种意义上的确已经约略相当于中国历史上的国家分裂。历史告诉我们,中国每一次分裂的直接结果一定是不屈不挠的内战,直到国家重新恢复统一。这种由“分”向“合”的近乎本能的历史运动规律从本质上讲可以理解为这种“向心力”的自我修复运动,而这个运动的过程往往也是中国社会最为痛苦的过程。以史鉴今可以判断,今天台湾社会的种种痛苦恐怕也正是这种“向心力”在与“离心力”展开激烈较量时的紧张感所引发的。

也许有人会说,就算“两党体制”的确对台湾社会造成了某种撕裂,但是台湾搞的毕竟是“民主”啊,难道“民主”会有错吗?龙应台先生在她的《为台湾民主辩护》中为台湾政府在 SARS 期间的慌张混乱、上下扞格辩护,为台湾“立院”里相互嘶吼、打耳光、扯头发辩护,为 2004 年莫名的枪响、离谱的公安、诡异的医疗以及陈水扁的肚皮辩护,其背后的理由就是这么一条——“民主”。我应该能够理解龙应台先生发表辩护词时候的心情,“民主”当然应该受到辩护,无论它现在有多么幼稚。只不过我不知道龙先生是否曾经想过,如果受到她优美的辩护词保护的并不是真正的“民主”,而是一个披着民主外衣的怪胎的话,那么又该如何呢?我不知道龙先生是否能够同意,就我个人的理解而言,真正的“民主”应该有两个相辅相成的基本要素:一个叫“自由表达意志”,另一个叫“少数服从多数”,二者须臾不可或缺。然而我们今天在台湾看到的似乎只有前者,并没有后者。从威权体制的极端匆匆逃离的台湾看到了彼岸“自由表达意志”的诱人光环而迅速地投入其怀抱，浑以为这就是“民主”的全部，殊不知若是少了“少数服从多数”原则的总束，所谓的“自由表达意志”很快就会蜕变成为一包解构一切的毒药。举个例子吧。2004年国亲两党输掉了领导人大选，却在随后的立委选举中依然取得过半席位而占据微弱多数。可是每当蓝营想要凭借自己的多数优势在立法院推动某些法案通过，都会遭到绿营的暴力杯葛。因为绿营十分清楚自己在人数上的微弱劣势，如果安安静静地点卯分饼肯定死路一条，但是如果打起群架来，那么这一点点的人数差别则立即可以忽略不计。更何况打架讲究“一胆二力三功夫”，诸位绿将基本上都是街头闯将出身，打架的心理素质本来就比蓝军高出一筹。于是随后的事情我们都看到了：把“立法院院长”关在房间，聚众霸占主席台，将对方的提案塞到嘴里吃掉，飞身将对方发言的立委扑倒在地，高跟鞋乱飞，议事瘫痪。真可谓是光怪陆离，无奇不有。在这些“民主”斗士们的眼里，去你的什么“少数服从多数”原则，再敢啰嗦，我赏你一记高跟鞋。

这一定不是民主，这只是一个披着民主外衣的怪胎。这个怪胎在台湾社会的表现让我联想起了中国历史上颇有名气的“朋党之争”。所谓“朋党”，原来泛指一些小人为了私利而相互朋比为奸。东汉之后，逐渐特指朝廷的士大夫彼此结党，相互攻讦。历史上比较有名的朋党之争有东汉的“党锢之祸”、唐代的“牛李党争”、宋代的“元祐党争”、明代的“东林党案”等。事实证明，朋党之争在任何一个朝代都会给当时的政权和社会带来很大的问题，除了偶尔可以被个别帝王利用来搞权力平衡外，几乎可以说是有百害而无一利。为加深印象计，我们不妨举上几个例子来共同了解一下“朋党之争”。

例子之一：唐代的牛李党争。这场缠斗了近半个世纪并最终搞垮大唐盛世的著名党争据说缘起于宪宗元和三年的一场科举考试。后来成为“牛党”首领的牛僧儒、李宗闵由于在答卷中批评时政，得罪了后来成为“李党”首领的李德裕的老爹——当朝宰相李吉甫。于是李老先生在皇帝面前告了一状，两位年轻同志遂被外放冷落，双方就此结下仇怨。在随后的几十年时间里，牛李二党分别纠结科举同僚和士族同僚展开政治恶斗，并且走马灯似的在朝廷轮流执政。一旦一方得势，必将对方所有政策全数推翻，并将对方所有人马全数贬谪。而对方若得良机咸鱼翻身，也必以其人之道还诸其人之身。穆宗时期，李德裕得势，李宗闵等牛党人物被贬出京城。到了文宗时期，牛党翻身做主人，李宗闵和牛僧儒都当上了宰相，结果秋后账一算，轮到李德裕跑路了。而且这次牛党的同志们心眼还挺坏的，将李德裕一脚踹到了吐蕃边上，当上了个倒霉的西川节度使。要知道唐朝时期的吐蕃可是乖乖不得了的厉害，否则文成公主也不必要和亲去了。把李德裕弄到吐蕃边上，摆明了要他好看。可是人算不如天算，没想到李德裕刚到西川不久，天上就掉下了个金元宝：吐蕃镇守边境战略要地维州的将领居然“弃暗投明”投诚大唐来了。李德裕不费吹灰之力收复了维州，自以为奇功一件，赶紧乐颠颠地上书朝廷，要求趁机收复失地。没想到死对头牛僧儒在皇帝身边大咬耳根：“我大唐与吐蕃之间向来信义相交，如今收复维州，失了诚信，以后如何与吐蕃交往？我看还是把维州还给人家吧。”文宗皇帝耳根子软，居然真的就下旨将维州和降将都交还给吐蕃了，把李德裕气了个半死。结果吐蕃把维州降将及其家属随从千余人统统酷刑处死。一来杀鸡儆猴，二来嘲弄大唐。从此吐蕃再也无人肯干投诚这种蠢事了。这就是一个十分典型的党争案例。在近半个世纪的时间里,像这样“敌人赞成的我就反对”的事例可谓不胜枚举。朋党的壁垒完全扭曲了是非判断的尺度,政见和道义早已放在两旁,集团利益摆到了中间,双方都纯粹为了反对而反对。后来宣宗大中三年,属于牛党集团的某同志收复了维州,在朝执政的牛党却连屁也不放一个,算是一个很好的反证了。在牛僧儒“智退”维州的“壮举”中,“李咸鱼”们翻身的希望落了空。牛党的小集团利益看来是保住了,可是大唐的整体利益呢?谁该来为可怜的大唐负责呢?没有人。不过又有谁在乎呢?就好像今天台湾的一些政客先生们,只要是符合本集团的利益,那么一切皆可杀也。台湾的整体利益?帮帮忙,Who care?

例子之二:北宋的新旧党争。在中国古代所有王朝里,宋算是一个严重“尚文轻武”的朝代了。当年太祖赵匡胤凭借手头的枪杆子夺了老柴家的政权后,就老是疑神疑鬼地担心手下的将领以他自己为榜样也来那么一下。想来想去最后演了一出“杯酒释兵权”的戏码,成功解除了警报。为了彻底防止日后复发,宋朝世代奉行文官治国的政策,并定下规矩“永不杀士”。从此以后终宋一代,士大夫群体繁荣昌盛。他们彻底控制了朝政,也将中国文人相互倾轧、睚眦必报的劣根性发挥到了极致。如果说唐朝的牛李党争还带有科举集团与士族集团之间相互较量的表象的话,那么宋代的党争则完全是士大夫集团内部的派别斗争了。党争的最初起因同样可能是一次很小的政见相左或者一桩很小的个人恩怨,而最后演化出如此激烈的非理智对抗,给国家造成如此巨大的损害,个中道理实在值得我们反思。话说宋神宗熙宁年间,大宋内忧外患,灾祸连连。社会迫切需要推动改革,富国强兵。熙宁三年,一向主张改革的王安石被神宗看中并升为宰相,开始大力推动“休克式疗法”的“新法”运动。历史上对王安石变法有多种评价,但是一般都承认即便以今天的眼光来评价,王安石的许多新法措施也是相当先进合理的。比如旨在加强预算计划的“制置三司条例司”,旨在通过税收货币化来节约粮食运输成本的“均输法”,旨在通过政府贷款帮助农民度过青黄不接难关的“青苗法”,旨在建立官方物价平抑制度的“市易法”,以及旨在建立公平劳役制度的“免役法”等等。另外为了强兵御敌,一扫大宋对辽夏等国的军事颓势,王安石设立“军器监”以更新武器系统,推行“将兵法”以训练国防军,并通过“保甲法”加强后备役训练等等。这些新法有些推行得十分成功,也有些的确急得让保守派十分的不爽。然而反对者已经顾不上什么“一分为二”的辩证法了,他们纷纷集结在司马光的周围,形成了全盘反对改革的“旧党”,与王安石的“新党”誓死对垒。从此以后,凡是“新党”赞成的,“旧党”一定反对,而凡是“旧党”主张的,“新党”也一概不理。变法推行几年后,宋辽边境争端又起,辽国要求重新划定代州边界。神宗问策于大臣。旧党首领之一、退休宰相韩琦于是上了一份著名的奏折,史称“韩琦七项奏折”。在这份很有想象力的奏折中,韩琦将宋辽关系的紧张一股脑儿地全部归罪于王安石的新政。他认为大宋有七件事触怒了辽国:第一,高丽早已脱离了大宋,成为辽国的藩属。我们却跟它恢复商业交往,辽国当然认为对它不利。第二,我们用武力夺取吐蕃的河汉地区,辽国当然认为下个目标一定是它。第三,我们在代州边境大量种植榆树柳树,目的显然在阻挡辽国骑兵。第四,我们在国内实行保甲制度,寓兵于农,教人民战斗技能。第五,黄河以北各州县,积极修筑城郭,深挖护城河。第六,我们设立兵工厂,制造了新式武器装备部队。第七,我们又在黄河以北重要的各州,安置三十七个将领,加强驻屯的国防军训练。所有这一切,都造成了典型的“大宋威胁论”,难怪“友邦”大辽会“莫名惊诧”,并对大宋军力迅速增长的“透明度”及背后的“真实意图”表示严重担忧。有鉴于此,为了向全天下表示大宋“和平崛起”的善意,我们应该立即将这些措施统统废除:与高丽王国断绝通商关系。把河汉地区交还给吐蕃。铲除边界上限制敌人骑兵深入的榆树柳树。解散保甲,停止军事训练。黄河以北州县的城郭随它颓塌,护城河渠随它淤塞。撤销兵工厂,停止制造武器更新装备,停止军队现代化。撤销黄河以北的三十七个将领,停止军队训练等等。等到上述七项措施全部废除之后,然后陛下再“养民爱力”,“选贤舆能”(比如他和司马光),“疏远奸邪”(比如王安石什么的),“进用忠良”(还是他和司马光),我们自然就能“以德服人”,辽国肯定也就没话说了。如果各位看官对这份一千年前的奏折有一种似曾相识的感觉的话,那一定不要感到奇怪。因为只要随便翻翻今天的报纸杂志,就会知道这位韩老宰相直到今天依然还有不少的嫡传徒弟,还在不屈不挠地将这种“欲练神功,挥刀自宫”的“韩琦精神”不断地发扬光大。若要说韩琦先生智商不好,那肯定是对中国科举制度的极大侮辱。可是这种睁着眼睛就能说出梦话来的本领,的确令人欲怒无言。我实在没有更好的答案,想来想去,也只能为韩琦找到一条可以讲得通的理由:党争。当然了,就当时而言,韩琦们的主张绝不是“裸奔”,而是裹着一块很不错的“遮羞布”——“仁义”。要知道这“仁义”二字可是控制古代中国社会几千年的主流价值观,的确具有很大的号召力和欺骗性,正如“民主”二字对于现代社会的意义一样。随后的历史发展人们都看到了:在“旧党”的全力杯葛和破坏下,新法运动支离破碎。七项奏折面世后两年,王安石被迫下台,新党干将也陆续去职。几年后神宗驾崩,保守的高太皇太后起用司马光为相,旧党全面“复辟”。已近暮年的老司马光只当了几个月的宰相就一病归西了。但是他紧紧抓住这最后的几个月时间,怀着对新党刻骨的“阶级仇恨”,发扬“宜将剩勇追穷寇”的“党争精神”,“以迅雷不及掩耳盗铃之势”将所有的新法一举废除干净。当然,天下并没有从此清静下来,因为党争之势已成气候。旧党得势之后一分为三,继续内斗不已。及哲宗亲政,再用新党,于是又掀起了一轮反攻倒算的高潮:司马光谥号被夺,墓碑遭毁,差点连他的《资治通鉴》都被当成禁书销毁。呜呼!去司马化!呜呼!朋党之争!

请千万不要将“朋党之争”的本质简单地归因于“小人当道”,因为这些党争人物尤其是朋党首领往往都乃当世英杰,道德文章堪可垂范千秋。王安石位列唐宋八大家之一,一篇《答司马谏议书》,逻辑严整,遣词精妙,至今仍为中学语文课本的范文之一。今日再读,依然令人“无由会晤,不任区区向往之至”。王安石的诗词号称“荆公绝句妙天下”,名句如“春风又绿江南岸,明月何时照我还”(《泊船瓜洲》)等至今传颂不绝。王安石一生极其廉洁,即便旧党政敌恨其入骨,也无人敢于攻击他的人品道德,而是承认他“平生行止,无一污点”。据说他罢相归隐之后,只有茅舍一所,后来不幸生了一场大病,以为必死,便将住所捐给了寺庙。不想病好,只好另租别人的房子住了。而王安石如此,司马光难道便不如此?这位自小就以“司马光砸缸救人”故事闻名于世的大儒,通晓古今,博学多才,其文学成就无须多言。仅仅一部凡二百九十四卷的《资治通鉴》便足以令其彪炳史册,震烁古今了。司马光为官同样清正廉洁,刚正不阿,且威望极重,人称“司马相公”。相传他的妻子死后,家里居然没钱料理丧事,最后只能把一块地典当出去,才草草办了丧事。这就是民间流传的司马光“典地葬妻”的故事了。在王安石、司马光这样的人格面前，今天的许多政客简直可以算是跳梁小丑了。然而正是这样的两个学识人品无可挑剔的当世英杰，却自觉不自觉地开启并领导了一场因为分立而对抗的党争运动，间接动摇了大宋的国本，其间原由要害，怎不令人惊怵惕警？

现在让我们回到台湾问题上来。中国古代不堪回首的党争历史似乎从反面证明了，中国式的政治生态的确需要一种“向心力”和一个“领导核心”。一旦这种“向心力”和“领导核心”被一剖两半，那么整个国家社会就有可能会随之被一剖两半。由于迥然不同的文明传统，中国人还远远没有养成西方人那种常年在分立状态下维持平衡的政治艺术和心理习惯。一旦陷入政治分裂状态，极易引发非理性的对抗。从古至今，概莫能外。我们翻遍中国历史，的确很难找到两个对等的政治力量居然能够在同一个屋檐下和平共处并相互理性制约的案例。有的只是诸如“天无二日，人无二主”、“一山不容二虎”、“卧榻之旁岂容他人酣睡”之类的认知习惯和心理暗示。为了写作此书，我曾对《辞海》中有关“党”字的条目进行过一次检索。结果发现，在所有带有“党”字的词里，扣除地名、人名和“党团”、“党章”等中性词外，其余所有带有价值判断倾向的词基本上都是贬义词，比如“党徒”、“党羽”、“党同伐异”、“结党营私”、“狐朋狗党”等等。从某种意义上说，像《辞海》这样的工具书实际上直接间接地记录了中国数千年积淀的文化信息，因此这个文化事实值得人们思考。其实孔子早在《论语》中就已经告诫人们了：“君子群而不党”。可见这个“党”字及其所代表的“集团利益”在中国的政治伦理与文化伦理中实在是一个不受欢迎的异端。中国的政治核心如果不幸分裂成了两股政治力量，往往不斗出个分晓来绝不罢休。唐朝的牛党李党是这样的,宋代的新党旧党也是这样的。而今天这出历史剧看来很可能巡演到台湾了,只不过这次两个主角换成了国民党和民进党,剧目也改为“民主法治”的洋名,算是“与时俱进”了。尽管我们还不能就此为台湾的政党政治盖棺定论,然而就目前的表现来看,人们的确可以说,台湾的“两党体制”与其说是一种现代民主政治,不如说更像是一场披着“民主”外衣的“新朋党之争”。马铃薯再打扮也是土豆,就算是换了件“洋马甲”人们一样认得出来。

当然了,台湾的问题并没有如此简单。如果说今日的台湾乱象真的是一种“朋党之争”的话,那么他们究竟在争什么呢?究竟是什么东西值得他们如此大动干戈呢?龙应台先生在她的辩护词里是这样说的:“美国的民主制度有 200 年的实践经验,今天两党之争只是政策之争,属于执政的技术层面。台湾民主,从解严的 1987 年算起,只有短短 17 年。两党所争,不是政策,而是核心价值之争,属于文化认同、安身立命的灵魂层面。为技术或为灵魂而争,意义不同,激烈程度当然不同。”然而对于什么才是台湾的核心价值,龙先生却表现得不无迷茫。她说:“文化的日本、文化的‘中华民国’、文化的古老中国——三股文化的影响与政治的笼罩,还有被稀释掉了的非汉族原住民的影子,纠缠在台湾的深层意识中。未来怎么走取决于过去怎么解释。那么过去怎么解释?不同来历的台湾人——福佬人、客家人、原住民、外省人,因为集体经验不同,痛点不同,感情的投射方向不同,对于‘台湾应该是什么’因此有截然不同的认知。”

龙应台的迷茫引出了台湾问题的另一个关键点——“民主”背后的文化认同。她这段话其实说得很对,在一个缺乏文化认同的团体里,“选举式民主”是很难实现的,至少很难做到理性平和地实现。那么什么是“选举式民主”?用我自己的话来说,就是在一个有着较强文化认同、成分相对均一的团体里,全体团体成员根据"自由表达意志"和"少数服从多数"的原则做出团体的决策选择。为什么这种选择需要某一种文化认同作为前提呢?那是因为每当一个团体做出一项重大的决策选择时(比如选举一个领导人),就必然意味着有一部分团体成员的意志得到体现,另一部分团体成员的意志则不能得到体现。可是大家有没有想过,这一部分意志得不到体现的成员为什么会甘于承认失败并转而认同和拥护对方的选择?也就是为什么愿意"少数服从多数",而不担心多数方滥用多数暴力来剥夺自己的权益?就好像2000年戈尔在十分不服气地输给布什之后,却依然发表了支持布什的败选宣言:"我个人将听从他的指令。我号召所有的美国人,特别是要力劝那些站在我方阵营的人们,联合起来,站在当选的下届总统身后。"为什么?本书的答案是:因为双方拥有较强的文化认同,他们的选择其实并无实质性的差别,所以承认失败并转而认同对方的选择并不会给自己的利益造成多大的影响。而至于为什么还要采用这种选举竞争的游戏,其实也只不过是一种相互制衡的制度设计罢了。就好像现在美国正在有滋有味地搞着初选,看似竞争十分激烈,其实无论最后奥巴马、希拉里和麦凯恩哪个当选,对于美国民众来讲都没有什么实质性的差别。但是通过这样的竞争制衡,至少能够保证候选人不至于太坏,那么选举的目的也就达到了。因为拉选票的过程至少能够让候选人明白谁才是真正的老板,提醒他别忘了头上的乌纱帽是谁给的。这就是西方选举式民主的简单秘密。但是很多人往往忘记这种民主的前提条件了,那就是——"文化认同较强,成分相对均一"。从这一个意义上讲,自下而上的"选举式民主"基本上适合于一个幅员较小、人口较少、民族较单一、文化较单纯的国家。这大概也正是为什么民主的发源地欧洲基本上都是这种小国家的原因所在。而到目前为止,这种选举式民主也基本上是在这种环境条件中得到实践的。唯一看上去有点例外的是几个新大陆国家,其中尤其是美国。然而这并不能推翻我们的判断。因为加拿大和澳大利亚地广人稀,成分也相对单一,在选举式民主的实施条件上其实与欧洲小国并无本质上的区别(加拿大的魁北克由于文化认同上的差异而导致的分离运动也提供了一个反证)。美国的情况稍微复杂一点。但是美国实际上也是由一群来源于同一祖国、有着共同文化认同的清教徒移民从北美洲东海岸的若干个殖民点出发,在很短的时间里迅速膨胀起来的一个国家。在这个扩张的过程中,当这些新美国人遭遇到与他们差别十分巨大的印第安原住民时,他们并没有选择"包容"这些土著主人,也没有选择与这些土著"订约"(就像他们在五月花号上所做的那样),而是选择了可耻的屠杀和灭族。即便如此,美国人立国时还是留下了一项重大的差异——南北差异。但是我们都知道了,美国人最后也没能通过民主的方式来解决这个差异,而是通过残酷的战争。起先他们的确是准备采用民主选举方式的,然而南方的奴隶主们宁可接受战争也决不接受代表北方立场的民选总统林肯,最后还刺杀了林肯。这充分暴露了选举式民主在重大认同差异面前的无能为力。而等到美国人"打扫干净屋子"之后,先后移民而来的各个族群要么受到歧视排斥,要么必须接受美国的生活方式和价值观,也就是认同他们的游戏规则并参与他们的游戏,除此之外别无选择。这些移民族群是后来者,又是少数,他们的确没有讨价还价的本钱。尽管今天美国的多样性其实已经十分复杂,甚至存在着许多重大的认同差异,但是在民主自由价值观的光环下,这些后来族群的多元文化认同暂时被遮盖了。一个颇有吸引力但仍略显粗浅的"美国梦"以及超级大国的强大实力造就的“美国优先”、“美国例外”的国家荣誉感将所有人暂时团结起来,构成了一份暂时可以支撑“选举式民主”顺利实施的文化认同。因此可以说,美国选举式民主的实施条件其实也并不复杂,他们的价值观认同也相对比较单一,差异性也不大。亚伯拉罕·林肯曾经一言道破这个秘密:“我们不是单一种族,不属单一血统,不讲单一语言。凭借着对民主政体、宗教自由、资本主义,以及让每个人选择支配金钱之自由经济体系的坚定信念,将我们牢牢地拴在一起。由于对生命和法制的尊重,让我们成为美国人。”林肯的话告诉人们,美国“民主”背后的那份文化认同居然就是“民主”本身!且先不谈美国人是否有循环论证的嫌疑,至少我们知道,以“民主自由”价值观立国决定了今天的美国一定会十分热衷于推销这一价值观。这种热情过头的举动看上去充满了攻击性,不过若是站在“任何一种文化认同都需要不断自我确认和自我加强”的认识角度来审视美国的行为的话,人们应该就能理解这些行为不过是这个年轻的国家出于自我维持和自我肯定的需要而必然会产生的一种条件反射罢了。否则美国国内的各种多样性泛起,这个国家恐怕将面临一场认同危机。只不过对于其他国家来讲,美国的这种条件反射有时的确是致命的。乔姆斯基在他的《霸权还是生存》中无情地揭露说:“对于文明国家的使命还有另一种流行的解释:我们今天和19世纪时一样强烈需要殖民化,并利用它把后现代社会所奉行的有序、自由和公正的原则传播到世界其他国家……有些国家仍然生活在19世纪人人为己的落后时代。在对付这些国家的时候,西方就必须采取上一个时代那些不太文明的措施——武力、先发制人、欺骗,以及其他一切必要手段。当我们在丛林中披荆斩棘的时候,就必须再次运用弱肉强食的丛林法则——在过去那不甚光彩的历史中,它们也正是这么做的。”[1]当一个具有压倒性优势的强者决定按照丛林法则行事的时候,弱者们的命运如何,我们自然可想而知了。

当然不管如何,美国的实践的确都是史无前例和得天独厚的。这也正是我一直对它抱有期待的原因所在。然而我也依然对它抱有担心。因为从今天美国的外部行为来判断,由于民主自由价值观的光环遮盖,美国的多元文化并没有得到真正意义上的展开,它们没有时间也没有机会真正起到改造和化解西方文明传统的历史作用。相反人们可以看到,西方式的亢进与孤傲现在已经基本控制了美国的主流意识,并由于缺乏外部力量的制衡而得到了自我加强。现在的美国有可能面临一个十分危险的悖论:美国是由全世界各种文化族群构成的,它的强大也与少数文化族群不成比例的巨大贡献直接相关。然而美国却由于尚未真正领会多元包容的精神而经常选择粗暴地挑战和对待这些少数文化族群的母国。再加上受到独占“蜂王式”生活方式带来的超额利益的欲望驱使,美国在对外关系中甚至不惜动用武力打击这些母国。然而一旦给这些母国造成很大伤害的话,美国很可能就无法继续维持这些文化族群对自己的忠诚和认同。因为这些文化族群到时必须面对一种无法妥协的认同撕裂:是继续认同自己文化母体的价值观和血缘联系,还是认同美国式的“民主自由”价值观?我一点都不轻视后者,但我的确不认为一个年轻的价值观能够轻易击败并清除干净那些历经数千年大浪淘沙而流传下来的生活方式及其文化认同。举个例子吧。我曾在互联网的论坛上看过一篇帖子。帖子的作者是一个在美国硅谷工

---

〔1〕[美]诺姆·乔姆斯基著:《霸权还是生存——美国对全球统治的追求》,张鲲译,上海译文出版社2006年版,第79~80页。

作的中国留学生,当初为了自我的发展而选择远渡重洋。他在与国内的同学对话时说,如果中美真的发生战争,导致他的同学最后也应征入伍的话,那么他一定选择回国。因为如果战争发生到这样的层面,那说明中国真的是被打残了,那时他无论如何也要回来报效祖国。我无从证实这个帖子的真实性,但是从一个正常中国人的认知出发,我觉得这应该是一种比较可信的普遍心理。今天在美国国家科学实验室中受聘的科学家 1/4 为华人,全美 12 万著名科学家中华裔占了 3 万。丧失华人的忠诚对美国意味着什么,我们尽管可以想象。当然这只是一个例子。然而如果这个悖论成立的话,那么美国的前途堪忧。因为它很有可能正在进入一个自我分裂和自我解构的历史圈套。而这无论对于美国还是对于全世界来讲都是十分危险的。而且还有一个更为大胆的逻辑推导:如果美国仅仅是以"民主自由"的价值观立国的话,那么一旦其他国家在美国的催促下接受并实践了这一价值观(我相信这完全是有可能的。因为只要找到与传统接轨的路径并得到合适的再定义,"民主自由"是可以成为一种普世的价值观的),那么美国还能靠强化何种认同来凝聚自己的国民?这同样是一个悖论,一个自我解构的美国悖论。殊非定论,供"言必称美国"的人参考。

那么台湾的文化认同呢?如果前文关于美国的分析还算靠得住的话,那么台湾显然也不可能仅仅凭借一份对"民主自由"价值的认同而在这个世界上立足的。当关于"民主自由"的争论逐渐尘埃落定,当"民主自由"的价值真的以我们习惯的方式融入我们的生活之后,真正在更隽永和更深层处决定我们是谁的还是那份更古老,更悠长,也更本真的文化认同和文明传统。那么,台湾的这份文化认同和文明传统究竟又是什么呢?或者说,我们究竟应该怎样来看待“台湾人”的身份认同？诚如龙应台先生所说的，“台湾人”究竟是福佬人，客家人，原住民，还是外省人？根本就说不清楚。实际上也无须说清楚。事实告诉我们，台湾尽管不大，人也不多，但是它与同级别的西方小国的确有着根本的区别。因为台湾是中国不可分割的一部分，在它的身上有着中国的几乎全部基因和记忆。就像一个人身体上的任何一个部位都隐含了这个人的全部基因密码一样。中国有的，台湾地区基本上也都有。而中国的文明传统是什么？是包容万象、多元统一。中国的历史从来就是一部民族融合和文明同化的历史。如果我们有足够的智慧摆脱原罪问题的不必要困扰的话，那么我们就可以肯定地说，这种“你中有我，我中有你”的民族融合与文明同化是一个不可逆的历史进程。在中国，种族溯源学从来都不是一项有前途的学问，因为中国从来就没有什么人会去关心这个问题。而如果有人想要借此达到挑起仇恨和对立的目的的话，那就更加没有前途了。这就好像一对夫妻尚有可能因为无法消弭错误结合的仇恨而选择离婚，但是有谁能够追溯着仇恨逼迫他们“错误”结合的曾祖父与曾祖母离婚？做不到。因为他们都已经去世了。台湾虽小，与祖国分离虽然有年，但是台湾的人群构成与文化构成几乎与祖国无异。或者更准确地说，台湾的那点地方特殊性根本不足以构成否定中国普遍属性的理由。在下祖籍福建莆田，对闽台之间的共性联系有着较深的体会。我不相信台湾能够否定得了自己的中国属性，因为如果台湾做得到，那么福建应该也做得到。反过来，如果福建做不到，那么台湾恐怕也做不到。龙应台先生关于“台湾人”身份的问题是无法回答的。因为用分析式的思维方法向后将“台湾人”追根溯源地分为福佬人、客家人、原住民和外省人其实是十分愚蠢的，实际上也是不可能做到的，只能平添许多越讲越不清楚的是非。然而如果我们换上一种综合式的思维方法向前看的话,这个问题又是很好回答的,那就是:他们都是“中国人”,或者说他们都是在台湾的“中国人”。这个答案与台湾真实的文明传统、文化性格以及历史传承都是最为匹配的,因此称得上是关于台湾文化认同问题的最佳答案。的确可以有一个“台湾人”的概念,但是它一定是在“中国人”概念之内的一个子概念。在这个前提下一切认同上的困难都可以迎刃而解。而如果有谁企图要在“中国人”概念之外硬造出一个并列的“台湾人”概念的话,那么他就一定会遭遇到沉浸在台湾每一个细胞之中的“中国属性”愈挫愈勇的顽强抵抗。在龙应台2005年的那篇《五十年来家国——我看台湾的文化精神分裂症》中,这种“本土化”和“去中国化”的无奈和苦闷一览无遗:

“可是‘本土化’没有这么简单。因为请问你,‘本土’是什么?除了我们以为理所当然的闽南文化之外,第一个进入我们念头的,是被汉人赶到山里去的原住民。所以在认识伟大的玉山之前,对不起,那根本就不叫玉山。请你卷起舌头跟我说,‘pa-tton-kan’。这是曹族语。第二个,是客家人。客家人说,我们说的不是闽南语,所以,请你不要把闽南语称为‘台湾话’。我们说的也是‘台湾话’。第三个,是马祖人。马祖人为台湾岛的安全与繁荣付出了四十年的痛苦代价,有点激动地说,我根本不是台湾人,而且说的是你们所有的人都听不懂的闽北话。说吧,你们把我算什么?第四个,是浙江人、山东人、湖南人、四川人、上海人、云南人……这些人离开他们的母亲时,身高还不如一支步枪的长,五十年的生命付给这个岛屿。他们南腔北调,如今垂垂老矣,他们的孩子,多半已不知‘母语’为何物,也从不曾要求有‘乡土教学’。第五个,是越来越多的新住民,来自越南、泰国、印度尼西亚、中国各省。他们与台湾人结为夫妻,在这里生儿育女;每一个母亲都对她们怀中的婴儿讲自己家乡的童话,用自己的语言唱熟悉的儿歌。她们正在栽培一种新台湾人的出现。”

“那么本土化等不等于‘去中国化’?请先告诉我什么叫‘去中国化’。是把歌仔戏中的剧目——陈三五娘、目莲救母、中山狼、狸猫换太子……全部去掉吗?是把妈祖信仰——宋朝的林默娘去掉吗?是把龙山寺里的朱熹和华佗去掉吗?是把唐诗宋词三字经去掉吗?是把草药针灸去掉,把太极拳禅宗去掉,把舞龙舞狮去掉,把祭祀、扫墓、春节中秋去掉吗?是把门楣上的‘颍川’、‘陇西’刻字去掉吗?是把‘己所不欲,勿施于人’的孔子思想去掉吗?是把端午节的屈原和白素贞去掉吗?是把故宫里的世界珍宝去掉吗?是把福建来的闽南语去掉吗?是把汉字书写去掉吗?这些都‘去’掉以后,我们还有什么呢?”

台湾的“去中国化”是一条死路。因为任何一个有点文化常识的人都应该知道,如果台湾的特殊性足够强,那么它根本无须“去中国化”。如果台湾的特殊性不够强,那么“去中国化”根本就是徒劳的。这是一个历史自然选择的问题,不是一两代人火急火燎就能做到的,更弗论一小撮人动机不纯地玩票了。

现在让我们再回到台湾的民主实践问题上来。如果说台湾的文化认同最终依然要落脚在“中国人”上的话，那么我们就完全有理由从中华文明传统的角度出发来审视台湾的民主实践。在中国的文明传统中，包容与同化是一个永恒的主题。在它的内部，的确不宜强调一种截然的身份区隔与身份对立，更不宜进行逆向的身份剖解。中华文明的历史发展规律决定了各种要素之间纵横交错的渗透与融合，如果非要将它人为地分割成若干相互对立的部分，那么不仅无法达到预期中的西方式的制衡效果，反而会引发极大的紊乱。因为从一方面来讲，中国一直有着一个“天下一家”的社会结构，在这样一个迥异于西方社会的盘根错节的社会结构中进行这样的人为分割，必然会是一场流血的切割。这种切割容易将健康的组织切断，容易将愈合的伤疤揭开，从而制造出更大的伤痛和仇恨。这一点龙应台应该也已经感受到了。她说：“我们急切地想把疤痕去掉，彻底去掉，却发现，那每一道疤痕都已经是自己身体的一部分；要去掉，必须把肉刮掉，刮肉，意味着更大更深的伤口，更多未来的疤痕。”而从另一方面来讲，中国又是一个包容万象、多样性极其复杂的小世界，而且这些多样性之间也不可避免地有过太多的纠缠和伤痛的历史记忆。端赖着中华文明举世无匹的同化能力，这些多样性已经被紧紧地凝聚在了一起。而那些纠缠和伤痛也已经随着时间的推移逐渐地淡出人们的记忆。因为历史固然需要被记住，历史同样也需要被忘却，在我看来这都是一种智慧。但是如果我们今天贸然地引入分立抗衡的价值导向，那么这些多样性在失序状态下将很有可能被恶意地组合成党，朋比对抗。而那些纠缠和伤痛也一定会被重新激活，成为朋党手中予取予求的攻防利器。多样性越复杂，历史纠缠越多，操弄的空间就越大，收益的诱惑也就越大。就好像周弈成在《台湾的终极内战来临》中所说的那样：“原本已经逐渐消弭的历史冲突，经由民主制度下的竞争反而被召唤、再度引发和激化。原本已经逐渐巩固的共通性、共同利益与共同体意识，则被每四年规律发生的制度性冲突快速地破坏。”“二二八事件”是什么？它就是台湾肌体上的一块本已愈合的伤疤。可是现在的情况是，有人故意慢慢地撕开这块伤疤，然后告诉你：“你看，伤口流血了，痛不痛？”等到这伤口快要好了，又有人会准时把它撕开，然后再提醒你：“你看，伤口又流血了，是谁把你害得这么惨？”一个“二二八”就可以搞得台湾如此不堪，中国五千年历史又可以翻出多少个“二二八”来呢？近一点的，有多尔衮的“扬州十日”、“嘉定三屠”。远一点的，有蒙古人一路屠城灭族的历史记录。再远一点，前有白起长平坑杀40万赵军，后有项羽面对20万秦军降卒“以彼之道还诸彼身”。而谁若是有足够的想象力和现实联系历史的能力，或许还有机会将“炎黄子孙”一剖两半。因为当初炎帝的确是与黄帝打了一场恶仗的，怎么说双方都得死了不少人吧。那伤疤还不得比“二二八”来得大块？揭历史的伤疤本身并不要命，真正要命的是我们的未来：中国的社会结构中并非没有离心力，因为多样性本身就是一种离心力。但是在正常的情况下，它们与中国社会的向心力之间构成了一种稳定的动态均衡，犹如行星之于恒星，电子之于原子核。然而如果由于我们自以为是的愚蠢行动使中国社会的向心力受到致命打击的话，那么这些本来无害的离心力很可能就此失控，从而在无休止的分裂对抗中将中国拖入万劫不复的深渊。中国大分裂时期的大灾难其实早已经提醒过我们了。当然如果有人说“分就分吧”，我是不会和他辩论的。不过我会反问他一句：“你觉得分得掉吗？”从西方世界独立运动的案例中寻找解答中国问题的灵感是十分危险的，因为这的确是两个不能简单比拟的世界。虽然中西两个世界都可谓

“分中有合,合中有分”,但是此“合”非彼“合”,二者有质的不同。西方社会所谓的“合”(比如欧盟)往往是一种独立个体之间的契约式聚合。它们之间的共性(用系统论的术语来表述就是“系统质”)远远没有达到质变的程度,因此在一定条件下它们仍然是可“分”的。这就好比一群人组成了一个团队(也算是一个系统),如果最后发现彼此意见不合,他们仍然有机会选择和平分手,重新寻找到自己真正的同类并组合成新的团队。但是这个经验似乎并不适用于中国社会。因为在漫长的文明进化过程中,中国社会的“合”早已经越过了质变的边界,社会的各个部分早已经被中华文明的向心力成功地凝聚成一个不可分割的整体。从系统论的角度来看,对台湾人的身份进行溯源式剖解的观点实际上犯的就是一种“还原论”的错误。一个系统尤其是高级的有机系统具有不可还原性。因为一旦还原,那种一个完整的系统才有可能具备的独特的“系统质”也就随之灰飞烟灭。黑格尔有句名言:“离开人的手不是人的手”,就是这个道理的最好说明。而中国社会就好比这样的一个人,它的手脚已经没有可能与自己的身体“和平分手”并“另寻新欢”重新组合成另一个人了。对一个身体上再小的部位哪怕是一根手指进行切割,都意味着这个身体行将残疾。对于中国而言,这个道理应该同样适用。

现在如果按照前文的两个基本判断来衡量台湾问题的话,我们首先可以公平地说,台湾社会的确已经发动了一场向西方学习的契约革命。尽管台湾的民主由于其他条件的缺失而呈现出诸多乱相,然而那种自下而上的契约式架构已经基本上在台湾的政治体制中得到确立。尽管人们由于受到了党争的干扰而不能理性地运用手中的选择权,然而这种自下而上的制约毕竟已经存在,极权政治从此一去不复返了。因此可以说,台湾的实践实际上已经符合我们前文所说的第一个基本判断——契约革命。然而台湾的实践在第二个基本判断上却出了很大的问题。由于引入了西方式的两党竞争体制,导致台湾社会的“向心力”被一剖两半。但是,由于台湾社会并不具备“选举式民主”所需要的那种文化认同以及社会结构的土壤,导致台湾的民主实践陷入了一个恶性循环的“党争”困局。在两个基本判断之间,台湾体制执其一而弃其二,也就是只关注如何移植西方的民主经验,而不思考如何继承自己的文明传统,导致了台湾的民主实践似乎走入了一个死胡同。台湾案例的考察告诉人们:中华文明传统决定了中国的社会结构、文化认同、政治传统和心理习惯的确迥然不同于西方社会。如果无视这些传统而强行推动西方式的民主革命,将有可能破坏中国的社会结构,诱发非理性的党争。在中国的民主法治建设问题上,邯郸学步是没有出路的,中国人需要根据自己的实际情况开辟一条通往未来的新航线。

新加坡的“合”

现在将视线转向第二个华人社会——新加坡。如果说台湾地区选择的是一种以“分”为价值导向的民主法治模式的话,那么新加坡所选择的很显然就是另外的一条路——一种以“合”为价值导向的民主法治模式。2006 年 5 月 7 日,新加坡第 11 次国会选举落幕,执政的人民行动党获得 66.6% 的总得票率,一举夺得国会全部 84 个议席中的 82 个,再次毫无悬念地蝉联执政。请不要觉得奇怪:自从 1959 年人民行动党取得执政地位以来,每逢国会大选,这样的事情就会在这个小小的城市国家准点上演。2006 年的这次选举好歹还是在选举日见的分晓。以往的多次选举,人民行动党甚至是因为没有足够的挑战者而在提名日直接获胜的。这就奇怪了,难道新加坡没有反对党吗?如果有反对党,那么它们都在干嘛呢?实在对不起,新加坡不仅有反对党,而且不只是一个两个,是二十几个。但是这几十年来,这20多个"迷你型"的反对党被人民行动党这个"小空间里的大块头"挤压得气都喘不过来。越是选举来临,就越是只有招架之功,没有还手之力,哪里还谈得上觊觎执政权呢?坦率地说,尽管还不一定比得上台湾的某些政党有手段,但是人民行动党运用执政资源采取的一些选战手腕也是令人"大开眼界"的。根据新加坡的选举制度规定,新加坡全国共分为84个选区,每一个选区选举一名议员。然而其中的大多数选区被合并成十几个集选区,每一个集选区由五六个选区的候选人组成团队集体参选,赢家通吃。名义上这是为了保证少数族裔的代表能够当选(每一个集选区都必须有一个少数族裔候选人),但是在实践中却收到了利用执政党的人才优势进行"捆绑销售"的效果。况且每次选举前政府都要"审时度势"地重新划分集选区,以便"集中优势兵力各个歼灭敌人",也算是"寸土必争、除恶必尽"了。当然了,如果如此这般还怕搞不定的话,人民行动党还有一招更厉害的——"组屋翻新换选票":你们家房子旧了吧,政府有拨款翻新的计划呢,投人民行动党的选票吧,谁投票谁优先翻新。大家都知道新加坡80%以上的住房是由政府建造的,因此安排公共资金进行翻新自然也在情理之中。在这种情况下与人民行动党过不去,那不就等于和自己的钱包过不去吗?说句老实话,每次我看到这类报道时都会忍不住发笑。不是我做人不厚道,而是人民行动党的这几招实在是"太有才"了。来来回回就是"仙人指路"、"黑虎掏心",大不了再来招"懒驴打滚",但是每次总是屡试不爽、屡试很爽、爽了再试。而那些反对党同志们在气愤之余还不能乱骂,因为万一骂错了那可就麻烦了。“李叔(李光耀叔叔)很生气,后果很严重”。总理和资政与你“熟归熟,乱讲话一样告你诽谤”。据说这些年来基本上每一次选举都有一些反对党的候选人被揪住尾巴,让人民行动党告得狼狈不堪。诽谤罪一旦成立,赔了大笔的银子不说,还要丢掉参选资格,而赔不起银子的则只好跑路了——离开新加坡。如此这般折腾下来,这些反对党们的确就像一群长期没有吃饱母乳的小孩,一个个营养不良面有菜色,又如何有足够的心智气力与“智勇双全”的人民行动党周旋对垒呢。只好一边嘟嘟囔囔,一边珍惜那来之不易的两三个议席,在国会里给政府提提意见。当然了,主要的工作还是陪太子读书,这点大家都是明白人。

这就是新加坡,一个有议会、有反对党、有大选,却又长期一党独大、政权统揽的奇怪国家。这算什么呢?民主吗?好像有点走形。独裁吗?恐怕也谈不上吧。好歹人家也是用选票直接选出来的,如果选民真的不答应,人民行动党恐怕早就卷铺盖走人了。更重要的是,人民行动党对付反对党的那些招数基本上都是公开的秘密。所有的选民应该都看在眼里,因此也难免会有一点逆反心理。但是把这些因素全部考虑进去之后,每一次选举人民行动党还是全盘通吃。为什么?如果说新加坡人的民主意识不如西方人强人家也许相信,但是要说新加坡人傻每个人都不会相信。从最根本的意义上讲,在选民拥有独立自主的投票权的情况下,新加坡人之所以会长期选择人民行动党一党执政,只能说明一个问题——人民行动党干得不错。

人民行动党的确干得不错。这个面积不到上海 1/10,人口不到上海 1/3 的弹丸小国,在 1965 年被踢出马来西亚联邦的时候,处境岌岌可危(至少李光耀当时是这么认为的):一条马来大海中的华人小船,一颗失去了躯体的商业心脏,一只前途渺茫的"三无概念股"——没有资源,没有腹地,甚至连饮用水都要依靠马来西亚的柔佛州。相传当年马来西亚的首相东姑之所以决定将新加坡一脚踢出马来亚,就是因为认定新加坡华人会落后。那么如今 40 多年时间过去了,新加坡情况如何呢?2007 年 1 月,美国传统基金会发布 2007 年全球经济自由度指数排名,新加坡排名第二。5 月,瑞士洛桑国际管理学院(IMD)发布《国际竞争力年度报告》,新加坡再夺亚军。11 月,世界银行发布全球物流业竞争力排名,新加坡高居榜首。而新加坡 2007 年的人均 GDP 已经达到 35163 美元,失业率 1.6%,两项指标均在亚洲名列前茅。当初不屑与华人为伍的马来西亚根本不知道被甩到哪里去了。由于表现太好,新加坡多年之前就已经被"忍无可忍"的国际社会从发展中国家名单中"除名"。天上显然是不会掉馅饼的,新加坡人手中的馅饼是他们自己做的,而其中执政的人民行动党恐怕当记首功。因为一个发达的经济体背后不可能没有一个高效的政府。关于这一点数据应该可以说话:在 IMD 世界竞争力排名的四大项目中,新加坡在"政府效率"大项上一直排名第一,而在下面的各小项排名中,新加坡无论是在"政府政策对经济变革的适应能力"、"决策后的有效贯彻"方面,还是在"政府体制不阻碍商业活动"、"政党了解当下的经济挑战"等方面,也全部排名第一。新加坡的廉洁同样是出了名的。2007 年"透明国际"发布全球最廉洁国家评选,新加坡排名亚洲第一,全球第四。在世界银行发布的 2008 全球最佳商业环境排名中,新加坡同样再度夺魁。[1] 这就是新加坡,一个在怀疑的目光和争议的声音中创造了小小奇迹的小小国家。人民行动党忽悠得了新加坡的反对党,忽悠不了国际社会,它究竟是怎么做到的?

总体来说,人民行动党做到了两点:一点是"人民",一点是"行动"。手握82个议席对于人民行动党来讲并不轻松。因为这些议员的主要工作便是到选区去"为人民服务",每周都得花上一个晚上到选区去接待选民,即便是当上部长的议员也是如此。一般来讲,一个晚上接待几十个来访选民并不算稀奇。内容当然千奇百怪,反正天文地理基本上是没有的,鸡毛蒜皮应该是主要的。不过议员们也不觉得有什么不对,因为人民行动党就是这么要求的。反正大家都恪守一个代表的职责,问题解决得了就当场解决,解决不了就督促政府部门去办。而选民们每次也总是如同医院候诊的病人一样,排着长队等候议员的接待,即使时间再晚也坚持等候。在像我这样的一个无缘体验如此生活的外人看来,这份坚持的确令人感到十分可贵。因为它让我们看到了一个国家的民众对于这个国家体制的信赖和认同。还有,为了保证选举时选民们都认识自己和认同自己,每个议员都还需要主动上门走访选民,以确保大选前每个组屋都走访两遍以上。看来这人民行动党的官的确也不太容易当。可是不这么干能行吗?选票就攥在人民的手里,你心里不装着"人民",有事不赶紧"行动",就不怕下回选举时"人民"彻底剥夺你"行动"的权力?人民行动党的这些议员多是昔日的商界精英,自然知

---

〔1〕 这两年新加坡的竞争力诸指标还在不断攀升。2010年5月,在瑞士洛桑国际管理学院发布的竞争力排名中,新加坡将连续16年排名第一的美国挑落马下,勇夺冠军。而在2010年"透明国际"发布的清廉指数排名中,新加坡也终于赶上了几个高福利国家,与丹麦、新西兰并列第一。

道“今天不努力工作,明天努力找工作”的道理。因此大家都“心系人民,行动迅速”,人民行动党自然也就“党如其名,名如其实”了。

这就是新加坡人民行动党,一个对待政敌“像秋风扫落叶一样无情”、对待人民却“像春天般温暖”的奇怪的政党。而且看样子这种双重性格还会继续延续下去:因为选举压力的存在,人民行动党应该没有理由也没有本钱对人民翻脸。因为大权在握,人民行动党应该还会继续对反对党进行挤压,以确保自身的执政地位不受挑战。这真是一个颠覆教科书的案例。它究竟只是一个小国的特例,还是隐含了某种普遍性的规律?新加坡的案例对于中国的启发意义究竟有多大呢?

从根本上讲,国家的富强与人民的福祉应该是政府存在的终极目的。但是为了防止政府在权力的腐蚀下蜕变为压迫者,人们必须找到一种制约政府的有效方式。西方人从自身“分立制衡”的传统习惯中找到了一条有效的路径,即将整个社会塑造为两个以上实力均等的政治力量,并令它们在竞争中形成均衡,从而有效地防止了主权者的蜕变。不过如果这个推理正确的话,那么多党竞争很显然并不是民主的唯一途径。因为只要我们有办法找到另一种制约政府的有效方式,那么人民同样可以主导自己的命运,也就是说同样可以实现“民主”。新加坡人正是从自己的传统习惯出发找到了这种有效方式,即并不将整个社会分割成多个实力均等的政治力量,而是通过维持一个有广泛代表性的主要政治力量的存在来保证社会的完整性。那么人民究竟应该如何对这个主要政治力量实施有效的制约呢?这就要归功于那些看上去很不起眼的反对党们了。虽然这些反对党事实上只是在新加坡的政治生活中充当敲边鼓的角色,但是它们形式上的存在和竞争却是人民能够制约政府的重要原因。虽然在事实上不太可能出现,但是理论上的确存在着人民选择这些反对党执政的可能性。而只要有这把达摩克利斯之剑在,人民行动党就得老老实实地“从群众中来,到群众中去”。从某种意义上说,西方的方式是人民通过操纵不同政党之间的竞争制衡和轮流执政实现对政府的间接制约,而新加坡的方式则是通过维持一种隐性的政党竞争压力,迫使长期执政党注意聆听人民的呼声,从而实现对政府的直接制约的。这两种方式孰优孰劣每个人都可以见仁见智,说到底大家都只是立足于各自的文明传统,寻找一条最适合自己的权力制衡路径和一种最适合自己的政治生活方式而已。没有最好的,只有最适合的,最适合的就应该是最美好的。新加坡虽小,却也是一个多元族群与多元宗教社会,其人口的75%为华人,14%为马来人,9%为印度人,其他少数民族占2%左右。由于在地缘上身处马来国家的夹缝之中,在历史上又正是因为华人因素而被马来西亚拒之门外,因此新加坡在处理族群关系时一直十分小心谨慎。总体而言是刻意淡化华人的主体地位,提倡族群和谐,宗教宽容。这种现实社会条件与华人历史文化传统的结合,决定了新加坡必须尽可能地在制度框架设计上排除“分立”的方案,以防止多元族群出现离心力膨胀,从而维持一个社会的完整性与和谐度。结合台湾的实践我们的确可以想象,如果新加坡贸然引入多党竞争制度,那么各政党为了争夺各自的生存空间和支持群体,极有可能会利用族群差异和信仰差别搞起“选举市场细分”,在必要的时候甚至可能利用历史恩怨和地缘关系进行破坏性博弈,到头来同样是越说越不清楚的一团烂账。新加坡如此弹丸小国,连台湾的纵深度都没有,又如何经得起这种政治角力的折腾?我想这大概也正是无论新加坡赢得多少个迷人的桂冠,李光耀先生仍然不断忧心忡忡地警告新加坡依旧十分脆弱的主要原因所在吧。

几十年的实践证明,新加坡在经济成就方面的确取得了较大的成功,在政治体制方面也基本上找到了一条属于自己的行之有效的路径。当然就个人的观感而言,新加坡的体制在实践中也存在着一些值得探讨的地方,比如人民行动党对待反对党的那些小动作。尽管在新加坡似乎行之有效,但是我仍然不认为这些小动作是中国未来应该学习的地方。当然对于新加坡而言这恐怕是情有可原的,因为我相信新加坡输不起。在一个西方式民主价值观如此盛行的世界里,一个如此之小的国家想要在一个如此复杂的地缘环境中维持一个如此与众不同的体制,的确十分容易将自己变成一只草木皆兵的刺猬。放在新加坡这口小井中,人民行动党似乎是一只巨无霸,然而如果放在整个世界的天空下,人民行动党只是一只小青蛙。李光耀是一个具备全球视野的"小舞台上的大人物"(尼克松语),他应该十分清楚地看到了这一点。因此尽管在新加坡政坛占据绝对优势,但是人民行动党在政治生活中一直是小心翼翼、寸土必争,甚至可以说是战战兢兢、如履薄冰。这种与生俱来、挥之不去的危机意识决定了人民行动党没有足够的自信放任反对党势力的坐大。因为新加坡的确没有足够的纵深和厚度来支持一场高风险的政治试验活动,历史恐怕也没有足够的耐心来为新加坡提供这样的试错机会。西方人应该会认为压制反对党乃是民主的大忌,在某种意义上也是因为西方的政治体制严重依赖这种不同政治力量之间的"Balance",而且这种路径依赖已经转化为他们头脑中根深蒂固的价值观。然而作为一个以华人为主的社会,新加坡却并不存在这种路径依赖,因此新加坡体制的这个瑕疵恐怕并没有有些人想象中的那么大。政治实践毕竟是一个不完美的范畴。"民主"本身也仅仅是一种次优的政治生活方式。因此如果抛开价值观偏好的因素,新加坡体制的瑕疵恐怕并不比西方国家体制的毛病更加令人难以忍受。

现在我们如果也用前文的两个基本判断来衡量新加坡案例的话,首先可以肯定地说,新加坡的确也用自己的方式完成了一场契约革命。尽管几十年未曾选择其他政党,但是人民毕竟通过四年一度的国会选举的确实现了对执政党的有效制约。这一点在本质上与台湾的实践并无太大的不同。然而与台湾案例完全不同的是,新加坡在自己的民主体制中想方设法地维持了一个政治领导核心对全社会的长期统领性地位,从而在新加坡社会中保持了一种政治上的"向心力"。如果我们能够撇开成见,那么的确可以说,这两个看上去相互矛盾的基本判断在新加坡的实践中得到了某种程度上的结合。尽管新加坡的方案并不见得放之四海而皆准,然而它的成功实践的确向人们展示了一种可能性,那就是:在维持一种政治向心力的条件下完成一场自下而上的契约革命。中国至少可以从新加坡的案例中获得这样的一种信心。

香港的"半分半合"

再来考察第三个案例——香港。通俗地说,如果说台湾地区过去选择的是一种"分"的模式,而新加坡选择的是一种"合"的模式的话,那么香港目前选择的就应该是一种"半分半合"的模式了。2007年底发生在香港的一场所谓"双普选"(行政长官普选和立法会所有议员普选)的争执,将香港体制的过去、现状和未来又一次呈现在世人的面前。香港问题的确由来已久了。1842 年中国败于鸦片战争,一签《南京条约》,割香港岛。1860 年中国再败于二次鸦片战争,二签《北京条约》,再割九龙。1898 年中国三败于中日甲午战争后,英人趁火打劫，三签《展拓香港界址专条》，又割新界。香港管制权从此落入英人手中。然而耐人寻味的是，英国人并没有将自己在本土实践已久的三权分立的民主政治架构搬到香港使用，而是通过《英皇制诰》和《皇室训令》，将香港的统治权广泛地授予由英王委任的总督。当然了，这位总督一定是个蓝眼睛高鼻子的英国人，尽管95%的香港人都是华人。总督之下设行政局和立法局，不过它们并无独立的行政权和立法权。两局议员全为委任，其实质是港督在行政和立法方面的咨询机构。可见在英治时代，香港的统治权一直高度集中在港督手中。这种体制基本上就是一个以港督为核心的行政权强力主导的集权模式，百年来并无本质变化。然而正如人们所看到的那样，就在临近97回归之际，英国人却突然间对香港人的民主权力问题表现出了前所未有的关心。1992年，末代港督彭定康上任伊始便提出了自己单方面的政改方案，其中要害就在于试图扩大立法机构的直选比例。这个看上去“很美很民主”的方案由于破坏了中英之间早已达成的协议而无法实现所谓的“直通车”。彭定康本人更是被当时的国务院港澳办主任鲁平先生批为“千古罪人”。尽管从我们目前所能接收到的公开信息来看，彭定康在卸任港督之后不乏对中国的友善之辞，且常常为“一国两制”大唱赞歌，然而鲁平先生在说起这段往事的时候却依旧耿耿难释。可见当时的冲撞的确给当事人留下了很深的伤痕。当然，这桩历史的公案未来自有史家去评说，无须本书多言。我们之所以要在这里提到彭定康和他的政改方案，是因为自从那段时间以后，香港的体制的确发生了一些深刻的变化。政党政治在香港逐渐立足并日趋活跃，立法权得到显著扩张并基本上获得了独立的地位，而且因为与“民主”直接挂上了钩而披上了一层神圣的色彩。相较而言，过去无所不能的行政权开始受到了立法权的有力制约，而且这种制约有逐渐加强的趋势。尽管《香港特别行政区基本法》肯定并沿袭了港督时代的行政权主导体制，但是近年来发生的几次“政改”和“普选”纷争告诉人们，行政权对香港体制的主导能力的确已经受到了很大的削弱，“泛民主派”在立法会平台上的扰动能量已经在很大程度上牵制了行政长官和行政机构的各项重大作为。香港的体制再也不是过去那个以“合”为特点的政治集权模式了。虽然它也并没有瓦解成一个以“分”为特点的政治分权模式，但是在国际国内各种政治力量的角力之下，香港体制已经暂时均衡成了一个“半分半合”的“行政集权—立法分权”模式。

然而这并不是香港问题的最后方案。2007 年 12 月，在一片扰攘声中，全国人大常委会就香港的“双普选”问题做出了最后的决定。从某种意义上说，这个决定基本上奠定了未来相当长一段时间内香港政治模式的基石，同时也为香港这个独特的“行政集权—立法分权”模式写下了一个注脚。按照全国人大常委会的《决定》，香港特别行政区行政长官在 2017 年可以由全体香港市民普选。如此看来，香港特首实现普选的日子将很快到来。然而值得注意的是，在特首的提名方法上，《决定》却耐人寻味地排除了西方民主政治体制中最为常见的政党提名方式，而是规定将由一个提名委员会统一提名，待产生若干名候选人后再交付市民选举。这种“奇怪”的提名方式可能会让一些“民主”人士觉得十分不过瘾。然而结合台湾近年来的党争现实来看，或许恰恰是这样的一种统一的提名方式才有助于减少整个香港社会在特首的选举问题上产生重大分歧甚至是断裂的风险，从而有效地防止香港社会由于受到两个以上势均力敌的政治力量的操纵撕扯而跌入一场台湾式的分裂当中。可以想象的是,用这样的方式提名并普选产生的特首,仍然应该是一种社会共识的产物,而不是社会分裂的产物。因为这样的一种选举在提名的环节就已经决定了所有可能进入普选环节的候选人都必须是提名委员会的共识产物。即便如此,这样的一种安排也将赋予特首空前的民意代表性。1997 年以来一直采用选举委员会选举的特首尽管也具备了一定的民意代表性,但是这种民主归根结底还是一种精英之间的民主。在今天立法会选举不断平民化的香港,特首选举如果再不从精英民主的象牙塔中走下来并增强自己的草根性,特首在道义上将越来越难以与挟民意而行的立法会相抗衡,而不管他在法律上拥有多么广泛的权力。2017 年的香港特首普选虽然首先还是一种精英民主,但是这种精英民主将通过市民普选而接受平民民主的严格检验和终极矫正。它将赋予特首前所未有的民意基础,从而令行政主导体制在香港社会获得重生。就我个人的判断而言,这一看似折中妥协的创新体制其实成功的几率很高。因为新加坡的政治实践已经证明,将精英民主与平民民主进行有效结合会是一条不错的路子。

然而香港的立法会普选将会是一次机遇与风险并存的挑战。按照全国人大常委会的《决定》,在 2017 年香港特区行政长官实现普选之后,香港特区立法会的全部议员也将实行普选。这意味着沿袭多年的功能界别议席将全部取消,所有议员的选举将向各政党、社会团体和个人开放。可以预期的是,一旦立法会实现全面普选,将有可能在香港第一次实现一种比较纯粹的平民民主。然而对于香港这样一个功能特色十分鲜明的城市来讲,取消功能界别议席在有利于增强民主的广泛性的同时,是不是也存在着削弱特定功能界别在香港政治生活中的分量进而削弱香港城市功能特色的可能性?

当然这并不是我提到的所谓风险的主要原因。我真正担心的是:在整个香港社会关于民主法治和国家认同的共识还尚未稳定成型的情况下,这样的一种西方式的选举体制会不会为各种政治力量乃至于隐藏在它们背后的各种国际政治势力的合纵连横与攻防较量提供了一个最合适也是最糟糕的舞台?香港社会有没有可能像台湾社会那样由于受到两种互不妥协的力量的巨大拉扯而陷入可怕的断裂?如果我没有看错的话,尽管香港立法会的表现还没有达到台湾“立法院”前些年那种登峰造极的水平,但是自从开放立法会选举以来,那种为了反对而反对、为了反对而存在的反常表现也早已在香港社会登堂入室甚久,招摇过市多年。这些年来香港颇有些长于闹场的先生当选立法会议员,成为香港政坛一“景”。当初这些先生为了搏出位而以“造反”的作派来吸引眼球,倒也没什么奇怪。可是这些人当上议员之后却仍然不改其“造反派”的本色,甚至宣称自己除了反对政府之外什么都不会,这就有点奇怪了。也许有人要问:“如此没有责任担当的人为什么还能当选,甚至是高票当选?香港人是不是疯了?”香港人当然没有疯。在香港的这场民主政治实践中,人们的确不能忽略这样的一种正常心理:在面对一个长期管制香港社会方方面面的威权体制时,人们的确有可能倾向于默许甚至纵容一种新生的反对力量去冲击这个体制,以期达到某种程度上的制衡。正是这种心理的存在才为那些喜欢“大鸣大放”的“造反派”们提供了一定的生存空间。只不过人们必须要记住的是,这种以反对为天职的力量是一把真正的双刃剑,因为它之所以存在和生长的根本原因就是为了反对。尽管由于敢对威权体制说“不”而为自己披上了一件民主的神圣外衣,但是这种力量的性质决定了它天生就缺乏一种对社会的责任和担当。因此在本质上它只是一种解构的力量，而不是一种建构的力量。过去这些年来，民进党已经在台湾用它在野与在朝时截然相反的糟糕表现为这个判断做了最好的注脚。那么今天的香港呢？作为一个比新加坡大一点，又比台湾地区小很多的城市，香港有没有足够的资本来消费这种代价高昂的政治盛宴？我不想提出更多的疑问了，在此祝香港好运。

现在如果我们用前文的两个基本判断来衡量香港的实践的话，可以肯定的是，香港社会同样也用自己的方式在政治领域完成了一场契约革命。通过选举的逐步普及，香港市民正在逐步拥有一种与政府订约并制约政府的可靠能力。但是香港社会在"向心力"的命题上走了一条介于台湾和新加坡之间的道路。通过各种机制的设计，香港社会既有效地维持了行政权上的政治向心力，同时又开放了立法权平台上的政党竞争。这种独特的体制目前还处于演化的过程中，需要我们进一步予以观察。

三个案例的综合考察

这就是三个华人社会风格迥异的政治实践。在中西文明的冲撞与交融中，这三个案例分别用自己的方式为我们展示了关于民主法治在现代华人社会的三种可能性。三个案例的共同点在于无一例外地在自己的体制中引入了民主法治的要素，力图使人民获得与政府订立契约的能力。而这一点恰恰是中国文明传统几千年来所一直严重匮乏的，也是今天中国人必须予以补足的。三个案例的不同点在于它们在实践民主法治的方法上有着很大的差别。中国台湾地区基本上照搬了西方社会最为常见的政党政治与分权制衡的标准模式，试图通过不同政党之间的分立制衡来达到监督执政者的目的。这大概可以称为一种以"分"为主导价值的模式。新加坡则是通过各种体制内和体制外的方法实际上排斥了多种政治力量之间的均等制衡,却又刻意保留了弱势在野党对强势执政党的必要监督和刺激,以期通过民主选举的终极约束有效地保证长期执政党能够真正做到聆听民意。这大概可以称得上是一种以“合”为主导价值的模式了。而香港模式似乎介于台湾模式与新加坡模式之间。在占主导地位的行政权方面,中国香港基本上排除了政党制衡模式,但是在同样不可小视的立法权方面却又基本上采取了西方式的政党制衡模式。这两者的组合构成了独特的香港模式。这样的一个模式的主导价值大概可以表述为“半分半合”吧。当然需要说明的是,我们这里所讲的“分”与“合”都是相对的,因为哪怕是新加坡也并未排斥少数派的监督作用以及平民民主的终极约束。这说明在现代社会条件下,任何一种企图获得成功的体制都必须自觉接受民主的最终考验,而不是选择逃避。这正是本书前文所说的“契约革命”的真正意义所在。当然通过比较我们仍然可以看到,在继承中华文明传统方面(尽管这种继承有时候可能是无意识的),这三种模式之间的确具有某种实质性的区别。总体而言,新加坡的体制基本上具备了一种政治向心力及其所指向的一个坚强的政治领导核心,从而最大限度地排除了离心力因素对于整个社会的无端消耗。实践证明这个体制的运作基本上是稳定、有序和高效的。而台湾地区的体制显然并不具备这种政治向心力和政治领导核心,从而使得台湾社会十几年来一直承受着离心力作用的巨大折磨。香港地区的体制则介乎新加坡和台湾地区之间,它的向心力和离心力基本上是同时并存的。虽然香港地区体制的离心力并不像台湾地区那样基本处于失控状态,但是它的向心力也因此受到了巨大的牵制而难以做出重大作为。现在我们不妨也来分析一下作为“亚洲四小龙”

中的这三条龙近几十年来的经济表现,以验证一下以上的判断。我们截取两个有代表性的横断面来进行考察。第一个断面设定为1980～1987年间。这个时段的“三条小龙”经济都已经起飞,而且均处于威权体制时期。台湾是蒋经国,新加坡李光耀,而香港是从麦理浩到卫奕信历经四任总督,那段时间里中国台湾地区的年均经济增长率8.2%,年均出口增长率16.3%,1987年出口总额为537亿美元,三项主要指标均高居“四小龙”榜首。而同时期的新加坡年均经济增长率6.5%,年均出口增加率9.2%,1987年出口总额为287亿美元,三样指标均在“四小龙”中叨陪末座。在失业率方面,1987年中国香港为1.7%,表现最好,而中国台湾地区为2.0%,排名第二,新加坡则高达4.7%,还是倒数第一。综合以上四项指标,中国台湾地区三项第一,一项第二,堪称“四小龙”之首。新加坡则是四项指标垫底,算是当之无愧的龙尾了。而中国香港的表现算是居中。第二个断面设定为2000～2007年间。这是距离我们最近的一个时期,而在台湾地区则正是绿色执政的8年。在这段时期内,新加坡年均经济增长率5.7%、年均出口增长率12.7%,2007年人均GDP 35,163美元,失业率1.6%,四项指标均在“四小龙”中遥遥领先。而中国台湾地区年均经济增长率4.1%,2007年人均GDP 16,790美元、失业率3.8%,三项指标在“四小龙”中全部垫底,要不是以年均出口增长率9%险胜中国香港的8.9%,中国台湾地区恐怕得连吞四蛋了。可以说,这段时期新加坡应该是当之无愧的龙首,中国台湾地区则成了毋庸置疑的龙尾巴,而中国香港的表现还是居中。究竟是哪一种上层建筑更加适应经济基础的需要,这些数据可以帮助我们做出判断。我相信这是体制间长期历史竞争的结果,只怕没有什么侥幸可言。

需要特别说明的是,最近台湾的体制正面临着变化的契机,从而也为我们的观察提供了一个新窗口。今天是公元2008年4月26日。一个月前,台湾终于在又一次的蓝绿对决中选出了自己的新一届地区领导人。蓝营继去年"立法院"选举获得四分之三绝对多数之后,又在地区领导人的选举中获得决定性的胜利,从而全盘掌握了台湾的执政资源,绿营则基本上输得精光。狂喜之中许多人声称,经过两次政党轮替,台湾的"两党制民主"终于开始走向"成熟"了。对此我并不以为然。其实我也相信比起过去的八年时间,台湾在未来的四年甚至八年时间里应该会相对稳定。然而在我的理解中,这恐怕并不代表着台湾的"两党制民主"已经成功或者成熟,相反有可能是"两党制民主"正在走向衰微的结果。现在人们之所以会产生"稳定的四年"的预期,完全是因为这次台湾人民将全部的权力都交给了国民党集中运用,而民进党则丢掉了几乎所有可供依托的抗衡平台,暂时没有能量在台湾政坛兴风作浪了。换句话说,台湾的稳定有序并不是两个均等的政治力量之间相互制衡的结果,而是一党独大与另一党隐性制约之间的奇怪均衡。而且台湾社会要想继续稳定有序下去,这种格局恐怕还得继续延续并巩固下去。反过来假设一下。如果这次民进党在"行政"和"立法"这两大平台中的任何一个平台站住脚跟,我们完全可以想象过去八年分裂与攻讦的闹剧一定还会继续上演,而且只怕还会愈演愈烈。可以进一步想象的是,只要民进党的"台独"意识形态没有彻底改变,若干年后它若是卷土重来,那一定将是台湾的又一次灾难。那时的台湾就真的有可能跌入历史上"朋党之争"那样翻来覆去"烙大饼"式的煎熬之中了。再退一步讲,即便以目前的政治力量对比来看,蓝绿之间的较量恐怕也不见得能够如此轻巧地收场。虽然蓝营目前在台湾政坛上似乎占据了较大的优势,但是只要这种分立抗衡的政治架构存在,台湾的日子就注定不会十分太平。因为另一个政治力量之所存在的“天职”就是挑起对抗和竞争。而且在这样一个具有激发矛盾的自然倾向的政治架构下,少数派的政治扰动能量相信会远远地超出它显性的政治能量。这大概就是所谓的“少数暴力”吧。因此究竟台湾问题的下回将会如何分解,人们不妨走着瞧。

台湾问题的确提醒人们认真地思考:台湾今天的政治现实究竟是两党制民主的成功,还是“两党制民主”的衰微?在台湾这样一块具备中国传统文化意识和中国传统社会结构的土壤上,究竟是维持两个各自代表一部分民意的“分立式”政党好呢,还是维持一个对全体人民负责的“全民性”政党更为合适?台湾人民已经在用自己的实践慢慢地解答着这个问题,相信历史最终会告诉他们一个均衡的答案。而放在中国问题的语境下,这个问题实际上也可以表述为:全民各有利益代表等同于全民利益有代表吗?西方的经典理论告诉人们,一个政党只能代表一部分集团的利益,因此一个社会需要多个政党并立。只要能够保证这个社会的所有集团基本上都拥有自己的利益代言人,那么通过这些代言人之间的利益博弈和妥协,大家的利益就都能得到较好的保障。然而这个经典理论到目前为止还没有被证明可以在中国式的社会中成功实践。尽管这一舶来的理论中包含了权力制衡的普适真理,然而由于实现方式上的不适配,粗暴推行这个理论就等于将真理向着谬误的方向踹上一脚。与具有悠久的契约文明传统的西方社会截然不同的是,华人社会的文明传统和社会结构具有十分强烈的多元统一的特征。这样的社会如果没有一个统揽全局的全民性政党,那么作为一个不可分割整体的"全民利益"就很难找到一个合适的、在任何情况下都不离不弃的代表者。可以这样说,在一个中国式的社会里,全民各有利益代表并不等于全民利益有代表。一旦全民利益缺乏代表者,那么社会的各个部分在离心力的撕扯下最终也很难实现自己的局部利益。台湾的蓝绿阵营过去多年来两军对垒的零和游戏已经证实了这一点。而如果台湾在吃足苦头之后,真的需要寻找到这样的一个全民利益代表者的话,那么也算是曾在台湾一隅统揽全局、长期执政的国民党的先天禀赋似乎总要比那"只要本地的草,不要外省的苗"的民进党合适一点吧。在个人的判断里,这也许才是2008年选举蓝营之所以得以大胜的决定性因素之一。

如果前文的论述基本上能够成立的话,那么是不是可以这样说:作为中华文明传统大本营的中国大陆要想真正完成一场中国式的契约革命,也应该维持这样的一种政治向心力以及这种向心力所指向的一个政治领导核心。这个判断应该成为我们探讨中国法治模式及一切相关问题的共识前提。只有这样,本书接下来关于中国法治模式的具体探讨和想象才能递次展开并获得它们的意义,否则一切都不免归于空谈。而要在这样一个拥有5000年文明史、960万平方公里幅员、56个民族和13亿人口的超大型国家中维持这样的一种政治向心力,这个政治领导核心就必须具有更为强大的组织性和纪律性,具有更为远大的理想,更为博大的胸怀和更为强韧的包容性。在我们的理想中,它不仅应该代表着先进生产力的发展要求,代表着先进文化的前进方向,更为重要的是,它应该胸怀天下,包容多元,统揽全局,协调各方,代表着最广大人民群众的根本利益。

明星村的“合”与“分”

尽管三个华人社会由于具备了中华文明传统的土壤特性而为我们判断中国未来的路径选择提供了很有价值的镜鉴,然而相比起中国内地而言,这三个社会毕竟还有一定的特殊性,尤其是近现代以来的殖民地历史。[1] 因此,倘若我们终究没能在中国内地寻找到一些有说服力的本土案例,本书的立论就难免会在不必要的争论中打上一点折扣。

那么,究竟应该如何寻找本土案例呢?正如前文所述,要想成为一个有意义的观察样本,就必须满足相对独立性和较长时间段这两个不可或缺的标准。由于历史的原因,三个华人社会事实上在中国内地体制的控制力之外独立运行了数十年,没有受到过多的外来变量干扰,因此具备了较强的样本性。相比之下,近年来内地许多地方尽管也逐步开始了各种体制改革的实践探索,比如公推公选、公推直选、代表常任制或全委会职能改革等等,然而实事求是地说,这些实践除了时间尚短之外,毕竟还受制于政治体制大框架的约束。这就使得这些小环境内的探索注定难以排除来自于大环境的干扰而构成一个长期独立的政治生态,致使其样本观察意义大打折扣。从这个意义上说,中国虽大,样本难寻。

然而这一切并不足以让我们绝望。某年某月的某一天,一个偶然的机会让我来到了江苏常熟一个著名的明星村——蒋巷村开展

---

〔1〕 据说曾有一位“民主先生”断言,中国那么大,必需三百年殖民地才会变成今天香港那样。而且三百年够不够,他还很怀疑。换言之,这位先生的意思是唯有殖民地的历史烙印才可以让中国人搞成民主法治,比如香港、台湾就搞得很不错。在下无意与这位先生辩论,只不过顺便提醒一下,前文关于三个华人社会的案例分析事实上已经告诉我们:即便是经过了一百多年的殖民地历史,三个华人社会依然摆脱不了“政治向心力”的深刻影响。可见在五千年文明的历史惯性面前,一百年或是三百年的颠倒,无论如何也不过是巨树之下的蜉蚁,车轮之前的螳臂。指望殖民地救中国,不过是一群历史无知者的呓语。

调研。当我站在蒋巷村的土地上,听着蒋巷村令人尊敬的带头人常德盛先生为我们介绍蒋巷村奋斗发展史的那一刻,我突然间意识到自己错了。这么多年来,我一直把观察的目光锁定在了霓虹闪烁的城市,却熟视无睹地错过了一个十分重要的本土案例——农村。是的,农村,中国最纯粹和最根本的土壤,数千年来生我养我的母亲。与它相比,中国的工业化与城市化至今不过短短数十载。在对中国性格的塑造上,工业生产方式和城市生活方式根本就无法与绵延数千年的农业生产方式和农村生活方式相提并论。倘若武断一点,我们甚至可以说:农村土壤就是中国土壤,农民性格就是中国性格。而且更为重要的是,与受到政治权力直接控制的城市社会相比,农村社会基本上还是一个自治社会。关于这一点我们这些后人倒是可以乘点荫凉。因为费孝通老先生几十年前就已经在他的《乡土中国》和《皇权与绅权》中说清楚了:中国农村社会就是一个“乡绅自治社会”。几千年来,中国一直就是一个由无数零散的农村社会直接聚合起来的大一统国家。这个国家是如此之大,其农村又是如此之多,导致国家权力无法对农村社会实施直接而持续的控制和渗透。即便历史上偶尔发生的例外介入,最后也终因控制成本的不能承受之重而被迫退出,几千年来无一例外。因此历史博弈的最终均衡是:国家权力必须依靠一个特殊的中介阶层——乡绅阶层间接控制农村社会。于是慢慢地,中国农村在事实上进化成为一个个零散的自治社会。只要没有出现乱臣贼子,又没忘了交皇粮,国家权力对于这些自治社会的内部生态基本上是不太过问的。设身处地地替那些皇上们想想吧:以中国村庄规模之小,只要不让它们有机会横向联合起来,就算让它自治又能如何?难道还怕它反了不成?

中国农村的自治特性在很大程度上延续到了今天。几十年前,当中国革命胜利的曙光初现的时候,中国共产党做出了将党的工作重心从农村转移到城市的战略决定。这一决定意味着中国从此走上一个全新的现代化发展道路,同时也意味着辛辛苦苦包围城市几十年的中国农村在将自己最优秀的子女送进城市之后,又重新回到过去的那种自治状态之中,日出而作,日落而息,含辛茹苦,默默无闻。然而也正因如此,农村社会却在无意中具备了我们前文所希望的那种"样本性"。对于一位观察者来说,中国的每个村庄都堪称一个独立的样本,而每个样本就是一个独立的政治小生态。完全有理由相信,在这些相对独立的政治小生态内部,各种偶然性因素多年来相互作用与相互耦合,最后所形成的某种稳定的微观政治结构,必然会对我们思考中国宏观结构问题提供十分有价值的镜鉴。

农村视角的突然闯入的确在我的内心打开了一扇关闭已久的大门。要知道,中国共产党的道路从来都是从农村的土地里趟出来的——过去中国革命斗争的道路正是从农村包围城市开始的,今天中国改革开放的道路也是从农村联产承包责任制开始的,难道未来中国民主法治的道路当真也要从农村的泥土里走出来吗?想到这点,的确颇有点让人激动。不过现在还有一个小问题需要解决:全中国有86万个村庄,你准备研究哪一个?

蒋巷村的调研经历启发我从明星村的研究入手。改革开放三十年,是中国城市化的三十年,也是对传统农村社会结构破坏的三十年。在工业化和城市化的引力作用下,中国农村的大量优质资源和人口纷纷通过升学、经商、打工等方式离开了乡土。大量的空心村现象表明,今天中国的多数村庄早已不再具备独立的"政治——经济——文化"三位一体的社会结构,而成为城市化运动亦步亦趋的附庸。因此,尽管全国村庄多达86万,样本的选择依然不可随意。

然而对于明星村来说,以上的问题基本上是不存在的。三十年来,这些明星村由于某种独特的机缘,得以在工业化和城市化的大潮中成功地实现自我组织。它们不仅没有被城市吸走资源和人才,反而本身成长为一个资源和人才的吸纳点,其吸引力之大甚至足以与城市分庭抗礼。[1] 因此与多数社会结构已经被打破的普通村庄相比,这些明星村的确更具独立样本的观察意义。

在中国,堪称明星村的村庄从比例上看当然很低,然而从总量上看并不算少。全国闻名的明星村,远的有“工业学大庆,农业学大寨”的山西昔阳大寨村,近的有“坐牢杀头”也要包干到户的安徽凤阳小岗村,现在则有号称“天下第一村”的江苏江阴华西村。若是各位城里人还愿意再俯下身来,当会知道,原来在我们平日熟视无睹的泥土之中,早已经悄然生长出了如此之多的小小奇迹——山东龙口南山村、江苏江阴长江村、陕西宝鸡东岭村、上海闵行九星村、山东临沂沈泉庄村、江苏张家港永联村、浙江奉化滕头村……若有必要,我们完全还可以在这里写下一连串长长的名字。经过三十年改革开放的大浪淘沙,这些从泥土深处摸爬滚打而来的“土包子们”如今实力已经不可小觑。排名靠前的华西村、南山村、长江村等“超级明星村”,其近年来的 GDP 数据竟然都在 500 亿元人民币上下。而前文提及的那个曾经登上央视《乡约》节目、人均 GDP 超过 2 万美元的蒋巷村,在所谓的全国百强村排名中尚且不能入围。中国明星村阵容之盛,实力之强,可见一斑。不过,我现在最大的兴趣是,这些明星村非同寻常的经济基础背后的那个“上层建筑”究竟是什么?

---

〔1〕 我曾经带领一批香港纪律部队精英到蒋巷村学习考察。一位学员问常德盛书记,蒋巷村的年轻人有没有出去打工的?常德盛书记斩钉截铁地回答,一个也没有,只有进来的,没有出去的,因为出去打工的收入根本就不如在村里就业收入高。这些在香港媒体上见惯了农民工春运返乡照的学员们不由惊呼起来,而在蒋巷村见惯了学员们惊呼的我却不禁莞尔。

既然我们常常叫嚷中国的经济体制改革已经受制于滞后的政治体制改革,那么反过来说,既然这些明星村的经济基础如此发达,相信其背后的上层建筑也必有其内在合理性。倘若我们能够通过近距离的观察揭示出这种合理性并总结其规律,我们就的确有理由以小见大,为探索整个中国宏观政治结构规律提供一份十分有说服力的镜鉴。

明星村的政治结构规律究竟是什么?为了回答这个问题,我先后调查研究了十几个全国性的明星村,最终得出了几条惊人一致的规律:第一,每个明星村必定有一个强有力的核心领导,俗称带头人;第二,这位带头人往往是一个政治、经济、文化、道德四位一体的全能型精英;第三,这位带头人必定是“长期执政”的;第四,一个明星村绝对不能出现两个旗鼓相当而又意见不合的带头人。总结成一条,那就是:一个明星村必须也只能有一个长期执政的全能型带头人。

这的确是一条令人惊讶的规律,但也的确是一个实事求是的结论。说起华西村,无人不知吴仁宝。这位从 1957 年开始担任华西村党支部书记的强力带头人,经过 46 年的努力,带领全村人民将一个普通的江南小村,变成一个富可敌市的超级明星村。对于像我这样一个自幼在泥土中摸爬滚打的农民子弟来说,无论天下谤誉如何与华西随行,这个事实已经足以在我的内心激起一份真诚的敬意了。吴仁宝其人,也可堪称政治、经济、文化、道德四位一体的全能型精英。46 年执政并不简单。因为这意味着文革之前是他,文革之中是他,文革之后还是他,谓其政治精英,诸位看官当可会心一笑。500 亿 GDP 也不简单,倘若说华西成名之后尚有政治资本助力,那么成名之前每个铜板都得自个儿在市场经济大潮中去挣。成败由己,生死在天，谓其经济精英，并无不当。而论文化，倘若诸位看官能到华西走走，定会发现田间地头、村头村尾，吴式语录随处可见。此情此景的确容易让人联想起当年的红宝书。不过文化稍欠的中国农民是否确实需要用他们听得懂的语言予以组织和教化，恐怕也不能一口否认。谓其文化精英，有其特定情境。再论道德，世人皆知华西家家有别墅，也略知老书记自住全村最旧老房子。记者问曰：你是做给别人看的吧？回答：就是要做给别人看。人心深似海，答问皆如此。既然我们无从知晓每个人内心的真实想法，那么还是多看看事实吧。谓其道德精英，可有意见无？

需要说明的是，此处以华西为例，全非在下偏好，盖因华西如今顶着“天下第一村”的大名，研究明星村舍他其谁？其实前述规律，所有明星村无一不是如此。诸位看官只需略作调查，便可发现明星村的故事几乎全是一个“套路”出来的：十一届三中全会的春风吹满地，村里有一个头脑聪明的年轻人在苦想：究竟应该怎样带领大伙致富呢？对，开办个加工厂。于是他把想法告诉了大伙。大伙纷纷说，你就带着我们干吧。资金东拼西凑了几千元，艰苦创业从此开始。后来，赚了一些钱，有人说分了吧。这位带头人高瞻远瞩，做了大量的思想工作，让集体资金滚动投入，继续艰苦创业。再后来，企业终于越做越大，上级终于越来越关心，荣誉也终于越来越多。而故事的结局当然是完美的大同：家家户户都住上了村里盖的别墅，开上了村里买的小汽车，有的家庭还不止一辆呢。什么教育、医疗、住房三座大山，到了咱明星村全是地里的泥丸。问问群众感谢谁？火车跑得快，全靠车头带。问问车头为了谁？个人富了不算富，集体富了才算富。

套路，全是套路。不过倘若有谁要我在这样的套路和农民工讨薪、失学儿童割猪草之间做个选择，我会毫不犹豫地选择前者。重复一遍，毫不犹豫。马克思主义教导我们，凡事要一分为二地看待。倘若批判地看，套路难免令人腻烦。倘若积极地看，套路不正是规律吗？尽管土了点，那也是规律。这个规律，是带头人之于明星村的规律，是领导核心之于农村社会的规律，也是政治向心力之于中国社会的规律。不过，现在还有一个疑问需要澄清：即便这个规律已经从正面证明了一个明星村必须有一个好的带头人，但是它的确还没有从反面证明过一个明星村不能有两个以上的带头人。俗话说得好，人多力量大。凭什么说两个带头人反而不如一个带头人好？全中国的明星村究竟有没有这样的例子，能够用事实而不是用推理告诉我们：两个和尚的确会没水喝？

确实有这样的例子。很抱歉，我必须要讲到小岗村的故事了。小岗村，中国大包干的旗帜，农村改革的先锋。1978 年冬天那份盖满 18 位农民鲜红手印的“大包干契约”，早已经将小岗村的名字刻上中国改革开放的历史丰碑。然而耐人寻味的是，就是这样的一个明星村，在随后的发展过程中却很快地落后再落后。曾经耀眼的政治光环也无法阻止小岗村坠入“一夜越过温饱线，三十年迈不过富裕坎”的宿命结局。为什么？2009 年 11 月 6 日凌晨，一位平民英雄在小岗村猝然去世，他就是沈浩，任职 6 年的小岗村党支部书记。沈浩的死在我的心里激起了很大的波澜。虽然我与他素昧平生，但是我早已经知道了他和他的难。从着手研究明星村开始，我就通过各种办法了解小岗村，也因此知道了沈浩，这个从安徽省财政厅挂职而来的普通干部。其实我一直想等自己来到小岗村实地调研的时候，当面询问他一个问题的：沈浩同志，你累吗？我当时想象着，当我询问他的时候，我一定会静静地看着他的眼睛，我甚至还能够想象得出来,当他听到这个问题之后的那声深深的叹息。然而现在这一切都不会发生了,沈浩突然用他的死,为我多年来的判断写下了一个重重的注脚,这个代价实在是太惨重了。我不需要这样的注脚,我只希望这样的一个好人还能够好好地活着。就在我写下这些文字之前,我特地打开了《沈浩日记》,把它认真读完,一直读到他的女儿汪汪用最圣洁的泪水将我淹没。现在,我想就着小岗村的故事说几句真心的话,为了平民英雄沈浩的死,为了中国未来的路。

沈浩的死,在于他的累。沈浩的累,在于小岗的"分"。

小岗村确实是够能"分"的了。当年大包干,那可是在一大二公的历史背景下公然顶风作案。还记得那份生死契约是怎么写的吗——"我们分田到户,如不成,我们干部坐牢杀头也甘心。大家社员也保证,把我们的小孩养活到十八岁"。一副视死如归的模样。事实上,当年的大包干带头人也的确承受了巨大的压力,被骂,被关,甚至被打,然而小岗最后还是分了。有人说小岗村成为改革开放的先锋纯属历史的偶然,我颇不以为然。如果说村庄亦有性格的话,那么小岗村大概便是全中国"分"之性格最为强烈的村庄了。[1] 1978 年的中国,在经历了一场泯灭一切私利与个性的浩劫之后,历史的钟摆正在酝酿着从"合"的极端向"分"的另一端急剧摆动的能量,就在这历史的当口,小岗村恰好以它义无反顾的"分"充当了这一场反摆运动的急先锋。从这个意义上说,小岗村当年的脱颖而出,不能说不是一种历史的必然。然而正所谓成也萧何败也萧何,当年这一个义无反顾的"分"字成就了小岗的历史,如今这一个无可

---

〔1〕 小岗村如此性格相信自有其历史的由来。小岗地处凤阳,凤阳地处淮北,而淮北自古多流民,这一点或许会对小岗的性格产生潜在的影响。有人谓之流民文化,易分难合。是否如此,吾不甚深知。不过至少地球人都知道,著名的凤阳花鼓歌其实就是乞丐歌。而当年明明 20 户小岗人却只有 18 户成为大包干带头人,剩下的那 2 户就是出门要饭去了。

救药的"分"字也在葬送小岗的未来。分田到户,不过是解放了小农经济的生产力。以中国的人均土地占有,这一次解放充其量只是解决一个温饱的问题。要想走向富裕,就必须将分散的土地重新集约利用起来,走工业化与合作化的道路,一个字——"合"。小岗人真的不知道啊,当历史的钟摆触摸到"分"的极端之后,终归还是要重新回摆的,而且要一直回摆到稳定于那个"有分有合"的均衡点为止。作为一个"分"字当头的小小村庄,[1]是历史将它送上了荣誉的巅峰,也是历史将它抛下了失望的深谷。记得在2008年纪念改革开放三十周年的时候,曾有一位大包干带头人面对电视镜头说了一句大实话:"你知道当年小岗为什么要分田到户吗?一句话,不团结啊!"真可谓一语道破天机,这样的一个小岗村的确是谈不上团结的。人家明星村也就一位带头人,这边小岗村却要多达十八位(现如今健在的还有十二位)。而这十八位带头人之中,偏偏又有两位旗鼓相当的主要带头人。偏偏这两位旗鼓相当的主要带头人,对于如何发展小岗经济意见就是不合。其中恩怨,彼此自知。俗话说,一山不容二虎。自大包干伊始,这两位全国闻名的大包干带头人便是你方唱罢我便登场地"轮流执政"。至于政见,不用说,自然也是你若赞成我便反对,我若反对你便赞成。倘若此事搬到美利坚,岂非两党制呼之欲出?然而此事落在小岗村,穷尽三十年之功,终于也是只见扯皮,不见制衡。最后,日渐衰微的小岗村终于发现自己再也选不出能够摆平两边的本土领导了,于是开始了"外来户"的挂职,这便是沈浩故事的由来了。其实沈浩并非第一个,而是第四个。前面三个,全都是任满便闪:惹不起难道还躲不起吗?偏偏这个沈

---

〔1〕 2007年6月30日,大雨,沈浩在日记中写道:"可恼的是小岗人'分'的意识太强。即使为他们好,要想实施却非常困难。面对这一矛盾该如何处理呢?"

浩,非要出死力地干活。哪怕小岗村迎接他的,不是鲜花,而是拳头。此事谈起来似乎是个奇闻:一个上级部门派来挂职的一把手,居然在小岗村被人打了几次,甚至被打得躺进了医院。即便是在万恶的旧社会,人们恐怕也要斗胆问上一句:这还有王法吗?可是在小岗,这等破事居然最后也不甚了了。小岗村的邪气到了何等地步(沈浩日记语),由此可见一斑。然而正是在这样的恶劣条件下,沈浩用他的行动、他的真诚和他的生命,努力地在四分五裂的小岗村搭起一座弥合断裂的桥梁。三年之后,当沈浩即将任满回城时,小岗人终于体会到了一个真正的领导核心对于小岗村的极端重要性。于是历史性的一刻再次重现:二十八年前摁下红手印签署了大包干契约的小岗人,再次摁下红手印签署了一份请愿书,请求上级让沈浩留任三年。而正是这三年,最后夺去了沈浩的生命。多么奇幻而意味深长的两次红手印啊——第一次红手印,小岗人要的是一份分田到户的包干契约,第二次红手印,小岗人盼的却是一个凝聚合力的领导核心。两次红手印,两个基本判断,这是历史的巧合,还是历史的定见?

沈浩已经去了,在断裂的两岸肆意的对峙和差动之中,这座苦苦支撑了六年的桥梁终于用猝然逝去的方式轰然垮塌,垮塌在了小岗村人的面前,垮塌在了全国人民的心里,垮塌在了我们寻找中国未来之路的途中。死者长已矣,存者且偷生。倘若我们最终能够因此明白某些早就应该明白的道理,那么沈浩的死,才是值得的。

第三节 中西文明交融中的中国法治

在直接面对中国未来的法治模式之前,我们首先通过中西文明传统的比较分析总结出了中国法治应该遵循的两个似乎完全相反的基本判断——“契约革命”与“政治向心力”。从某种意义上说,前者代表了我们应该向西方文明学习的核心要素,而后者则代表了我们应该从中华文明中继承的核心要素。或者可以说,这两个基本判断之间的关系应该就是本书所一再提到的所谓“种子”与“土壤”的关系。接下来,为了验证这样的两个基本判断是否真的有可能得以融合,本书按照一定的标准遴选了三个华人社会的实践案例予以剖析。结果我们发现一个基本的“光谱”:越是将这两个基本判断结合得好的案例,其政治实践似乎就越趋向成功,而越是没有将这两个基本判断结合起来的案例,其政治实践似乎就越趋向失败。至少从它们目前的竞争力表现上来看应该是如此。现在,让我们一起回到本书序言中所提出那个问题上来:在中华文明传统的土壤上,中国究竟应该如何建构起一个属于自己的法治模式?或者更具体地说,中国究竟应该如何在维持政治向心力的条件下完成一场自下而上的契约革命?

回答这个问题的关键在于这样的一个法治模式必须向人们展示自己在维护一种政治向心力的同时拥有一种可靠的制约政治向心力滥用的制度能力。在前文的三个案例中,新加坡模式已经用自己的实践向人们展示了一种可能性,而香港模式似乎也具备了某种可能性。那么是不是意味着中国只要简单照搬新加坡或香港的经验就可以了呢?本书的答案当然是否定的。尽管拥有相同的文明传统,然而中国的国情毕竟与新加坡和中国香港相差甚远。新加坡和中国香港都是一个城市型社会,它们的人口绝对量很小,人口成分和人口素质也相对均质化。这样的社会在进行制度安排的时候,根本不像中国那样时刻面临着层级庞杂的中央与地方关系,也不像中国那样必须小心处理错综复杂的中心与边缘关系,更不像中国那样作为一个崛起中的大国时刻都必须面对的凶险严苛的国际环境。因此新加坡和中国香港目前所采用的那种政党竞争以及选举式民主(尽管已经进行了一定的改造和变异)对于中国而言恐怕并不全然适用,否则中国完全有可能陷入某种失控甚至是分裂的危险之中。关于这一点本书将在随后的论述中予以详细剖析。中国当然也无须学习新加坡人民行动党对待反对党的那些体制外的办法,因为一个泱泱大国的执政党显然应该表现得更加的磊落与坦荡。作为一个小国,新加坡似乎并没有能力(当然也有可能并不准备这么做)将自己独特的政治实践上升为一种有说服力的政治理论,但是作为一个拥有13亿人口的大国,中国应该有能力为自己寻找到一个理想的法治模式并最终完成它的理论准备。

这是一个需要集千万人智慧的浩大工程。我不相信本书已经具备了这样的一种能力,能够在这里为中国的未来描绘出一个详尽的蓝图。政治毕竟是一门实践的艺术,书斋中的理论想象无法完全替代实践中的真实博弈。只是既然我们已经迈出了第一步,那么也不妨试探性地迈出第二步。不积跬步,无以至千里。无论多么浩大的工程,总是需要有人抛出第一块砖头的。而就个人的认识而言,要想在中国这样一个幅员如此辽阔,民族如此众多,多样性如此复杂,地方层级如此多元的国家中实现对政治领导核心的有效制约,需要我们同时建构自上而下与自下而上的双重制度约束。

监督权:一种自上而下的制度约束

先来谈谈自上而下的自我约束问题。一个具备政治向心力的体制由于常年缺乏外部反对力量的制约,最可能出现的危险首先就是体制内的腐败,尤其是在行政层级比较多的中央集权国家里。因此在这样的条件下,一种自上而下的内部约束就显得十分必要。这就是监督,对权力的监督。

监督,这又有什么奇怪呢?权力当然需要监督了。在西方的民主法治模式里,这只是一个常识性的问题。难道连这样的药方也称得上是中国特色?没错,这的确是个中药方,因为这里所说的并不是简单的"监督",而是指"监督权"。

西方的法治模式中有"监督",也有"监督的权力"。但是作为一种独立的权力形态,西方法治模式中并没有"监督权"。所谓"三权分立",说到底就是立法权、行政权和司法权的分立,并没有什么"监督权"。从某种意义上说,西方的法治模式并不需要什么专门的监督权,因为通过三权之间的分立制衡,国家权力已经从根本上得到了制约。在这样的一个模式中,的确看不到设立监督权的必要性。然而对于一个典型的中国式社会来讲,一个独立而强大的监督权恐怕又是十分必要的。从某种意义上讲,新加坡的贪污调查局(CPIB)和中国香港的廉政公署(ICAC)就是这样的两个十分典型的中国式监督机构。它们所承担和行使的实际上就是一种在西方社会基本上无法找到对应权力形态的"监督权"。

新加坡贪污调查局成立于英国殖民统治时期,但是权力一直很小,作用自然也就不大。1959 年人民行动党上台并为新加坡赢得自治后,立即于次年修改《反贪污法》,赋予了贪污调查局十分广泛的权力。根据《反贪污法》的规定,CPIB 既是行政机构,又是执法机构。其局长由总统任命,总理直接领导,完全不受其他任何机构和任何人的干预。一个常年在西方社会生活的人若是第一次听到贪污调查局的权力时一定会瞠目结舌。在执行公务的时候,CPIB 可以不借助任何警察和其他强力部门的力量且无须检察官的允许就可以独立行使警察的全部调查权力。不仅如此,法律还赋予 CPIB 类似于秘密警察的秘密调查权,有权实施人身跟踪并对嫌疑对象进行窃听、录音、偷拍和卧底等方法予以取证。在得到检察官的授权后,不管任何其他法律中有任何规定,CPIB 都可以武力搜查任何地方,包括任何银行的任何账目和任何保险箱,并要求任何人配合调查,违抗即为犯罪。在必要时 CPIB 更是无须逮捕证即可逮捕涉嫌贪污的任何人。这样的一个强力部门在西方分权制衡的经典理论中会是一个怪胎,甚至会被热爱自由的人描绘成一个魔鬼。因为它的权力看上去实在是有点大,似乎很容易就能侵犯到个人的权利和自由。然而实践才是检验真理的唯一标准。自从 1960 年贪污调查局变身"全能战士"以来,新加坡多年以来的腐败顽症的确得到了根本的控制和消除。殖民时代的"腐败之城"在短短的二三十年时间里摇身一变成为今天世界闻名的"廉洁之城"。而关于新加坡贪污调查局这个"魔鬼",人们听到的一向也是"秉公执法"、"高效严厉"、"令人敬畏"等赞誉之声。同时数据也显示,2000 年至 2004 年间受到贪污调查局指控的案件最后定罪率平均高达 97.28%。那种在理论上似乎很容易出现的滥用权力、侵害自由的现象并没有发生,除非谁能证明连新加坡的法院也是贪污调查局开的。

中国香港据说是学习新加坡的。20 世纪七十年代之前的香港同样腐败横行,整个警察队伍集体沉沦,甚至据说连消防员赶到火灾现场后也必须先收到事主的"开喉费"才肯打开"水喉"救火,否则宁可坐看一切烧为灰烬。而反贪机构就设在警察系统内部,显然不可能有什么作为。1974 年,被"葛柏案"深深刺痛的中国香港终于从新加坡搬来"真经",仿效 CPIB 设立了今天闻名于世的廉政公署(ICAC)。根据《总督特派廉政专员公署条例》,廉政专员由总督委派,直属于香港总督并对其负责,其他任何机构无权干涉专员工作,从而使廉政公署在体制上获得了十分独立的权威。廉政专员有权发布优于法律的命令,制定反贪政策。获得廉政专员授权的廉署人员,无须拘捕令即可拘捕涉嫌人员进行审问,有权直接调查涉嫌人员的银行账号,有权进入和搜查任何楼宇,不必讲出什么理由即可中止任何官员的工作,必要时可以使用武力。廉政公署的设立对香港腐败的遏制起到了立竿见影的作用。尽管 1978 年的警廉冲突最后还是以总督特赦令的方式予以妥协平息,但是香港警察看似不可救药的腐败之风也从此被彻底扭转,香港迅速成为了亚洲的“廉洁之都”。而 1997 年回归祖国之后,ICAC 的工作效率更是有增无减。在 1997 年透明国际发布的全球廉洁指数排名中,中国香港排名全球第 18 位,2007 年则上升为全球第 14 位,在亚洲地区中更是排名第 2,仅次于新加坡。2007 年底香港的一项民意调查显示,73.8% 的香港市民认为廉署的反贪工作十分有效或有效,认同度为十年来最高,而 98.5% 的香港市民则表示廉署值得他们支持。一直听说香港有句口号叫“香港,胜在有 ICAC”。不过在香港廉政公署的官方网站上,我看到的这个口号却是“香港,胜在有你同 ICAC”(Hong Kong,Our advantage is you and ICAC)。我没有再去考证究竟哪句口号才是“正版”的,因为这并不要紧。不管有没有谦虚地加上个“你”,一个地区和一个体制能够将自己的核心竞争力归结到一个专司监督的机构身上,对于这个机构及其所承载的职能来讲都应该是一种莫大的信任和肯定。

从职权的设置来看,CPIB 和 ICAC 肯定是全世界反贪机构中比较另类的两个,但是从反贪的效果来看,它们无疑又是比较成功的两个。在我的理解中,这两个机构最大的共同特点就在于:它们都是一个集权体制背景下的产物,为了能够充分对抗因为集权而可能产生的腐败弊端，这个体制自我催生了这样一个垂直独立、权力强大且专司监督的监督机构。新加坡和中国香港的实践证明，只有这样的机构才足以承担为这个体制提供反面约束的重任。

这就是所谓的监督权。在一个西方式的社会中，由于国家权力已经用它们的习惯方式实现了分权与制衡，因此没有必要再去塑造这样一个多余的监督权。然而在一个中国式的社会中，由于存在着深厚的集权传统，人们往往会围绕政治领导核心构筑起一个强大的集权体制。因此要想直接有效地控制集权的滥用，唯有塑造出这样一个同样强大的监督权与前者如影随形，方可达致相反相成的理想境界。世间万物相生相克，情花之侧必有断肠草，集权的卧榻旁也必然会有监督权。如果我们将这个问题放在一个长段历史的视野下观察，就会发现这种对称和均衡其实是十分自然和十分必然的。从这个意义上说，这个所谓的“监督权”其实也不是新加坡和香港的什么原创发明，而是有着十分悠久的历史渊源。它就是在中国历史上具有十分重要地位的御史监察制度。

严格说来，中国古代的监察制度应该包括两个部分，其一是力图制约皇权的言官谏诤制度，其二就是意在纠弹百官的御史监察制度。由于前者基本上是在完成一项不可能完成的任务，因此除非遇到唐太宗这样善于纳谏的君主，否则其在体制中的实质意义确实远不如后者来的实际、稳定和重要。也许正因如此，台谏两套系统在历史上往往会出现职能混同，某些朝代甚至干脆合二为一，将言官系统并入御史系统。因此在这里我们不妨也用御史监察制度统称之。典型意义的御史监察制度开创于秦代，在时间上与中国大一统集权体制的诞生是完全同步的，比如当时秦始皇手下最大的三个官就分别是“丞相”、“太尉（管军事的）”和“御史大夫”。可见这监察制度即便不算集权体制的孪生兄弟,至少也算是它的一根肋骨了。在随后的两千多年时间里,御史监察制度一直是中华帝国体制的支柱之一。虽然它的机构名称和具体设置在不同的朝代往往会呈现出不同的样态,比如秦朝叫御史府,唐朝叫御史台,明朝叫都察院,但是它的基本职能地位却是两千年如一日的稳定,那就是作为一个专司监督的机构垂直隶属于帝国的最高统治者,独立于行政体系之外并强力监督之。中国古代历朝历代的御史长官地位都很高,且往往与行政长官、军事长官三足鼎立。比如汉光武帝建武元年,拜御史中丞,"特诏御史中丞与司隶校尉、尚书令会同并专席而坐。故京师号曰'三独坐'。"(《后汉书》卷27)除了御史台的长官外,监察御史们的品级往往很低,也没有什么行政权能,却拥有十分自由和强大的监察权和弹劾权,其锋镝所向,即便当朝宰相也要惧其三分。[1]御史的所有这些特点我们今天仍然可以从CPIB和ICAC的身上看到几分,因此倘若有人说它们之间没有任何的历史渊源关系,恐怕我是不相信的。

上个世纪初,孙中山先生以西方的"三权分立"理论为蓝本,提出了他自己的"五权宪法"构想。那两个额外加上去的"权"就完全属于中式范畴。一个是从古代科举制度中汲取灵感的"考试权",另一个就是与古代御史监察制度一脉相承的"监察权"。这个孙中山所称的"破天荒的政体"在后来的中华民国宪法中也得到了一定的反映,其基本架构在今天的台湾社会也还有存在。然而从某种意义

---

〔1〕 中国古代历史上四五品甚至七八品的小御史弹劾当朝一品大员的案例可谓举不胜举。比如唐代御史韦仁约就曾弹劾当朝宰相——右仆射褚遂良抑价贱买人家的房地产,导致褚遂良被贬为同州刺史。后来褚遂良官复原职,借机打击报复,将韦仁约贬去当小县令。有人安慰韦仁约,韦仁约回答道:"仆狂鄙之性,假以雄权,而触物便发。丈夫当正色之地,必明目张胆然,不能碌碌为保妻子也。"(《唐语林》卷3)"狂鄙之性,假以雄权,触物便发",韦仁约的这句话算是道出了御史制度的奥秘所在。

上讲,所谓的“五权宪法”似乎有将中西元素进行拼凑的嫌疑。由于台湾同时引入了西方式的分权体制,整个体制的重心不自觉地向“三权分立”的架构倾斜,导致所谓的“监察权”得不到真正的施展空间,最后只能沦为台湾体制中一块食之无肉,弃之可惜的鸡肋,被人称为“纸老虎”(“考试院”则被台湾人称为“睡美人”)。2004 年 12 月,陈水扁草草提名了一彪监察院监委人选,结果遭到蓝营控制的立法院抵制,拒不行使同意权。陈水扁何许人也,当然也拒不重新提名,监察院因此停摆数年,案件堆积如山。这就是本应垂直独立的中国式监督权被西方式分权体制(尤其是“两党体制”)直接车裂的典型案例。到了 2006 年底,台湾当局又想推荐叶菊兰担任所谓“监察院”院长,不料叶菊兰一口回绝,称监察院是毫无用处的“蚊子馆”,根本就应该裁撤掉。这些年来台湾政坛贪腐横行,然而西方式的分权体制基本上无法实施有效的制衡功能,中国式的监督权也基本上发挥不了什么作用,从而暴露出了台湾体制邯郸学步的尴尬。其实我们都可以看出来,在权力的监督制衡问题上,无论是中国台湾地区还是新加坡、中国香港,都力图将西方法治与中国传统进行深度结合,在这一点上三者显然没有太大的差别。然而台湾体制的拼凑痕迹显然太重,可谓是“食古不化,食洋也不化”,最后导致了自己消化不良。而新加坡和中国香港则首先立足于相对集权的体制现实,全力打造了一个与其相对应的监督权。同时又根据现代法治原则对这个监督权进行现代化改造,从而实现了中国监察传统与西方法治制度的良好结合。其实不管是 CPIB 还是 ICAC,都不是古代御史监察制度的简单复制。无论在执行任务的时候有多么广泛的权力,CPIB 或 ICAC 仍然严格按照法律规定的程序和内容予以执行,不能越雷池一步,尤其是还要受到检控权和审判权的有力制约以及其他监督机构的监督。这显然与人治传统下允许“风闻言事”的御史监察有着本质上的区别,更不是古代特务机构锦衣卫之流所能比拟的。

那么,中国的体制又应该从中得到一个什么样的启示呢?

在我的理解中,中国也需要打造一个监督权,一个垂直、独立、集中、强大、足以与集权体制相抗衡的监督权,一个有法可依、有法必依、执法必严、违法必究、完全符合现代法治精神的监督权。中国目前履行监督职能的机构可谓是五花八门,其中综合性的纪律监察机构本已不少,各种专业性的监督机构更是不知凡几。然而若是按照本书的标准来衡量,目前似乎还没有一个机构能够称得上是这种监督权的合格载体。因为首先,这些监督机构还不够集中。集权体制是一个盘根错节的大系统,任何一个领域的问题背后,都往往有着超出该领域问题表象的综合性深层原因。因此如果监督机构不能高度集中而形成合力,显然是无法与其相抗衡的。从某种意义上说,监督机构若是顶用,可能只要一个就够了,若是不顶用,就算搞一百个那也是白搭。其次,目前这些监督机构似乎还不够垂直独立。比如根据中国目前的架构,地方各级纪律监察机构要受同级党委和上级纪律监察机构的双重领导,这种“双重领导”体制很典型地反映了改革开放以来地方自主性的伸长以及中央与地方关系在这一特定时期的一种临时均衡。但是在本文设想的架构中,这似乎还不是一种理想的均衡。因为作为监督权的执行机构,纪律监察机构的监督对象实际上就是同级党委政府。即便监督的锋芒没有指向同级党委政府的主要领导,但是由于同一体制架构内千丝万缕的关系,纪律监察机构还是很难绕开同级党委实施独立无干扰的监督的。这点在过往的许多案例中已经多有体现。有一个认识需要在这里澄清:由于根深蒂固的中央集权传统,中国的体制在国家层面已经被赋予了某种质的规定性，因此不能将地方体制简单地看作中央体制的等比例缩小版。许多在中央层面具备的特性不一定要在地方层面呈现，许多在中央层面设置的机构也不一定要在地方层面依样画葫芦地进行拷贝。在中国这样一个统一的单一制中央集权国家中，监督权的特性应该是集中统一、垂直独立的，它应该只对国家最高权力的代表者负责，而不应该被“条”和“块”所切分割裂。再次，在法治化的水平上这些监督机构似乎还需要进一步提高。现代社会的监督权应该是一种严格依法执行的国家权力，它的权威应该体现在自己的公正性和犯罪受惩处的不可避免性上，而不是依靠“睡狮猛醒”式的执法随意性以及“治乱用重典”的高压政策。我们理想中的监督权，应该是发现犯罪紧揪不放绝不妥协，面对无辜则不敢也不能越过雷池一步的监督权。CPIB 和 ICAC 的厉害主要是厉害在其惩处犯罪的高效率和执法尺度的“零容忍”上（俗称贪一元钱也是贪），而不是“痛打死老虎”的“从重从快”上（新加坡公务受贿罪的最高刑罚为 7 年，中国香港为 10 年，在透明国际全球清廉指数中排名第一的芬兰则是 4 年，刑罚都不算重）。

那么中国的监督机构究竟应该如何设置呢？中国是一个超大型的国家，行政层级多达五级。我不能确定中国的监督机构究竟需要设置多少个层级，但是我能肯定根本不需要也不能够设置成五级。作为一个垂直独立的机构，由于工作特性要求对外界相对封闭。因此层级设置一旦过多，监控不易，很容易产生系统腐败，至少会不可避免地出现自上而下信息传递失真的现象。况且如果监督机构与行政体制的关系纠缠过密，就很难保持超脱的姿态。也许正因有此顾虑，古代的御史监察系统一般都没有超过三级的。元代之前地方基本上没有固定的监察机构，而是由中央派出巡回监察机构,比如汉武帝就是将全国分为十三部,然后派出刺史对地方进行巡察,刺史直接隶属于中央的御史台,算是两级监察体制了。元代之后开始设置固定的地方监察机构,但是一般也不与地方行政区划一一对应,仍然带有巡察的特点。比如忽必烈时期除了中央御史台外,还先后设立了几个行御史台,同时在各地又设了 22 道肃政廉访司,分别隶属于御史台和行御史台。由于有两个行御史台隶属于中央御史台,所以勉强算是三级监察体制。总体而言,虽然各个朝代的监察体制各不相同,但它们都有一个共同的特点,那就是对地方的监察以巡察为主,且基本上不在府县一级设置监察机构。这是中国社会经过两千多年反复实践总结出来的规律,相信其中必有其合理性。倘若以古代信息传递条件之落后,照样可以做到巡察无误,那么以今天互联网信息传递条件之发达,还有必要将监察机构设置到如此细屑的程度吗?

冒昧谈一谈中国目前的党政关系。记得曾经听一位地方行政首长说过,他曾经不无郁闷地质问过自己的上级领导(现在此上级领导已经在一个全国著名的大案中“落马”):“为什么你要让我们这么痛,明明是一个人干的活,却让两个人来干?”他指的是中国目前地方党政首长之间在权责设置方面的某些重叠与冲突。没想到那位领导回了一句意味深长的话:“你们两个人痛,我就睡得着觉了。”这是一句典型的人治社会的权谋语言。在中国历史上这种语言并不陌生,人们通常把它称做“帝王之术”。然而如果用法治的精神来衡量,这句话就显得没什么道理。因为它将本来应该由制度架构甚至是宪政架构来承担的权力制衡重任轻率地交给了两个自然人之间的人格碰撞来完成。两个人若是都能“顾全大局”而且“脾气对路”,那么当然有可能做到“哥俩好”;两个人若是横竖对不上眼,那么一般而言就免不了要“哥俩掐”。“哥俩掐”当然不好,因为耽误的是国家的事业,伤害的是人民群众的利益。可是“哥俩好”也不一定都好啊,因为按照那位领导的意思,如果哥俩都不痛了,他就要睡不着觉了。万一那哥俩合计着把他给卖了,没准他还在替他们数钱呢。而若是依在下一个老百姓的愚见,似乎也不太喜欢这样子的“哥俩好”的,因为他们合计着把上边的领导给卖了固然不好,万一他们合计着把底下的小老百姓也给卖了那可咋办呢?所以遇到这种“哥俩好”,大家高兴的同时恐怕也总要有点睡不着觉的。如此看来,那位领导的话也是有它合理的一面的——权力是需要制衡的。

现在问题来了,如果我们不能依赖地方党政首长之间的相互制衡,那么他们之间的关系究竟应该如何摆?又应该由谁来实现对权力的制衡呢?本书的建议是:党政合一,监督独立。关于党政之间的分与合在新中国历史上多有反复,这么具体的问题一般不适合再多说什么。只是书写到这里,似乎的确需要展开这个问题,因此也只能硬着头皮说了。还好只是个人空想,哪位看官若是觉得不对,但请一笑置之。在我看来,中国体制的传统优势在于“向心力”。既然是“向心力”,顾名思义就应该围绕一个领导核心构建。如果出现“双核”现象,是不是有可能出现一些徒然的内耗?若是要寻求制衡,似乎也不应该在行政集权内部动太多的脑筋。因为行政权本身就是首长负责制,具有高度集权的特性,古今中外概莫能外。若是最后干得不好,自然有行政首长用自己的乌纱帽去问责,不用担心管不住他。因此似乎无须在干活的时候就人为地拉拉扯扯,最后谈到责任又变成推推诿诿了。另外,若不提倡党政合一,那么只要法治建设继续推行下去,行政首长应该早晚会处于主导地位。因为行政首长是人民依法选举出来的,既有法律赋予的权力,又要承担法定的责任,所以早晚是要赋予其应有的核心地位的。尽管我们的体制优势在于执政党的坚强领导,但是任何法律都不可能直接规定行政首长必须向党委首长负责。因此若是按照法治的原则办事,要想继续保证执政党对地方政权的坚强领导,并在工作中迅速贯彻执政党的意志,似乎唯有推动党政首长合二为一,通过人格的统一直接实现决策与执行、权力与责任的统一。其实作为一个执政党,通过党政合一的方法来贯彻自身的意志本来就是一件稀松平常的事,用不着脸红。新加坡人民行动党不就号称“党无处可见,党无所不在”么。据说人民行动党的中央总部只有两层楼,十几个工作人员。那么党在哪里?党就在政府里。在我的理解中,党政合一不仅为执政党在宪法和法律的框架内活动提供了一个平台,也为人民依法对长期执政党的工作实施监督提供了一个契机和平台。因为人民只要实现了对政府的监督,也就同时实现了对执政党的监督,其中合理性值得人们进一步研究。

如果能够通过塑造这样的一个领导核心来消除党政之间的相互掣肘,那么制衡的责任就不可避免地要落在监督机构的身上。无论地方的行政集权有多么的强大,一个垂直独立的监督权仍然应该足以胜任这样的制衡任务。以个人愚见,这样的一个“党政合一、监督独立”的架构若是可以付诸实践,是否有可能既发挥集权体制的优势,同时又克服集权体制的劣势?因为监督权在侧,行政集权若是依法行事,自然可以一马平川,专司监督的监督权是没有办法与其扯皮的。假如行政集权违法行事,监督权则可令其寸步难行,因为二者之间并无领导隶属关系,监督权依托法律实施监督,威力自然无穷。当然,这样的一个体制架构必须受到法治原则的严格监管,监督权和行政权各司其职,不可越过雷池一步。从而绝对避免出现监督权与行政权之间的扯皮甚至是争权夺利,最后跌入另一种“双核心”的政治困局。

顺便说一下,这里所谈的“监督权”与西方社会流行的所谓的“第四权”即媒体的“监督权”是完全不一样的。所谓媒体监督权并不是一个法律意义上的概念,它既没有法定的职权和责任,也没有法定的权力执行机构,因此不是一个法定的国家权力。将媒体的“监督权”与“立法权”、“司法权”以及“行政权”等其他“三权”并立,实属一个约定俗成的比喻。然而我们这里所讲的“监督权”却是一个法律意义上的概念,它既有法定的职权与责任,也有法定的权力执行机构。可见此“监督权”非彼“监督权”,它是一种标准的国家权力形态,与其他国家权力之间的互动关系也完全属于体制内的范畴。在我的理解中,所谓媒体监督权的本质实际上在于“公开”。阳光是最好的防腐剂,现代社会之所以要赋予媒体“无冕之王”的特殊地位,其用意就在于通过媒体无孔不入的监督察举,让国家权力运行的环境尽可能地透明化,以保证权力与权力之间、人民与权力之间的信息对称性。媒体的监督本身是不会起到任何法律上的后果的,因此它的确不是一种权力。它只是为权力的相互制约和良性运作以及人民更好地表达自己的意志提供一个公开透明的环境罢了。一个丑闻被媒体揭露而被迫引咎辞职的总统并不是慑于媒体的权力,而是慑于自己的丑闻败露后可能引发的国会弹劾和人民声讨。而这位总统之所以不敢拿出独裁的手段来对付手无寸铁的媒体,当然也是因为他受到其他国家权力和人民选票强有力的制约罢了。

否决权:一种自下而上的制度约束

假如人们真的有机会创制出这样的一个监督权,并令其与行政集权构成一种相反相成的对应关系,那么前文所担心的所谓政治向心力的滥用问题是否就能够得到彻底的解决?我虽愚钝,却一点也不敢这样认为。因为无论从理论上监督机构如何的垂直独立,但是假设有一天它忽然不高兴了(或者忽然高兴了),于是不想恪守自己的监督职责,而是选择与集权体制暗通款曲、相互包庇,人们又能如何呢?人们是否只能干瞪着眼睛,然后"布衣之怒,免冠徒跣,以头抢地尔"?多少年了,中国的小老百姓们唯一能做的似乎就只有干瞪着眼睛。他们先是干瞪着眼睛,眼巴巴地盼望着天上掉下一个青天大老爷来。但是倘若天公不作美,一不小心掉下一个混世魔王,小老百姓们也是没有办法的,还是只能干瞪着眼睛,眼巴巴地看着这个混世魔王骑在自己的头上胡作非为。我真的一点也不喜欢小老百姓干瞪着眼睛的模样,而且一天也不希望他们再这样干瞪着眼睛下去了。别人家的《大宪章》都签了快有800年时间了,为什么中国人除了干瞪眼还是只能干瞪眼?

终究还是要谈到民主的问题了。看来无论我们设计了多少自上而下的妙招,到头来还得要来解决一个如何自下而上的笨办法。

自下而上真的很重要。就个人的认识而言,我十分相信中国的体制在考察任用干部时其实都是希望能够为人民选贤舆能的。然而如果我们将体制比作一个金字塔的话,那么今天的干部选拔任用考察就好比是坐在金字塔的塔端向下打手电筒,希望能够看清楚下面的情况。但是现实是:越是往下光圈就越散漫,灯光也就越昏暗。即便我们一着急把手电筒换成了探照灯,我们依然只能照亮事物朝向塔端的正面,而无法照亮它朝向塔基的背面。理论上我们当然可以从塔端走下来,绕到考察对象的背面去看个究竟,但是实际上这种自上而下的认识路径具有一个不可克服的困难,那就是以少数人认识多数人,是无论如何也做不到信息完全对称的。因此从认识论的角度讲,如果人们真的要想看清这些事物的背面,那么唯有让塔基的无数小灯泡们也按照某种规则发起光来。只要上下一齐发光,相信可以把整个金字塔照得亮亮堂堂的。

可是究竟应该如何让这些塔基的小灯泡们发起光来呢?选举吗?这个答案似乎是最合乎逻辑的,因为西方经典理论是这么说的,西方国家的确也是这么干的。可是一谈到选举,人们的脑海里马上就会跳出那种“两军对垒,选票说话”的经典画面。而前文不是早已经提到了吗,这种方式似乎不太适合中国。本书无意于在此评价今天的村民自治委员会选举,不过作为中国目前唯一实行“海选”的民主实践活动(当然还包括居民自治),它的确为我们思考中国的民主选举问题提供了一个难得的观测点。举一个例子吧。前些日子,有一幼年时的朋友来上海拜访我。交谈之下我才知道他已经当选他们村的村主任了,不由得颇为惊讶。因为此君曾游荡江湖,声名似非最佳,不料近年生意发迹,一不小心就当上了村主任,而且居然还是选举出来的。正惊讶间,又听得他颇得意地向我吹嘘起自己的一件事迹。原来前些日子他们村所在的某级政府想征用他们村里的一块地,原先说好是要搞一个休闲广场的,后面才知道并非如此,结果村里就不答应了。正上下纠缠间,上边忽然来了“翩翩两骑”。再次交涉无果之下,“两骑”恼羞成怒:“你这个村长究竟还想不想当?”上峰发怒,搁在往日自然是雷霆霹雳。可怎料此君乃选举出身,又是无党无派一光棍,竟然顶起嘴来:“可是你们想把我弄下去,似乎需要很多张选票呢!”完了,这回轮到“两骑”干瞪眼了。武侠小说里的江湖人都爱吹牛,所以我不知道这位曾经混过江湖的村长同志有没有给这个故事添油加醋。不过这不要紧,因为我并不想评判这件事的是与非,我只不过是想通过这个例子来提醒大家进行一个关于基本架构的思考:且不论这种自下而上的民主选举有没有什么其他的问题,至少有一个最简单和最直接的后果我们必须要考虑清楚,那就是如果一个干部是由选票决定的,那么他很可能就不会再听从上级命令了。一个村如此,若是一个县呢?或者一个市?一个省?中国体制的传统优势就在于"全国一盘棋"。在今天这样一个如此复杂凶险的国际环境中实现中华民族的伟大复兴,尤其需要有这么一个统揽全局协调各方的政治核心能够将我们的国家捏成一个拳头。可是如果有一天中国真的被一张小小的选票解构到下级不听上级,地方不理中央的地步,那么这个金字塔的纵向结构早晚会寸寸断裂,还奢谈什么统揽全局,一个拳头?作为一个中国人,我固然不喜欢小老百姓干瞪眼,可是在这节骨眼上若是上边的同志也只会干瞪眼,那中国恐怕就真的有大麻烦了。

纵向结构有大麻烦,横向结构的麻烦恐怕也不小。前文不是说了么,中国可不是一个普通的国家,它实际上就是一个世界,一个包罗万象的小世界。在亚欧大陆东部的这块土地上,有着远远超出西方人想象的多样性在这里交汇融合,民族的、宗教的、血缘的、地域的、风俗的、习惯的、文化的、历史的。而随着时间的推移,这些多样性又逐渐地被融会,被同化,从而共同构造生长出一种新的统一特性来。然而与此同时,又会有无数全新的多样性渗透了进来,生长了起来,令这个"多样性的统一"运动永远处于不间断的螺旋循环之中。这就是中国,一个依靠对多样性举世无匹的统一同化能力维持着离心力与向心力之间精巧平衡的小世界。数千年的时间过去了,这个小世界早已经用它的不朽与坚韧在历史面前证明了自己存在的必要和必然。面对这样的一个小世界,我们今天所能想象的任何一种方案,都只能顺势地改造和变革它,而不可能彻底地解构和颠覆它。可是,如果今天真的引入完全自下而上的选举式民主,我们很可能马上就要面对一个大麻烦,那就是地方(尤其是部分边缘地区)分离倾向的迅速增长。因为在这样的一个"多样性的统一"的历史运动过程中,无论截取哪一个历史横断面,总会有一些多样性会暂时处于整个运动结构的相对边缘地带。如果不能用历史和发展的眼光来看待这些多样性,而是不分青红皂白地切断自上而下的体制联系,并通过自下而上的选举赋予它们完整的地方自决能力,那么中国社会结构中离心力与向心力之间的固有平衡很可能就会被打破。受到异常刺激的离心力将寻求加速挣脱向心力的牵制,最后引发整个系统的裂变。因此千万不要小看了这张小小的选票,在它的上面既凝聚了对个体权利的终极关怀,也隐藏着西方社会独特的结构密码。它是一把为西方社会量身定造的钥匙,不见得可以不加改造地打开中国问题的深锁。前文已经谈到了中西社会结构的巨大差别,现在如果用一句话来概括这个差别,本书的判断是:西方的社会结构是一个"一块一块"的拼图式结构,而中国的社会结构则是一个"一圈一圈"的同心圆结构(如下图所示)。

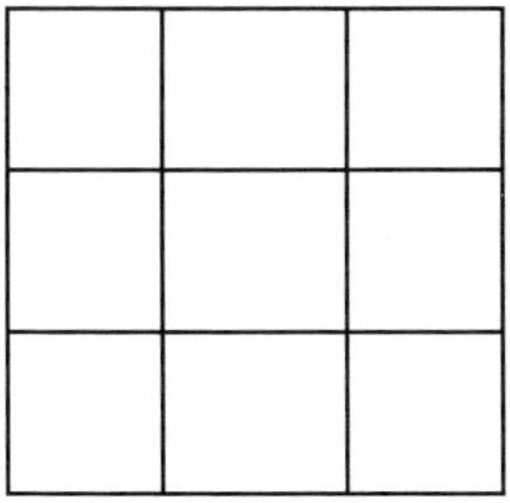

图 5.1　西方拼图式社会结构

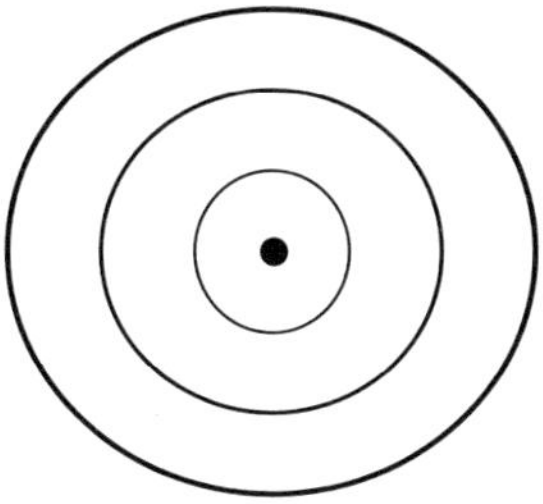

图 5.2　中国同心圆式社会结构

西方社会的拼图式结构表明,西方社会的部分是优先于整体的,也就是说,由于西方文明的独特发展规律,西方社会的每一个部分都要优先于那个松散型的整体获得了某种质的规定性。因此每个部分的自决性就自然地构成了整体存在的前提条件,而选票正是这种自决性的最佳载体。然而也正是由于选票的这种地方自决性(有时又称为民族自决性)的特点,因此它适用的地域跨度往往不能太大,承载的认知差距不能过大,囊括的多样性不能太过复杂,贫富的差距也不能太过悬殊,否则极有可能因为无法强求对方达成一致而选择自我分裂成为若干个更小的自决性。比利时弹丸小国,只因有法语区和荷语区的两种认知无法达成共识,居然自 2007 年 6 月联邦议会选举后就一直无法组成政府,至今仍由临时政府看守。在欧洲统一运动的背后,欧盟总部布鲁塞尔所在的国家居然闹起了分裂,颇有一种历史的讽刺。美国的《新闻周刊》评论说,看上去欧盟没有将欧洲凝聚在一起,反而在无意间鼓励了地区自治。如果比利时和平分裂,将必然成为西欧地区分裂运动一个极好的范例。西班牙的加泰罗尼亚地区,意大利北部的伦巴第区,英国的苏格兰地区可能会接连发难。从巴塞罗纳到米兰,分裂主义者会质问:"为什么我们要拿钱补贴那些乡巴佬?!"〔1〕问得好,为什么要拿钱补贴那些乡巴佬?这个问题如果放在中国,相信应该不太成其为一个问题的。因为中国向来就是这样的一个同心圆的社会结构,只要身处这个结构之中,那么无论是多么边缘的地方,都应该是这个大家庭的平等一员。由于向心力的长期历史作用,每一个同心圆都早已从圆

---

〔1〕 由于比利时弗拉芒大区的经济状况比瓦隆大区好,所以一些弗兰德人称瓦隆人为"链球",埋怨他们拖后腿。据说弗拉芒大区每年要补贴瓦隆大区 100 亿欧元搞社会福利,也就是平均每个弗兰德人要从自己的腰包里掏出 2000 欧元补贴瓦隆大区。这种"赔本生意"让许多弗兰德人十分恼火,因此想方设法要甩掉"链球"的拖累,"轻装上阵"。

心处获得了一种共同的质的规定性。在这样的一种质的规定性面前，没有哪一个部分有权力宣称自己的所在是单属于它自己的。这就好比黄河不能被黄河两岸居民据为己有，泰山也不能由泰安人自决独立。因为它们是属于全中国的，属于每一个中国人的。而尽管我此生尚未踏足青藏高原，但是我的血液中有它，我的性情中有它，我的人格中有它，我的灵魂中还是有它，它就是我认知的一部分，它就是我生命的一部分，没有任何人有权力可以将它夺走，即便是以地方自决或所谓民族自决的名义。而同样地，在这样的一种质的规定性面前，也没有哪一个部分有权力宣称自己的所有是单属于它自己的。这就好比东部的率先发展不能全是东部的，西部的暂时落后也不能全是西部的。它们同样是属于全中国的，属于每一个中国人的。在中国没有乡巴佬，也不应该有乡巴佬。与大家分享吗？相信中国人都十分乐意。为什么不呢？拼图式的结构当然不错，同心圆的结构也没有什么不好。不过如果有人认为前者的解决方案也一定适合后者的话，那么我宁可相信张冠也可以李戴。如果中国今天就引入和铺开自下而上的选举，我相信一场解构运动很可能首先从这个同心圆的最外层发动，然后引爆一场不可收拾的裂变效应，中国社会的横向结构也将面临寸寸断裂的危机。从这个意义上来讲，中国社会结构的复杂程度的确是新加坡或中国香港这样的城市型社会所远远无法比拟的。

现在我们似乎陷入到一个矛盾中了。一方面我们渴望让塔基的小灯泡们发光，但是另一方面我们似乎又排除了自下而上的民主选举。那么究竟应该怎么办？中国究竟还能找到怎样的一条路径，既能够有效地发挥民众自下而上的终极制约作用，又不至于破坏中国独特的体制结构和社会结构以及基于这种结构的传统优势？

从某种意义上讲,这个问题正是本书最想解决也是最难解决的问题,如果在这个问题上我们终究还是没能找到一个有说服力的答案,那么本书全部的努力基本上可以归零。我相信这个世界上一定还有无数关心中国未来的人们也在夙兴夜寐地探寻着这个答案,并且完全有可能最后酝酿出一个完美的解决方案,将我们带向一个美好的共同未来。而就本书而言,相信也有义务奉上自己的一些初步设想,共同参与到这个问题的讨论中去,以恪尽一个普通中国人的责任。在我的理解中,要想回答这个问题,我们首先需要反思一下过去的思维方式:从某种意义上说,在传统体制下,领导者的任命和罢免基本上都是自上而下的,而在选举体制下,领导者的任命和罢免又都是自下而上的。那么,既然我们又想发挥自上而下的统筹作用,又想发挥自下而上的制约作用,为什么我们只能在两个极端之间摆动——要么把所有的权力都交给上面,要么把所有的权力都交给下面?难道就不能找到一个方法,让"上"与"下"分别拥有某种实质性的权力并令其形成某种有益的平衡?也就是说,实现某种方式上的"上下分权"?基于这样的一个认识,本书推荐的方案是——"否决权"。也就是将"任免权"一剖两半,分解为"任命权"和"罢免权"。任命权仍然由自上而下的力量主导掌握,但是同时赋予人民一个真实的自下而上的罢免权,可以对被证明不合格的管理自己的那位老爷大声地说"不"。在我目前的想象中,这种罢免权是否可以依托于各个民意代表平台,方式可以是任期过半时的一次信任投票?比方说,一个地方行政首长的提名和任命将主要由自上而下的方式主导完成,但是当他完成自己的一半任期后,就请带着自己的工作实绩到民意代表平台上去接受一次信任投票的考验。而这时的老百姓就拥有了一个实质性的决定权:选择"信任"或者选择"否决”。如果是前者，那便请继续工作下去吧，兢兢业业地为老百姓们的利益工作下去吧。而如果是后者，那便对不起了，请你走开吧，老百姓不需要你了。在我的想象中，赋予老百姓这样的一种否决权不仅仅是对被投票对象的一种考验和约束，也是对行使任命权的上级的一种考验和约束。因为即便被否决之后上级还有重新任命的机会，但是被否决的责任也可以透过机制的设计而上溯：是谁提名任命这么一位不受人们欢迎的老爷？如果确属上级失职，是否也可以适当问责？我相信这样的一种否决权应该可以构成一种良性的倒逼。对于那位有可能被否决的行政首长来说，这是一种倒逼，因为他必须认真听取民众的声音，切身体会民众的需求，并兢兢业业地工作，才有可能得到民众的信任，避免在否决权平台上挨上一刀。而对于任命这位行政首长的上级来说，这应该也是一种倒逼，因为他必须在任命前认真倾听民众的意见，慎重遴选并任命一位德才兼备的同志，对他提出切合实际的政策和要求并加强对他的监督，才能最大限度地避免这位行政首长最后被民众否决。

在我个人的想象中，如果真的能够构建出这样的一种否决权，那么我们或许有机会在制度层面上为中国建立起一个真正自下而上的民意反馈通道，同时又不会对中国的体制结构和社会结构形成颠覆性的威胁。因为在这样的一种“任命权—否决权”结构中，自上而下的任命权实际上仍然掌握着工作的主动权和主导权。只要我们把工作做细做好，否决权的引发概率将十分的小。因为人们为什么要赶走一个对自己利益负责任的好长官呢？就好像费正清在《伟大的中国革命》中所说的那样：“换句话说，群众路线在这里勾画得清清楚楚：党必须到人民中间去发现他们的苦处、不满和需要，然后由党提出解决方案，按照符合人民最大利益的原则，向他们做出说明。这种'从群众中来,到群众中去'的概念,是真正适合中国传统的一种民主。上层官吏只要真正把心放在当地人民利益上,自然可以按照他们的利益来管理他们。"[1]我相信否决权的引入应该不会妨碍我们发挥统揽全局安排各方的传统体制优势,"全国一盘棋"的基本格局也不会因此被打破。但是如果我们继续放纵长官意志,随意地决定各项人事安排,那么自下而上的否决权也绝不是吃素的。因为人们为什么要让一个不知所以然的家伙骑在自己的头上混日子呢?从这个意义上讲,否决权的引入实际上为我们更好地使用任命权提供了一个灵敏的反馈机制和有效的倒逼机制。它在本质上应该更有利于我们传统体制优势的发挥,而不是相反。否决权可以真实地保证我们的棋盘上总能保持一盘好棋子,而不会慢慢蜕变成为一个臭棋篓子。在这样的一个架构里,一个上级领导似乎没有理由不弯下腰来倾听基层民众的声音,因为一旦盲目任命最后遭到否决,那将是对自己工作的最大否定。而一个地方的基层民众似乎也没有理由藐视自上而下的合理任命,因为频繁无谓地动用否决权毕竟是一种破坏性的非合作博弈。一旦引发地方的政治困局,对于地方利益而言也将是一个很大的伤害。否决权的真正威力在于引而不发,在于威慑,动用它需要凝聚很大的共识,因此不到大多数人都觉得迫不得已的时候,它是不太可能被引发的。但是只要这种威慑存在,就没有人敢于轻视它,倒逼机制就能够形成。同样地,在这样的一个架构里,一位地方的行政首长似乎没有理由不在乎上级领导的意见,否则他不太可能得到被提名和任命的机会。同时这位行政首长似乎也没有理由不在乎基层百姓的感受,否则他很可能会被自

〔1〕[美]费正清:《伟大的中国革命》,刘尊棋译,世界知识出版社2003年版,第297页。

下而上的力量直接否决掉。在过往的体制中,这个位置往往是自上而下的意志与自下而上的需求之间的一个很深的断裂处。然而通过否决权的机制安排,我们是不是真的有机会将这个上下意志之间最深的断裂处改造成为一个最强有力的连接点?而通过建立这样的一个连接点,我们或许真的有机会为全局利益与局部利益的统一以及全国统一性与地方自主性的结合提供一种前所未有的可靠的制度保证。

这就是本书所推荐的“否决权”方案,一个对政治向心力实施一种自下而上终极约束的新尝试。未来的事实或许会证明,这个方案并不是一个最优甚至并不是一个合适可行的解决方案。不过就目前的认识而言,它的确是我所能想象的比较适合中国国情的民主生活方式了。如果可以把西方社会的民主生活方式称为“选举式民主”的话,那么也不妨给中国的这种民主生活方式起上一个名字叫“否决式民主”[1]。打个不恰当的比方,如果说“选举式民主”是让人们做一道选择 A 或 B 的选择题的话,那么“否决式民主”就是让人们做一道判断“对”或“错”的判断题。选择题和判断题是今天标准化考试仅有的两种经典题型,这个事实也许可以从某个侧面折射出“选举式民主”与“否决式民主”这两种民主方式的某种内在合理性以及相互之间的某种互补性。我相信做这两种题目同样需要智慧,同样存在风险,也同样构成压力。它们唯一的区别在于形式,而不是实质。换句话说,它们都是一种民主,唯一的区别在于实现方式的不同。这两种民主方式应该各有优劣。从一个方面来讲,“选举式民主”允许人们直接挑选自己喜欢的领导,从而赋予了民众更

〔1〕 在《精英与平民》一书中,“否决式民主”又被称为“信任民主”。

大的主动权,而在"否决式民主"的架构下,人们在很大程度上只能首先被动地接受自己的领导,只有在大家都很不喜欢的情况下才可能将其否决掉,因此具有较大的被动性。在这一点上,"选举式民主"的确有优于"否决式民主"的特点。然而从另一个方面来讲,选举式民主的判断依据主要是"听其言",所以免不了经常上一些夸夸其谈者的当。如果中途后悔想弹劾罢免?那可是个非常机制,门槛高得很呢。那就只好熬吧。好不容易熬了四五年后再来选过,却还是有可能上另外一个人的当。真是郁闷!而否决式民主的判断依据却主要是"观其行",任期过半再作评价,想骗人可就没那么容易了。而且这种评价是常规机制,任期过半自动启动,人数过半即可否决,等于将"过半即可当选"的选举环节挪到了中间,门槛并不算高,压力必然是实质性的。从效果上看,"观其行"倾向于鼓励产生"实干家",而"听其言"则容易制造出"作秀家"(西方政客擅长在公众面前作秀的确是有目共睹的,尤其是在选举阶段),前者当然比后者更加符合实事求是的原则。在这一点上,"否决式民主"恐怕又要优于"选举式民主"了。大家都知道,选择题的选项越多,做错的概率就越大,所以"选举式民主"现在都以两党制为主,二选一,只要足以构成竞争压力就可以了。然而不要忘了,考试中的选择题总应该有一个正确的答案,而在现实政治生活中,如果两个备选答案都是错的呢?就这一点而言,选择题的确不见得比判断题更加符合实事求是的原则。

曾有一位香港的朋友这样问我:"假设有一家鞋店,里面卖很多种颜色的鞋子,你可以自由选择自己喜欢的颜色。如果这家鞋店只卖一种颜色的鞋子,而你并不喜欢这种颜色。可是店主告诉你说,他只卖这种颜色,你爱要不要。即便你决定不买这双鞋,但是这家店还是只卖这个颜色的鞋子,那么你该怎么办,难道你还能不穿鞋子?”这个问题问得很好,我想与这位朋友分享几个简单的秘密。我的第一个秘密就是:所谓选举的本质其实并不是一种自由的选择,而是一种倒逼。也就是通过选举建立一种倒逼机制,以此制约领导者。手中拥有一张选票的人往往会有一种错觉,似乎自己有能力挑选出自己喜欢的领导者。但是不要忘了,一家成熟的鞋店现在大多只卖两种颜色,其实大多数人最后都只能无奈地舍弃自己的最爱,在这两种颜色中挑选一种自己比较不讨厌的颜色而已。不过即便你挑选了自己比较不讨厌的那种颜色,也并不意味着你一定能够心想事成。因为既然是选举,那么就一定会有胜有负。选举的结果完全有可能是你比较喜欢的那种颜色不能当选,你比较讨厌的那种颜色反而当选,最后你还是不得不接受和忍受它,除非你能证明一次选举可以选出两个总统来,或者证明自己可以不执行那个讨厌总统所签署的命令和法律。因此如果说颜色的选择真的如此重要,那么任何一次选举都意味着一半人开心,另一半人受伤害,这样的选举肯定是有问题的。所以,千万不要以为选举的目的是在选人。选举的真正目的是通过选举这种民主生活方式,迫使候选人关心民众的颜色喜好,从而实现民众对候选人某种意义上的倒逼。我的第二个秘密就是:只要有这种倒逼存在,那么就不用担心候选人和当选人的颜色会让你很不喜欢。虽然鞋子不会自己变化颜色,但是政客可以。从某种意义上讲,每一个政客都是“变色龙”,他们能够根据多数民众的需要变化出最不让人讨厌的颜色来。说政客是变色龙并不是在贬低他们。我想要说的是,搞政治的人其实有双重人格,一个人格是私人人格,另一个人格是集合人格。当他们扮演政治人物角色的时候,他们显现出来的人格主要是这个社会的集合人格,也就是多数人的颜色喜好。但是如果这种颜色喜好的分歧真的十分巨大，或者持有选票的人真的把自己的颜色选择太当一回事，以至于双方都以为自己不能够忍受和妥协的时候，那么这个社会就很有可能面临分裂的危险，就好像今天的比利时一样。而如果这个社会实际上又无法分开的话，那么整个社会就会陷入一场痛苦的撕裂之中，就好像过去八年的台湾一样。我的最后一个秘密就是：如果我们把民主的价值主要界定在“倒逼”上面，那么可以说，这种“倒逼”“选举式民主”可以提供，“否决式民主”同样也可以提供。不管是“选举式民主”还是“否决式民主”，它的真正价值都是在于创造一种自下而上的倒逼机制。通过这把悬在为政者头上的达摩克里斯之剑，逼迫为政者认真倾听民众的声音，然后最大限度地引导和凝聚起整个社会的共识，兢兢业业地带领民众实现共同发展。构建民主的真正目的并不在于单纯地将权力交给精英还是还给平民，而是希望通过倒逼机制的设计将精英与平民的利益和意志有效地统一起来，让这个社会的精英对平民的总体意愿保持足够的敏感。如果某一家鞋店真的已经麻木到了听不到消费者声音，一次又一次地拒绝进一些新货以改变鞋子颜色的话，那么这家店的最后结局一定是倒闭，无论它现在的资本金有多么的雄厚，店面有多么的金碧辉煌。

民主的“倒逼性”有助于我们澄清另一个问题。曾有很多人问过我，“否决式民主”看上去只是解决了对“下面”的领导的制衡问题，那么对于“上面”的领导又该如何制衡呢？这个问题问得很好。倘若自下而上的否决权真的能够胜任对“下面”的领导的制衡任务，那么只要略作推演，对“上面”的领导的制衡就并非全无办法。比如一个地级市行政首长管辖并任命了10个县级行政区的行政首长，结果在“信任投票年”有5个以上的县级行政首长被民意动用否决权罢免,那么制度上就完全可以规定该地级市行政首长必须引咎辞职,或者自动触发同级民意平台的不信任案,由其动用否决权将其罢免。理由很简单:“上面”的领导基本上是通过任命“下面”的领导来为人民服务的,结果一半以上不合格,你好意思再干下去?各位不妨想象一下,在这种情况下,“上面”的领导是忙着专横弄权还是忙着选贤舆能呢?依次类推,直至“最上面”的领导,这一逻辑都应该是通用的。换句话说,面对一个多层级的权力金字塔,倘若老百姓想要实现对它的制约,其实最关键的着力点是“下面”,而不是“上面”。要知道,天天与老百姓亲密接触,对老百姓利益产生重大影响的是“下面”的领导,而不是“上面”的领导。极端地说,对于老百姓而言,如果“下面”的领导不好,“上面”的领导再好也没用;反过来,如果“下面”的领导好,“上面”的领导即便不好其实也没什么关系。再说了,一旦倒逼通道形成,“上面”的领导能坏到哪里去?打个通俗的比方,一个人脑袋瓜再冒坏水,他总也得通过手脚来干坏事的吧,如果你有办法把他的手脚给捆住了,那么他脑袋瓜再坏也干不出什么坏事来的。类似这样的问题我相信还有很多。但是只要“否决式民主”的基本逻辑合理,我们同样还有很多的想象力空间可供调遣。设计一个民主方案的道理如同设计一个操作系统软件,倘若基本的操作平台是好的,那么接下来的事情就是在实际运作过程中不断地打上各种补丁,以保证民主机制始终环环相扣、自洽自足。

现在还有一个问题:“否决式民主”是否就是一种个人的凭空想象?尽管本书已经在前文中证明了“选举式民主”与中国传统的诸多不适配,但是的确还未曾证明“否决式民主”是一个从中国传统出发的现代解决方案。而如果不能做到这一点的话,那么的确不能排除这个方案只不过是个人的凭空想象,它对中国问题的适应性到底有多强恐怕也要打上一个问号。然而可以肯定地说,这个"否决权"并不是我个人的凭空想象。在漫长的中国古代,"否决权"不仅早已有之,而且绵延数千年而不绝,至今也依然活泼泼地存在着。它是如此的中国,如此的传统,它绝不可能是某个人拍脑袋的创新。为了说明这个问题,就请允许先把话题扯远一点,从三个委托代理的基本模型谈起。

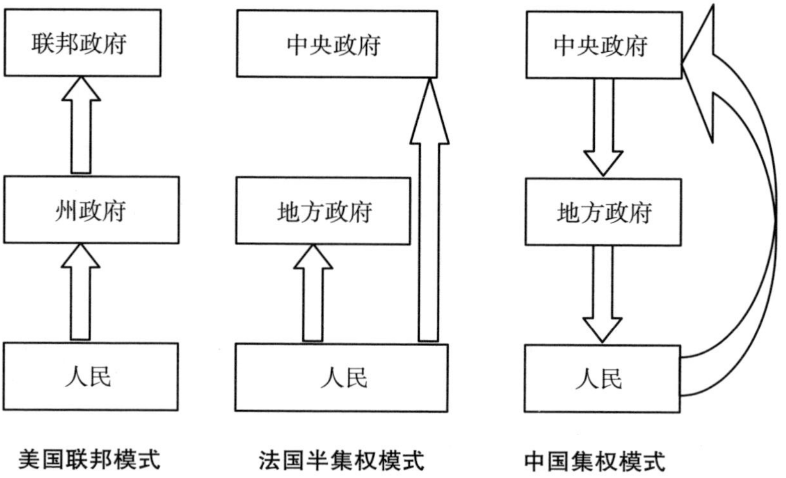

图 5.3

这是我在一次与他人讨论中央集权制问题的时候所画的三个模型,它们分别代表了当今世界比较典型的三种委托代理模式。第一个模型不妨称为"美国联邦模式"。在这个模式中,"人民"首先向"州政府"(最早的时候是 13 个"自治邦")授权,然后各"州政府"再向"联邦政府"授权[1]。权力的委托代理关系简洁清晰,人民通过权

〔1〕 美国四年一度的总统大选看似全民直选,实际上还是一种间接选举,各总统候选人需要一个州一个州地决出胜负,赢者通吃该州的全部选举人票,最后以所获全部选举人票总数计算胜负。这种规则典型体现出美国联邦模式的权力委托代理关系,也导致戈尔在总选票占优的情况下,由于总选举人票少于布什而落败。

力的委托和撤销，对管理自己的政府保留着直接的制约能力。第二个模型不妨称为“法国半集权模式”。在这个模式中，“人民”分别向地方政府和中央政府授权。至于中央如何管辖地方，也通过法律（比如法国的《地方分权法》）在授权时一并交代清楚。但是有一点必须清楚的是：如果是属于人民直接向地方授权的，中央政府也不得随意剥夺。这个模式中的委托代理关系也简洁清晰，人民对管理自己的各级政府同样具有直接的制约能力。而第三个模型可以称为“中国集权模式”。在这个模式中，“人民”首先向“中央政府”进行一次性的整体授权。常有人按照“选举式民主”的标准，认为中国从古到今的所有执政者的权力都不过是自封的，因为人民并未向它们授权。其实这个观点并不准确。尽管这种中国式的整体授权关系并不完全符合西方民主的形式要求，但是从某种意义上讲，只要一个政权还在有效运作，就足以证明这一授权关系依然在事实上存在，也就是说“水”依然还在“载舟”。不过需要说明的是，美国模式和法国模式中的每一次授权都是一种有限授权，也就是说人民在向政府授权的时候一定会保留一大批剩余权利在自己的手上，这就是所谓的“天赋人权”。比如美国人持有枪支的自卫权就是一种最典型的剩余权。而中国集权模式中的整体性授权却是一次彻底的无限授权，以至于人民在授权之后自身往往处于一种近乎“裸权”的状态。而“中央政府”在进行最大限度的集权之后，再根据需要向“地方政府”进行层层分解授权，一直到向人民进行“反授权”（在过去也就是“恩赐”了）为止。对于中国来讲，这实际上是一个十分适合国情需要的好模式。因为在这种模式之下，地方官员是由中央任命的，因此地方精英基本上没有形成牢固联盟并与中央分庭抗礼的条件，从而使得我们能够在一个幅员如此辽阔、人口如此众多、多样性如此复杂的地方维持了一个大一统体制的超大型国家,历经数千年而不坠。但是如果人们用现代法治的原则来衡量这种委托代理模式的话,就会发现这个模式实际上一直存在着一个巨大的缺陷,那就是越是贴近人民的那一层政府,就越是处于整个委托代理链的末端。由于经过多次的转委托,最后的代理人的确有可能倾向于忽视谁应该是最初的授权人。近在眼前的现实使得一些人只在意于权力自上而下的委托过程,而选择性地忘却其实所有的权力最初总是自下而上得来的。从这个意义上讲,如果撇开道德单就体制而论,这个架构中的几乎所有官员都应该具有一定的"官本位"思想。因为他们头上的那顶乌纱帽总是上边给的,他们的眼睛自然也只会朝上看。但是与此相反的是,高居金字塔最上端的那层"官员"(在古代就是位居九五之尊的帝王)却往往是"民本位"的。因为对于他们来讲,这个世界上已经没有人可以给他们更大的官做了,唯一对他们构成限制的就是所谓的"天意",而"天意"实际上就是民意,也就是"水能载舟,亦能覆舟"。这就是中国古代传统集权体制的奇怪悖论:看似距离老百姓最近的(直接管他们吃喝拉撒的),其实心是最远的,因为他们之间的委托代理关系是最远的。而看似距离老百姓最远的(天高皇帝远的),其实心是最近的,因为他们之间的委托代理关系是最近的——只有一层。2007 年,中国社会科学院社会学所发布了一个"中国社会心态调查报告",其中有一个问题是:在所有的政府机构中,中国民众最信任那一级政府?结果答案是"中央政府"。这样的一项调查似乎可以从一个侧面表明,这一体制悖论至今尚未完全消除。而这也许可以部分解释为什么今天的老百姓在基层遇到麻烦,却往往喜欢进京上访的原因吧。各位不妨想象一下,如果你委托 A 同志办事,A 同志由于忙不过来,就转委托给了 B

同志，而B同志也忙得很，就又再委托给了C同志，但是最后C同志并没有好好地替你办事，那么请问你应该找谁交涉？当然是第一手的代理人A同志了，因为你与C同志并没有直接的委托代理关系，找了恐怕也是白找。C同志若是高兴了，可能会听你说上两句。他若是不高兴了，一翻白眼爱理不理，你是一点辙也没有。因此最后还是只能去找最初的代理人A同志。找A同志交涉的这个救济渠道在理论上是成立的。但是有没有人想过，如果全中国受到委屈和自认为受到委屈的人们全部跑到北京找A同志帮忙，A同志能忙得过来吗？俗话说："事在四方，要在中央，圣人执要，四方来效。"然而若是大家都从全国各地一拥而上，那岂不是变成了"事出四方，齐聚中央，四方来京，圣人办事"？A同志以寡对众，信息处于极度不对称的状态，是无论如何也做不到事必躬亲的。然而若是撒手不管，显然又有违本心，因此最后也只能笼统地严令地方把事摆平，否则板子伺候。只是如此一来，只怕也会助长某些自认为受到委屈的同志（古代俗称"刁民"）的气势，一遇事情便缠夹不清地耍赖打滚，漫天要价，而地方上忌惮其"跑步进京"的本领，为自己头上乌纱帽计，往往也只能小不忍则乱大谋了。反正奶就那么多，既然这孩子会哭那就多给点奶吃，而至于那些本来不会哭的乖孩子会不会因此吃不饱奶，进而痛定思痛也变得遇事就大哭大闹，那的确也是顾不上了。这显然又是一个极端了。

中国古代有一个奇怪的刑罚叫"滚钉板"，在《杨乃武与小白菜》的故事里给我们留下了很深的印象：谁要想上京告状被受理，且先从钉板上滚过来。虽然根据历史学家的考证，清代已经没有了滚钉板。杨乃武的姐姐杨菊贞在刑部大堂（实际上按道理应该在都察院，不过对于中国的老百姓来讲刑部大堂的知名度更高）前滚过钉板的惊心动魄不过是个虚构的故事情节。但是作为民间口口相传的经典情节,“滚钉板”的背后实际上折射出了中国社会的一个基本规律:在中国的体制格局下,最高统治者的确自知“水能载舟,亦能覆舟”,因此也有为民做主的意愿。但是这个体制格局同时又决定了他有权力却没有能力审察所有的冤屈,因此无论采用什么方法,或者根本没有故意采用什么方法,到最后都得实际上形成一个严酷的筛选机制。极少数过得了这一关的,说明的确可能身负血仇奇冤,那么一定要“龙颜震怒,三司会审”,替他把事情给摆平了。否则这种人走投无路,是真的有可能杀人放火的,就算死了怕也要变成厉鬼来索命。而大多数过不了这一关的,说明那冤屈可能也不甚严重,那么还是回去发挥一下忍耐精神吧,别来京城烦人了,反正你回去也翻不了天。

中国国民的一个重要性格于是就这样养成:当事情还没有坏到一定程度的时候,中国的老百姓往往会有一种超强的忍耐力:唉,这世道从来官官相护,民不与官斗,忍一忍算了吧。然而一旦事情坏得越过了一个边界,真的让人无路可走的时候,这些特别能忍耐的中国老百姓却往往会突然爆发出一种令人恐惧的超强的破坏力,“舍得一身剐,敢把皇帝拉下马”。中国古代数千年来一次又一次的农民起义干的不正是此事吗。可是我们刚才不是说了,中国的最高统治者总还是以民为本的,滚钉板之类的路子虽然狭窄而野蛮,但毕竟也为老百姓提供了一条最后的救济通道,那么为什么还会让事情坏到如此不可收拾的地步呢?这就要说到中国传统体制一个自身无法克服的痼疾了——王朝更替规律。我们知道,中国的传统体制是围绕着“皇权”展开设计的。由于存在着一个皇权至高无上的假定,因此即便如何的上德昭昭,爱民如子,终究也只是一种自上而下的单向性通道。虽然为了防止皇帝变质,传统体制也挖空心思设置了多种制约机制，比如相权制约、言官谏议、史官记载等等。但是如果有一天皇帝真的不想配合了，这些机制最终是无力阻挡的。尽管皇帝的随心所欲也要付出代价，那就是王朝终结，玉石俱焚，但是这种双输的结局显然对谁都没有好处。自秦汉以来，中国的几个长命王朝基本上平均三百年左右一个轮回（比如唐 290 年，宋 320 年，明 277 年，清 268 年）。由于深知江山易得不易守的道理，王朝头一百年的君主们往往“英明神武”，搞一些轻徭薄赋，爱民如子的政策，因此这个时期的老百姓日子总还是好过的。但是随着时间的推移，王朝的根基逐步稳固，中间一百年的皇帝们又都是长于深宫之中，妇阉之手，自然逐渐变得平庸无能，官僚体系也随之慢慢僵化。这时的老百姓虽然还不至于活不下去，但恐怕就得开始发挥自己那“超强的忍耐力”才好继续混下去了。而随着时间的继续推移，情况还会越来越糟，老本已经基本上啃光，最后一百年的皇帝们渐渐变得荒唐无道，王朝也就渐渐病入膏肓。当然这样说并不等于这后一百年的皇帝就一定全是混蛋。只是历史的基本走向如此，王朝大厦已行将朽烂倾覆，即便冒出个把想要力挽狂澜的皇帝，最终也只能是有心杀贼，无力回天了。因此也难怪崇祯皇帝会说“朕非亡国之君，但事事都呈亡国之象”了。这个时期的老百姓基本上就活得就不太像个人，光是依靠那“超强的忍耐力”实在是有点混不下去了。而最后若是逼得老百姓连那“滚钉板”的血淋淋的希望都绝了的话，大家也只好把那饿死的婴童轻轻葬下，然后把脑袋往裤腰上一别，释放出那潜藏在骨子里的“超强的破坏力”，歇斯底里地造反了。

现在有谁说中国的老百姓没有否决权？这就是否决权，一种完全中国特色的“超级否决权”。中国老百姓的确从来就没有这样的一种权力和传统通过民主选举的方式决定谁来当皇帝，但他们的确从来就有这样的一种权力和传统用暴力否决的方式决定哪一个王朝应该彻底覆灭。这当然是一种否决权,只不过这样的否决权基本上是三百年才动用一次。而一旦动用,那就意味着血流成河,尸横遍野,意味着中国人肩膀上的脑袋还不如一颗土豆值钱。据一些史书记载,公元 2 年的西汉全国人口 5959 万,经过数十年的混战,及公元 57 年的东汉,人口仅余 2100 万。太平天国起义前夕的 1851 年,中国人口已经达到 4.3 亿,及太平天国失败后的 1863 年,中国人口仅余 2.3 亿,锐减 2 亿。真是兵火过处,十室九空,赤地千里。也许有人可能会怀疑这些统计数据不见得十分准确,但是每逢王朝末年的农民起义,中国人口都会急剧锐减总是不争的事实。唐末黄巢曾作诗云:"冲天香阵透长安,满城尽带黄金甲",真可谓是豪气干云,革命浪漫。然而一杀进长安城,这调调就忽然变成了"冲天杀气透长安,满城尽累尸如山"。史书记载:"居数日,各出大掠,焚市肆,杀人满街,巢不能禁;尤憎官吏,得者皆杀之。"(《资治通鉴》卷第二百五十四)本是欢天喜地迎义军的长安居民魂飞魄散,不由得怀念起已经腐败透顶的官军了。于是后来被官军赶出长安却又很快反扑回来的黄巢,"怒民之助官军,纵兵屠杀,流血成川,谓之洗城。"(《资治通鉴》卷第二百五十四)千年名都长安城就此一蹶不振,从此丧失成为中国首都的资格。而黄巢绝不会是孤例。一千年前,项羽攻破咸阳,干的不也是同样的事情吗?"项籍为从长,杀子婴及秦诸公子宗族。遂屠咸阳,烧其宫室,虏其子女,收其珍宝货财,诸侯共分之。"(《史记·秦始皇本纪》)"居数日,项羽引兵西屠咸阳,杀秦降王子婴,烧秦宫室,火三月不灭;收其货宝妇女而东。"(《史记·项羽本纪》)而黄巢之后八百年,李自成杀进北京城,干的也还是同样的事情。进城前是"开了大门迎闯王,闯王来了不纳粮"、"早早开门迎闯王,管教大小都欢悦”,进城后便是“便街提士大夫”,助饷追赃、拷打索命,“冤号之声不绝于耳”。而那些从社会的最底层一夜间被颠倒到最上层的大顺军同志们,“腰缠多者千余金,少者亦不下三百、四百余金,人人有富足还乡之心,无勇往赴战之气。”(《明季北略》)一片石大战,李自成当然只有吃败仗的份了。

关于农民起义的性质和作用近年来学界似乎颇有些笔墨官司。在下浅陋,无意介入其中。这里想要说的只是,这种三百年等一回的超级否决权一旦动用,就基本上已经没有什么理性可言了,因为这种否决本来就是一场下层与上层之间你死我活的负和博弈。在中国这样一个金字塔体制之下,被零散安置在无数个同质化农村的老百姓平日里完全没有自我组织的机会。由于缺乏社会组织的依托,老百姓根本无法以一己之力挑战整个金字塔体制的重压,因此遇到委屈时往往只能咬牙苦忍。等到大家都实在活不下去的时候,只要有人振臂一呼,这些被逼上绝路的农民自然就会应者云集。然后大家一起怀着满腔的怨毒,用尽全身吃奶的气力,去极力挣脱并猛烈砸烂这个旧金字塔。对于他们来讲,这本来就是一场断了后路的赌博,若不倾尽全力,最后要是大事不济,自己只有死得更惨(其实中国的造反农民们绝大多数情况下都是这个下场)。因此从这个意义上讲,真的不要惊讶为什么造反者总是喜欢杀人放火,为什么总要从一个极端向另一个极端肆意狂奔。人们真正应该反思的是,为什么这个体制平日里总要把那弹簧压得如此之紧?为什么就不能给老百姓一个正常的能量释放渠道,让他们有话说话,有事办事?既然相信“水能载舟,亦能覆舟”,那么为什么就不能每发现一个坏水手,就直接把他扔到水里去喂鱼,而总要等到整艘船的水手都被传染变质了,然后怒涛汹涌将这艘船整个打翻?难道就不能创造出一个机制,让人们迅速地发现那些喜欢往水里拉屎拉尿的坏水手并直接将他否决掉,而不是眼睁睁地看着他藏在大船的保护之下,绑架整艘大船与他共沉浮?

这就是本书所想象的那种“否决权”。与历史上中国老百姓那种三百年才用一回的整体的、滞后的、迟钝的和破坏性的“超级否决权”相比,这种“否决权”是分散的、及时的、灵敏的和建设性的。如果说这算是一种创新的话,那么我也只不过是力图将那张本来就属于老百姓的 “用脚投票”的“超级否决票”拆分成无数张“用手投票”的“小否决票”而已。我绝不可能改变历史的能量平衡,我真正想改变的只是这种能量的释放方式:请再也不要让这种能量如同那剧烈爆炸的火药一样,总是通过一种破坏性的、让所有人粉身碎骨的方式进行集中的释放;请让我们一起将它引导和分解成无数的建设性能量吧,就好比那寒夜的火炬照亮中国的前程,就如同那冬日的炉火温暖我们的生命。

现在大家可以看出来了,在本书的方案中,我们提倡借鉴已经在新加坡和中国香港得到成功实践的“监督权”,却并不提倡直接搬用它们已经和正在实践的“选举权”(虽然也已不是纯西式的选举权),而是建议创设一个“否决权”来解决中国自下而上的反馈通道问题。之所以要这样做,是因为作为一个超大型的中央集权制国家,中国必须解决一个新加坡和中国香港这样的城市型社会完全不存在的大问题——中央与地方、中心与边缘的关系问题。这一特定国情决定了中国不能无条件地放任地方自决性的抬头,而是必须努力找到一条新路径,将整体的意志与各个部分的意愿进行有效的联结,将自上而下的力量与自下而上的力量进行辩证的结合。而“否决式民主”正是本书关于这个问题的核心答案。实际上认真分析就可以看出来，即便是新加坡、中国香港和台湾地区的选举，也都在不同程度上带有“否决式民主”信任投票的特点：新加坡每次的国会选举与其说是在选举，不如说是新加坡人民对长期执政的人民行动党四年一次的信任投票；中国台湾地区08年的领导人选举，与其说是台湾人民选择了国民党，还不如说是人民否决了民进党。国民党当选似乎不是因为它干得有多好，而是因为民进党干得实在太差了；而中国香港未来“统一提名，市民直选”的特首选举，某种程度上也带有全体香港市民对提名委员会的初步选择进行信任投票的性质，因为在这种选举体制下，市民的自主选择余地相对较小，真正的威慑力还是在于“否决”。从这个意义上说，这样的一个选举体制一旦实施，除了各个候选人的得票率之外，香港市民的总体投票率未来也可能逐渐成为一个重要的观测指标。

与西方式的“选举式民主”相比，“否决式民主”应该是一种中国式的平民民主，它的创设对于本书理想中法治模式的最后形成具有决定性的意义。在积极探索稳妥的自下而上的民主方式的同时，实践中也一定会发展出了其他的一些民主方式，比如执政党内部的民主和与参政党之间的民主。这些探索是必要而有益的。不过从某种意义上说，无论是执政党内部的民主，还是执政党与参政党之间的民主，都带有一定的精英民主的特点。执政党内部民主基本上是属于执政团队内部的精英民主，尽管它的执政基础已经十分宽广，但是在本质上它仍然是一种精英内部的民主，而与参政党相互协商的民主也只能算是一种扩大化了的精英民主。不要觉得讲精英民主有什么不好意思。在任何一个社会里，精英民主都是存在和必需的。因为任何一个社会都需要选拔出自己的精英团队来管理公共事务，而这个精英团队内部本身同样需要一种民主的生活方式，以确保总能选拔出最优秀的人选来引领这个团队。精英民主在古代中国有着十分深厚的历史渊源,在制度层面上它的主要表现形式有两个:其一是公平选拔人才的科举制度。从更宽泛的意义来理解,民主并不仅仅只是选举。通过最严格的考试将最优秀的人才选拔出来,而不论他们的家庭出身,同样是一种民主。中国科举制度的伟大必须放在那个时代的背景下才能被真正理解。其二就是民主讨论国是的"廷议"制度。中国古代的皇帝与大臣们每日在朝廷上的会议实际上已经具备了很强的民主内涵。大臣的参奏与彼此的辩论,皇帝的协调与最后的裁决,在那个时代不能不说是一种中国特色的精英民主。虽然皇帝作为最终的裁决人具有专断的性质,但是只要帝国还在正常轨道之上,这个皇帝就不可能胡来一气。事实上除了他自己的个别偏好之外,多数事情上还是会顺应大臣们的主流意见作出决定。即便有时他头脑发昏,也不乏有一些硬骨头的言官犯颜直谏,话里有话夹枪带棒地骂上他一顿,到头来这皇帝恐怕多半还得咬咬牙忍受以显示自己从善如流,因为这些人本来就是你让他们干这行的。平心而论,这难道就没有一点民主的内涵?精英民主的传统在今天的新加坡社会和中国香港社会中表现得依然十分明显。新加坡人民行动党十分注重吸纳社会精英加入自己的执政团队,其追逐人才的手法有时如同一个猎头公司。甚至连新加坡前总理吴作栋当初也是人民行动党通过"猎头"的方法从商界"猎"入政界的。猎头策略当然是一种精英政治,因为大家有没有见过不去猎"精英"而去猎"平民"的猎头公司吗?猎头策略又是一种精英民主,因为这种不拘一格,唯才是举的选拔机制的确已经包含了一定的民主内涵。虽然它并没有进行投票,但是这种将那些已经被社会实践证明是成功的人士直接吸纳入党的做法实际上已经将选拔人才的标准直接建立在全社会大多数人的共识基础之上了。香港回归以后，香港特首也一直由一个800人的选举委员会进行间接选举。这800人毫无疑问都是香港社会的精英人士。现在根据全国人大常委会的决定，2017年后香港特首将改由一个提名委员会提名候选人，而提名委员会的组成参照现在的选举委员会，实际上就是将过去的选举委员会转变为提名委员会了。无论是过去的选举还是将来的提名，基本上都带有精英阶层的民主特点。可以不夸张地说，精英民主正是新加坡和香港两个社会在过去的时间里取得阶段性成功的一个重要因素。因为一个社会的确十分需要一个稳定的有远见的精英团队予以正确的指引，尤其是在一个拥有浓厚的中国传统的社会里。

然而在一个现代社会里，精英民主无论如何也不可能包办民主生活的全部。因为正如维尔弗雷多·帕累托所说的，所谓精英(elite)，从词源上理解是指那些最强有力、最生气勃勃和最精明能干的人，而无论好人还是坏人。[1] 然而在一个现代民主法治的语境里，精英的意义并不在于统治大众，而在于服务大众。因此要想保证“阳春白雪”的精英民主永远不脱离大众的利益轨道，确保公权力的交接不会蜕变成精英之间的私相授受，就必须让它与“下里巴人”的平民民主进行有效的对接。在用精英民主的先进性不断地引导平民民主的同时也不断地接受平民民主的终极检验和必要时的终极矫正。新加坡人民行动党的精英民主就是通过投入四年一度的议会选举竞争，自觉接受着平民民主的终极检验。[2] 而2017年之

---

〔1〕［意］维尔弗雷多·帕累托：《精英的兴衰》，刘北成译，上海人民出版社2003年版，第13页。

〔2〕2009年新加坡副总理张志贤率领政府代表团在中国浦东干部学院访问期间，负责为行动党物色人才的行动党组织秘书黄永宏部长在接受新加坡记者采访时是这样表达他们的接班理念的：“我们已物色了一些有潜能的候选人，目标是让第四代领导班子在约2020年时引领新加坡前进。我们所能做的就是组织一支团队，把他们介绍给人民，最终必须由新加坡人来决定他们是否有能力和有同情心；是否了解选民的需求，以及能否得到信赖。”

后的香港特首直选实际上也是将过去的选举委员会未来的提名委员会的精英民主投入到市民直选之中,令其接受平民民主的终极检验。请千万不要将平民民主视为洪水猛兽,因为有一个很简单的逻辑:如果精英们是为了大众谋福利的,那么又有什么不敢接受平民民主的检验呢?如果精英们不是为了大众谋福利的,那么又有什么理由不让他们接受平民民主的检验呢?在我的想象中,如果有一天中国真的能够建立起"否决式民主",那么今天的执政党的内部民主和与参政党相互协商的民主就有可能找到这样的一个终极检验平台,以向全世界证明自己的民主含金量究竟有多高。

我相信本书的方案应该是对中国传统社会结构的一种变革,而不是一种颠覆。如果说中国的传统社会结构的确是一种同心圆结构的话,那么五千年来,它应该经历了三次这样的变革。在漫长的夏商周三代时期,中国就已经逐步进化出了这种独特的同心圆式社会结构。只不过当时的圆心对整个结构的控制力还比较弱,它最多只能表现为一条虚线(如图 5.4 所示)。这应该是中国社会结构的第一次变革,这样的一个社会结构存续了两千多年的时间。到了公元前 221 年,这个结构经历了第二次变革,这次变革可谓十分剧烈,但是终究没有改变这个同心圆结构。它的全部变也不过是极大地加强了圆心对整个结构的控制力,从而将原来的控制虚线变成了一条控制实线(如图 5.5 所示)。第二次变革后的社会结构同样也存续了两千多年时间。而现在无疑正在经历着中国社会结构的第三次变革。如果历史规律还靠得住的话,那么我相信可能仍然没有办法也没有理由打破这个同心圆结构,但是我相信这一次变革也将是实质性的。因为如果我们终能赋予中国老百姓一个用手投票的否决权的话,那么我们就有机会将那条从来都是自上而下的单向控制线变革为一条自上而下与自下而上相统一的双向控制线(如图5.6所示),从而将中国社会改造成为一个具有灵敏的正负反馈机制,能够自我修正、自我稳定和自我发展的现代化自组织系统。我不知道中国第三次变革之后的社会结构能够存续多久,但是如果非要为这个结构加上一个期限的话,我希望是两千年。

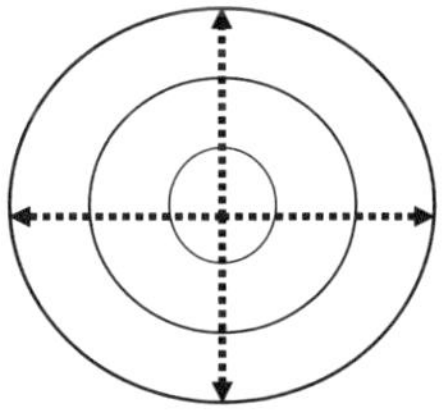
5.4 先秦社会结构

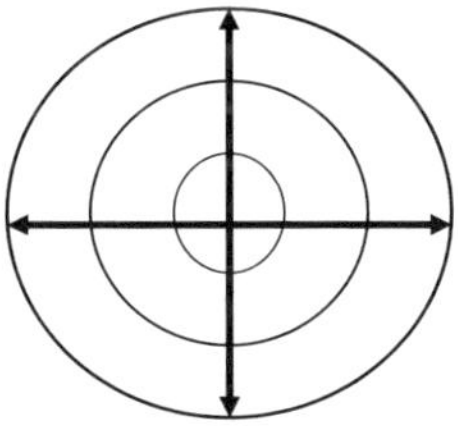
5.5 秦后社会结构

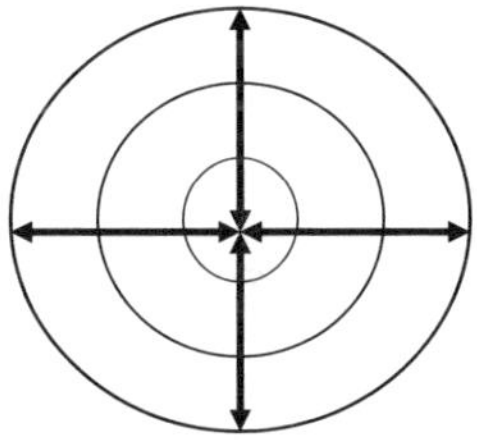
5.6 现代社会结构

从系统论的角度来看,如果把中国传统社会体制比作一个大系统的话,那么缺乏一套灵敏、及时、有效的信息反馈机制大概是它的最大弊病了。因为在这样的一个大系统中,中央控制机构在向系统的各个部分发出控制指令(比如任命一位地方干部或发布一项政策措施)之后,往往由于不能及时接收到充分准确的负反馈信息,导致中央控制机构无法对控制指令做出有效的评估和修正。这个缺陷在系统论上实在是个大忌。因为这样的系统一经运转,很快就会出现内熵集聚的现象,进而导致系统紊乱,最后必然是系统崩溃。虽然正如前文所讲的,中国的体制也的确为老百姓保留了一条最后的信息反馈渠道,但是这条反馈渠道的信息回路实在是太长了,经过多个环节的延误和耗散,这些控制信息往往会逐渐失真乃至完全失效。而当内熵最后积聚到一定程度的时候,就会迫使这个系统不得不采用剧烈的、破坏式的能量释放方式来重新恢复系统的能量平衡,也就是常说的“大乱而大治”。从这个意义上讲,如果真的能够在中国体制的设计上增加一项自下而上的“否决权”的设置,尤其是将中国传统意义上的“超级否决权”拆分成一个个灵敏及时的“小否决权”的话,我们的确有机会为中国这个大系统布下一套灵敏的信息反馈系统。而若是有谁想问这样的一个变革对于中国传统体制的意义有多大,那就不妨请他先了解一下一套灵敏的神经系统对于一个健康人体的意义究竟有多大。这个认识大概也可以用来解释今天这个体制为什么总是在出现危机的时候才想起管理危机,总是在出现剧烈的矛盾冲突时才想起化解矛盾。如果总是要么不面对,一旦面对就是危机的话,那么真正需要被管理的实际上是这个体制的危机。不妨想象一下,如果有那么一个人,他的身体很健壮,大脑的智商很高,情商也很高,然而他的神经系统一直不够发达,尤其是神经末梢系统一直很迟钝。这样的一个人如果不小心将手放到了火里,他是不懂得迅速将手缩回的,一直到他运用自己的眼睛发现了自己的手已经被烤焦的事实,才由大脑发出控制指令将手缩回。如果这也算是一种危机管理的话,那么这种管理实在是谈不上高级。然而这也正是目前所谓的危机管理的现状。每一次管理实际上都是在处理一个被烤焦的部位。为了应对这些此起彼伏的突发危机。我们可以说是用尽了全身的力气,调动了全部的智商,甚至浪费了太多的感情,然而最终还是无法摆脱自己遍体鳞伤的命运。不到危机不管理,每次管理必危机,这边管理那边危,管理过后仍危机。在我的理解中,除非真的为中国的躯体打造一副灵敏的神经反馈系统,否则中国的危机管理也许永远走不出这种疲于奔命的困局。

现在思考一下民意平台的问题。“否决权”的行使需要依托“民意平台”,这就促使我们必须重新评估和认识“民意平台”对于中国体制的重大意义。在中国这样的一个超大型国家里,民意平台可以根据体制的层级需要分为多个层级。其构架方式不外乎也是两种:基层搭建“直接民意平台”,中上层搭建“代议民意平台”。这样的民意平台实际上在中国早已存在并发挥着作用,因此从体制架构的角度来看几乎不存在改革的难度。但若是从实质作用的角度看,我们显然需要为这个民意平台注入更大和更加实质性的能量。在我的想象中,我们首先可能需要减少间接选举的环节,尽可能保证所有层级的民意代表均由直接选举产生,以避免前文所批评的自上而下的委托代理链问题在自下而上的环节中复制——越是重要和高层的民意代表,越是处于整个委托代理链的末端。除此之外,我们还需要认真考察一下民意代表的民意代表性究竟有多强。如果我们不能保证选举出来的民意代表的确忠实地代表了老百姓的利益和意志的话,那么就等于将“否决权”这一把具有巨大威力的“达摩克里斯之剑”随意地交给一群不知所云的家伙。这对于我们的体制和生活而言无疑将是一个灾难性的错误。在我的理解中,民意代表平台应该是一个不折不扣的聚合民意与升华民意的平台,而绝不能蜕变成为一个“新权贵俱乐部”。如果民意代表是精英,那么也必须是经过平民民主认可并代表着平民阶层的精英,而绝不能是一群脱离甚至是藐视和践踏平民阶层的精英。其实要做到这一点并不难,因为选票就掌握在老百姓的手中。过去我们可能会观察到的“新权贵俱乐部现象”在否决权被真正引入之后很可能将不复存在,对此我抱有较大的乐观。尽管中国的老百姓不见得能有西方人那样强烈的民主意识,但是我们真的不要抱怨他们过去在选择民意代表的时候不慎重对待手中神圣的选票。我们真正需要反思的是这一张神圣选票选举出来的民意代表究竟能够真正做些什么?如果这些民意代表终究只能做一些举手和拍手的工作的话,那么又有什么理由让老百姓浪费脑筋和感情去慎重对待这张“神圣”的选票呢?而如果这些民意代表有朝一日真的握有一张不折不扣的否决票,进而对集权体制和老百姓的生活构成实质性影响的话,那么老百姓又有什么理由不去慎重对待这张神圣的选票呢?在我的理解中,一个完整的民意平台应该包含两个层面,其一是意见表达平台,其二是意志表达平台。意见表达平台的功能在于迅速地采集和整合民众的各种意见,将各种日常工作和生活安排妥帖。而意志表达平台的功能主要在于倒逼,也就是通过否决权的行使,促使执政者对民众的意见表达给以足够的重视。我们所需要的民意平台,应该是这两个平台的统一。

一个真实有效的民意平台对于中国体制的自我完善同样具有十分重要的意义。认真观察中国的体制改革问题,我们往往会发现一个奇怪的“悖论”:大家都知道中国的体制基本上是一个自上而下的结构。因此从理论上讲,如果上层领导决心顺应形势推动体制改革的话,应该是令下如山倒,下级部门肯定莫不遵行。然而现在的很多事实是,即便这份改革方案顺应了时代发展的需要与人民福祉的需求,并得到最高领导层的亲自推动,却仍然会在推行中遭遇到来自各下级部门(包括地方政府)的巨大阻力,结果往往是大打折扣甚至是无疾而终。为什么?一个最直接的解释就是“部门利益”阻碍了体制的改革。的确可以这么说。可是有没有人思考过,为什么在中国这样一个自上而下的体制里,下级部门的利益居然敢于对抗上级领导的命令?难道他们不是上级领导任命的吗?难道他们就不怕丢掉自己的乌纱帽?答案其实很简单:因为缺乏一个真实有效的民意平台的支持，所以任何一个人在面对这个体制时都有可能是“弱者”，哪怕这个人身为这个体制的领导。

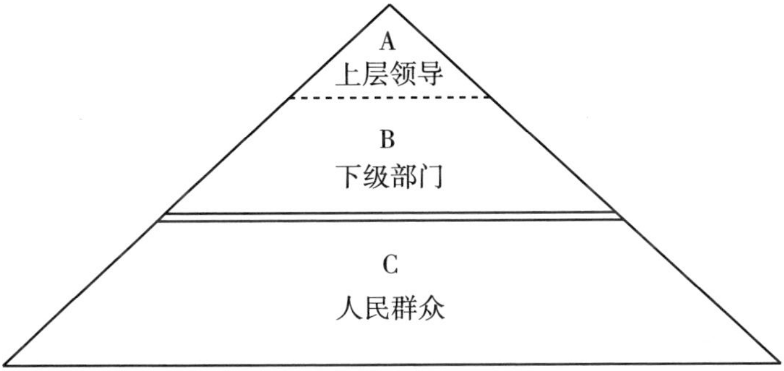

图 5.7 中国体制改革结构图

如果把中国的体制结构简化为这样的一个图形（见上图），马上就可以发现：A 部分的上层领导固然高居金字塔的塔端，但是相比起 B 部分的下级部门来看毕竟是少数人。在不触动下级部门利益的情况下他们可谓是位高权重，然而一旦触动下级部门的重大利益，则会马上显现出他们势孤力单的另一面来。不是有一句话叫做“铁打的营盘流水的兵”吗？借用过来难道就不能说“铁打的体制流水的领导”？更关键的问题是，如果我们一直将民主局限在精英层面的话，那么上层精英的权力在很大程度上还需要来自于下层精英的支持与配合。在这种盘根错节的条件下，上层领导的确很难做到无视下级部门的利益诉求，一意孤行推动可能损伤后者利益的改革，而不管这种利益合法与否、合理与否。因此中国许多体制改革的最后结局往往是步履维艰，甚至是不了了之。反正你好我也好，大家“皆大欢喜”。可是有没有人想过，体制改革之所以被推动，完全是因为这些改革措施利国利民，现在却由于体制内上下层精英的相互妥协而不了了之。其中得益的自然是这些体制内的精英们(虽然从长远看也不见得,因为不管是A还是B,其实归根结底也都是C),受损的却是体制下的老百姓。然而正如前面所说的,中国体制中的上层领导归根结底是民本位的,因此这种结局对于力图推动改革的他们来讲似乎并不是一个理想的结局。明明是一项符合绝大多数人长远利益的改革,却无法获得足够的民意支持而得以推行,这样的悖论之所以会发生,完全有可能是由于老百姓还缺乏一个能够充分表达他们意志的民意平台。尽管上图的A(上层领导)与C(人民群众)之间由于存在着直接的委托代理关系而具备了较强的共同利益和共同认知,然而如果C不能发挥作用,那么A显然难以独力对B构成足够的力量优势(事实上往往是一个相持不下的博弈困局)。相反如果C能够充分发挥作用,那么A通过与C的联合,则马上会对B构成压倒性的力量优势,强弱易势完全取决于C的作用发挥。一个不证自明的道理就是:一切改革的最终目的都应该是为人民群众的根本利益服务的。因此只有让人民群众充分表达自己的意志,才有可能避免最初轰轰烈烈的改革最后悄悄地沦为体制内精英相互妥协的牺牲品。而充分表达自己的意志就需要在制度层面上建构起一个高效真实的民意平台。我相信人民群众需要这个平台,因为他们需要透过这个平台来整合他们的意志,表达他们的诉求。我也相信上层领导同样需要这个平台,因为他们需要透过这个平台来获得准确的民意导向和有力的民意支持,从而使自己的决策获得来自主流民意的合法性背书。圣雄甘地曾经说过一句话:"与神性相契,或是完全孤独,或与千万人为伍。"不妨借用这一句话来解读我们的问题。古往今来,中国多少的上层领导在以一己之力推动改革的时候,总难免会因为深陷体制的无边包围之中而觉得

“完全孤独”,即便他们所做的事情的确是“与神性相契”。然而如果他们有朝一日真的能够搭建起一个有效的民意平台来凝聚民意,并将自己的重大决策奠基于强大民意的基础之上,那么相信他们一定并不孤独,因为那时的他们已经“与千万人为伍”。究竟是“完全孤独”还是“与千万人为伍”,也许就取决于能否建立起一种中国特色的平民民主及其所依托的民意平台。

基于这个认识,我们不妨顺便考察一下民主测评制度。大概说来,所谓的民主测评实际上就是一种下级对上级(或者是同事之间)的评价。在我的理解中,这种评价已经具备了民主的基本质素。如果运用得当的话,的确可以反映出一定的问题。但是从另一个角度来看,民主测评所覆盖和采集的民意样本并不全面。因为不管是上级还是下级,他们工作的最终目的应该是为人民群众服务,所以他们工作的最终评判者也应该是人民群众。如果人民群众没有办法表达自己的意志,而仅由体制内的下级对上级进行评价的话,那么前文所讲的悖论就完全有可能以另一种面目出现:在某种条件下,那些对下级的工作要求严格的上级领导,有可能成为这种评价系统的牺牲品。相反,那些涉嫌以牺牲公共利益为代价来换取体制内上下左右关系“和谐”的人,却有可能成为这种评价系统的宠儿。的确应该承认这种评价系统已经具备了一定的民主特质,但是如果不加详察地予以运用,则有可能盛产出四平八稳平平庸庸的“好好先生”。这样的民主只能是一种庸俗的精英民主。因此除非建立起一个真正的民意平台并引入平民民主,否则我们的确无法对我们的工作做出真正有价值的终极评价。从这个意义上讲,今天的民主测评制度不应该就是本书主张的“否决权”所依托的那个民意平台。需要再次强调的是,本书所设想的所谓“否决式民主”,主要是为了平民民主直接制约地方各级行政首长而设计的。换句话说是针对为数不多的各级政务官,而不是大量的公务官,是“擒贼只擒王”。大量的公务官依然应该采用科层制的方法进行正常任免和管理,以保证整个政府系统如心使臂,如臂使指地高效运作。这个问题的澄清具有现实意义,近年来所谓“民主测评”不分青红皂白的大量渗透应用已经产生了很大的副作用。那就是一个单位或一个部门的领导往往受到名为“群众意见”实为“下属意见”的掣肘而无法开拓性地工作和严格管理,而一名能力超群的新秀往往在一群存在相互竞争关系的“群众”的“民主”推荐中不敌一位平庸“无害”的老好人。这一普遍性问题必须引起警惕,想想当年苏格拉底是怎么死的?雅典公民通过“民主”投票杀死的!关于民主,我们需要学习和提高的还有很多很多。

共识:一只制度之外的无形之手

今天是2008年5月9日。就在昨天,奥运圣火被中国人的光荣与梦想送上了世界之巅珠穆朗玛峰。然而我们依然不能忘记当圣火在奥林匹亚点燃的时候那个所谓“记者无疆界组织”抗议者的突然闯入;我们依然不能忘记当圣火在巴黎传递时所遭受到的那些令全世界蒙羞的攻击。当然我们也就更不能忘记那位用自己残缺的身体捍卫圣火的天使以及她那眼中的坚强与高贵,更不能忘记那一路护卫圣火平安归来的游子以及他们心中无尽澎湃的红色怒涛。曾几何时,我们以为人类终于已经走出了中西文明对峙的困局,以为真的可以将那友谊从奥林匹亚一路传递到长城,中国也已经为此准备好了微笑和美酒。然而就在人们以为一切都将顺利发生的时候,中西文明在那全场聚焦的历史接力处突然再次轰然相撞了。尽管这次并不是鸦片战争式的迎头相撞,但是中国和西方的确还是彼此撞了对方一个趔趄。这一个趔趄来得正是时候,因为它在一个十分关键的时刻让我们明白,不管我们的身体已经靠得有多么的近,我们心理上的距离却依然如此遥远。对于那些对中国国情一知半解甚至是一无所知的西方人来说,当他们手持“Free Tibet”的标语向想象中的“独裁者”大声抗议的时候,他们有可能自以为正从事着一项天底下最崇高的事业呢!因为在他们看来,难道这个世界上还有比“Freedom”(自由)更加要紧的事情吗?而对于那些高举着“捍卫祖国统一”横幅的华人华侨与中国留学生来讲,他们又有什么理由原谅那些图谋分裂中国的罪魁以及那些无知的帮凶呢?因为在他们看来,难道这个世界上还有比损害祖国的“统一”(Unification)更加令人愤怒的事情吗?

原来,我们和他们之间一直都未曾在内心取得过真正的一致。原来,在那只我们曾以为天下无敌的经济利益之手的背后,还有一只更加无形却又同样深刻的巨手,在无时无刻地操纵着我们的思想和我们的行动。这只巨手可以称它为“共识”。是的,共识。当人们远眺自由的彼岸时,往往忽略了它的存在。然而如果有朝一日抵达彼岸,我们就会知道,原来一切自由都是以某种共识为前提的。没有任何共识基础的自由只不过是一包解构一切的毒药。西方社会的历史已经证明,那自由可以让人们发动连年的战争,如果他们无法达成共识的话。那自由也可以让人们缔结美丽的契约,如果他们能够达成共识的话。同样地,那自由可以让荒岛上的鲁滨逊和“星期五”选择彼此敌对,如果他们不能达成共识的话是;那自由也可以让两颗孤独的心灵选择彼此依靠,如果他们能够达成共识的话。原来共识真的如此重要。因为共识,我们才彼此认同。因为共识,我们建立家庭。因为共识,我们结成团体。因为共识,我们组成社会。因为共识,我们创造国家。因为某一种共识,所以我们是中国人。还是因为某一种共识,所以他们是西方人。在漫长的过去,我们和他们曾经各自依凭着一份属于自己的共识,各自生活在一个属于自己的世界。然而现在这两份共识终于面对面地站在了一起。虽然在一百多年前它们就已经会过面,但是那时候的它们一个身强力壮,一个体弱多病,根本就不是一对等量级的对手。而现在历史性的时刻终于来临了。在文明实力的彼此消长中,在奥运圣火交接的那一刻,这两份共识终于再次相撞了(也许应该把他们直接称作"华盛顿共识"和"北京共识"?不过我还是不想这样做)。这一片纷乱扰攘的背后,正是他们在用属于他们的那一份共识向我们发起了一场挑战(当然也可以说是反挑战)。一场关于文明话语的挑战,一场关于法治话语的挑战。这次我们没有后退,我们也不能再后退了。在无边无际的互联网上,在CNN的总部大楼前,新一代的中华儿女正在用我们的热血,用我们的行动,也力图用属于我们的那一份新共识,向所有的挑战者宣读我们和平应战的决心。

然而我们真的准备好了吗?我们真的有把握应对这场关于共识的新挑战吗?要知道我们的对手是如此的强大,经过数百年的启蒙与革命,他们早已成功地创造出一个关于民主、法治、自由、人权的神话,以及奠基于这个神话之上的共识。在这个共识之上,他们的确有资本放纵一下他们的"自由"。托克维尔在《论美国的民主》中同样将这种"共识"视为"自由"的前提,只不过他把"共识"称作"民情"。他说:"他们一定知道:没有民情的权威就不可能建立自由的权威,而没有信仰也不可能养成民情。"[1]托克维尔认为,维持美国民主制度的原因有三个:自然环境、法制和民情。"毫无疑问,这三大原因都对调整和指导美国的民主制度有所贡献。但是,应当按贡献对它们分级。依我看,自然环境不如法制,法制不如民情。我确信,最佳的地理位置和最好的法制,没有民情的支持也不能维护一个政体;但民情却能减缓最不利的地理环境和最坏的法制的影响。"[2]而我们有什么?我们能不能也创造出这样一个属于自己的新神话,以及奠基于这个神话之上的新共识?在我的心目中,这样的一个新共识应该既能承继中华文明的优良传统,又能吸纳西方文明的优秀品质,它应该是二者的有机结合和辩证统一。这样的一个新共识,应该是一个能够真正沟通中国与西方的有说服力的话语体系。它应该具有描绘中华文明新境界的能力,善于为人们勾画出属于中国人的那一种健康的社会生活方式,以及这种社会生活方式所依托的那个良好的制度平台。从某种意义上说,这本小书的全部努力其实就是企图用自己的方式寻找和建构这样的一个新共识。因为我相信共识是一种"势",只要能够找到它并令其在我们的内心生成扎根,那么任何一个团体或个人都只能"顺势而为",而绝不能"逆势而动"。我们曾经凭借一个古老的共识共同生活了两千年之久,我们也曾经因为这个旧共识被西方浪潮冲击破坏而彷徨失落了近二百年时间。如果今天我们能够重新创造出这样一个有着强大生命力的新共识,那么我们就有可能构建起属于我们自己的那一个民主法治新模式,就有可能将所有的权力与权利、责任与义务全部纳入到一个我们所希望的轨道之中,我们的法治生活方式就有了一个

---

〔1〕[法]托克维尔:《论美国的民主》(上卷),商务印书馆2004年版,第14页。
〔2〕[法]托克维尔:《论美国的民主》(上卷),商务印书馆2004年版,第358页。

任何制度设计所不能达到的终极保证。我相信共识进一步,强制就退一步,自由也就进一步。如果拥有这样的一个新共识,我们就有可能最大限度地减少强制,并获得最大限度的自由。在这个意义上,共识的确是一只制度之外的无形之手。《孙子兵法》开篇就将兵法要义归结为五计:“一曰道,二曰天,三曰地,四曰将,五曰法。”其中的“道”为五计之首,那么什么才叫做“道”呢?孙子是这样解释的:“道者,令民与上同意,可与之生,可与之死,而不危也。”从某种意义上说,这样的一种“道”实际上就是一份可以“令民与上同意,可与之生,可与之死”的“共识”。

然而想要形成这样的一个共识又谈何容易呢?我们首先需要面对的就是如何才能重建中国人的信心。尽管中华文明的衰落不过近代百年,然而这已经足以保证当前所有的中国人都是在这样的一个时代背景下降生与生活了。我并没有责怪任何人,但是在这种西风压倒东风的年代里,的确已经有许多人不再愿意相信任何与中华文明传统有关的现代化方案了。他们挖空心思要做的就是如何才能腾空一跃,直达那幸福的彼岸。我们需要面对的还有那些如同高卢之鸡一样高昂着头颅,自以为掌握了全世界永恒真理的西方同志们。中国人需要用自己坚强有力的新共识提醒他们,西方式的“傲慢与偏见”绝不仅仅存在于奥斯汀的小说之中。如果中西文明再不能做到“两好合一,取长补短,用一盏灯点燃另一盏灯”的话,中国和西方都将无法面对未来。当然除此之外,我们还需要面对那些曾经活泼有力,现似已渐渐硬化的话语体系。今天的中国应该有两套握有话语之权的话语体系,一套似乎深居于象牙之塔,一套似乎端坐在庙堂之上。对于它们我无话可说。我所能做的就是尽可能充分地展开自己的合理性,生长,再生长。我相信“共识”应该是一种意识,而不应该是一种形态。因为只要我在内心深深地爱着你,那么为什么非得说“我很爱你”,而不能说“我十分爱你”或“I love you”呢? 在心里默默爱你是一种“意识”,只会用嘴巴说“我很爱你”似乎就是一种“形态”。我相信人们需要凝聚的共识应该是前者,而不应该是后者。

曾经读过一首令人伤感的诗,其中的两段是这样写的:“世界上最遥远的距离,不是生与死,而是我就站在你面前,你却不知道我爱你。世界上最遥远的距离,是用自己冷漠的心对爱你的人,掘了一条无法跨越的沟渠。”说真的,我不知道自己的全部努力究竟能够在这个沉睡的大海中留下多少的温暖,但是我真的不希望有那么一天,我也含着热泪面对大海,背诵这首伤感的诗。

CHAPTER 06 >>

第六章

精　神

今天是2008年5月26日,14天前的5月12日下午2点28分,一场空前的灾难撼动了大半个中国。顷刻间天崩地裂,人神共泣,无数生命就此诀别人间。梦游多日之后,我决定重新开始本书中断已久的写作,却发现不经意间已经抵达自己计划要写的最后一章了。而我之所以将这一章命名为"精神",正是企图在全书的结尾处用自己的语言来描述一下自己心目中所理解的中国人的独特精神气质。我一直相信这是一个十分重要的问题,因为它是文明的精灵,民族的魂魄。它似乎逍遥于法治之外,却又无时不在法治之中。也许正因如此,我一直无法确认自己是否已经储备了足够的能量来诠释这个问题,哪怕是采用本书这种蜻蜓点水式的方法。然而正踌躇间,一场来自地狱的震颤突然将一切的伪装和遮蔽抖落,让那全部的精神和灵魂在世人面前赤裸毕现。于是我决心动笔,用自己的语言将一个中国人的爱恨与情仇描绘,将一个民族的心灵与灵魂呈现,也以此纪念"5·12"汶川大地震中无数同胞生命的死难以及同样无数对于生命的超越。

第一节 中国人的家国情怀

宗教信仰是一种超越

先从一个问题入手——中国人有没有宗教信仰？这是一个困扰人们内心多年的追问。按照西方人的通常说法，一个没有宗教信仰的民族一定是一个没有希望的民族，因为一个没有来生希望的人怎么能够保证自己在今生尤其是生命即将终结之前不会作恶呢？从某种意义上讲，这个判断是不无道理的。海德格尔有一句名言，大意是："人是唯一预见自己必将死亡却又继续活着的动物。"我相信自从人类拥有自我的意识开始，生与死的纠缠就一刻也不曾在我们的内心停止过：我是谁？我为什么会感知？如果我会感知是因为我活着，那么我死了之后呢？死！死了究竟是一种什么样的感觉？没有感觉？可是没有感觉究竟又是一种什么样的感觉呢？每天我睁开眼，看着那花儿为我盛开，听着那小鸟对我欢唱，我闻到那青草有芳香，我感到那清风拂面来。世界如此的奇妙，生活又是如此的精彩，爱情如此的甜蜜，孩子们又是如此的可爱。然而这一切的一切难道真的会在我死后全部归于一片虚空，归于一片可怕的寂静和一片无边的渊暗？不！我不想要这样的死！我想要死后依然看那花儿盛开，我想要死后依然听那小鸟欢唱，我想要死后依然与爱人执手，我想要死后依然与孩子欢聚。不！不仅如此！我还不要今生的苦痛和泪水，我还不要今生的杀戮与血流；我想要那死后的世界更美好，我想要那死后的生活更幸福，我还想要那美好和幸福永恒，我还想要自己在那世界里永生！现在请告诉我，究竟有没有这样的一个世界?有没有?告诉我有这样的一个世界,好吗?真的有的,对吧?那么请告诉我,究竟要我今生做些什么,才许我死后去往那世界?还有,请一定告诉我,那世界的主究竟是谁?我又应该怎样呼唤那救我的主,那世界唯一的真神?他是上帝耶和华,还是真主安拉?

我愿意相信这就是宗教信仰的简单逻辑,一个关于生与死的合理逻辑。宗教是如此的复杂,却又是如此的简单。往复杂了说,宗教可能会让我张口结舌,无可言说。若往简单了说,我认为宗教的本质只不过是人类为了处理"人的有限性"与"世界的无限性"之间的永恒矛盾而提出的一种解决方案。海德格尔的那句话主要是在表达一种"向死而生"的思想。不过他的话里似乎透出一股人类中心主义的傲慢,因为我不相信他有能力确认其他的动物尤其是其他灵长类动物就真的不知道自己会死。"子非鱼,安知鱼之乐?"然而仅就人类而言情况的确又是如此。我们深知自己的生命十分有限,而我们所面对和感知的这个世界却又如此的无限。就像道教经典《太平经》所说的那样:"凡天下人死亡,非小事也。一死,终古不得复见天地日月也,脉骨成涂土。死命,重事也。人居天地之间,人人得一生,不得重生也。"我们匆匆来到这个世界,尚不足感知其万一,便又无奈地匆匆离去。"天地日月"依旧运作不息,而我们却已"终古不得复见"。然而即便如此,我们还得活下去。我们不仅要活下去,还要活得有质量,活得有尊严,活得有希望。我们不仅要活得有质量、有尊严和有希望,还要活得与他人和睦,活得为后世负责。我们不想因为生命的短暂而活得苟且,活得猥琐,活得绝望,我们更不想活成"我死后,哪管他洪水滔天"。如果可以,我们真的希望自己的生命能够像泰戈尔所描绘的那样热烈与优雅——"生如夏花之绚烂,死如秋叶之静美”(《飞鸟集》)。

努力超越生命的有限,以期把握世界的无限。这就是人类自诞生以来一直需要面对和思考的最根本的矛盾问题。不解决这个灵魂层面的根本问题,人类将无从自处,社会将无从发展,文明也将无从传承。而如果说这算是一种文明的“挑战”的话,那么西方文明的“应战”方式无疑就是“宗教信仰”。宗教信仰是人类在深不可测的外部世界与自身短暂的生命之间努力搭建的一座虚拟的精神桥梁。在人类叩问自我生命意义的漫长历史里,宗教信仰应该算是一个比较经典的标准答案了。西方文明如此,伊斯兰文明如此,印度文明如此,全世界数千年来大大小小的文明体也大都如此。从原始宗教到高级宗教,从政教合一到政教分离,从宗教与科学对立到宗教与科学并立,这个历久弥新的答案已经用历史事实向人们证明了自己的价值和生命力。尽管历史上的宗教也曾给人类带来无数的黑暗和血泪,但是总体而言,人们不得不承认这种应战方式是比较成功的。就西方而言,因为宗教信仰,西方文明彼此之间分裂孤立的局限性的确得到了很大的弥补与超越,西方人那颗孤独而躁动的心灵也得到了很大的抚慰与提升。甚至于可以说,如果没有基督教信仰,西方文明就不成其为西方文明,西方人就不成其为西方人。马克斯·韦伯在他的《新教伦理与资本主义精神》中,正是将资本主义异乎寻常的成功及其背后的诸多内在特性一再地归功于基督教(新教)对西方人的精神塑造。而至于为什么西方文明会产生如此迥异于其他文明的文化特性,韦伯则在该书的导论中闪闪躲躲地说:“在本著中,一直未充分利用人种学的相关资料。毫无疑问,要想进行真正彻底的考察,这种资料是必不可少的——尤其是在对亚洲宗教的考察研究中……所以将遗传差异的因素考虑在内也是必然的事。

生物遗传因素在其中发挥了很大的作用——我承认自己比较倾向于这种看法。”[1]我不想在此与韦伯先生就人种学问题展开探讨,因为我对人种学一点都不感兴趣。尽管我同样对中西文明内在特性的差异充满了求知欲,不过我还是希望这是本书唯一提及“人种学”或“生物遗传因素”之类字样的地方。马克思在《黑格尔法哲学批判》导言中已经表达过他的宗教观了:“宗教里的苦难既是现实的苦难的表现,又是对这种现实的苦难的抗议。宗教是被压迫心灵的叹息,是无情世界的感情,正像它是没有精神的制度的精神一样,宗教是人民的鸦片。”[2]在我的理解中,宗教的确不是起源于光荣与梦想的,它是起源于苦难的。越是苦难的心灵,就越是需要一个关于天国和得救的梦。越是苦难的民族,它的宗教属性往往也就越强烈。颠沛流离数千年的犹太人固然如此,今天日子看上去好过得很的西方人在相当长的历史里又何尝不是如此呢?因此在这个意义上,宗教的确与人种学无关,而应该与历史学有关。若是武断一点,甚至可以说,今天的宗教越发达,说明过去的日子就越不好过。日子不好过,当然不能说明人种上有什么劣根性,但至少不会反而推导出人种上有什么优越性来吧。至于西方文明的宗教形态为什么会是基督教,而不是别的什么,倒是个值得探讨的问题。在我的理解中,基督教强调人与上帝之间直接对话的特性,的确暗相契合于西方文明独立自主的内在特性。而基督教“惩罚异端”的强烈排他性,也十分典型地折射出了西方文明的“小共同体意识”相对缺乏包容性的狭隘特质(关于“小共同体意识”可参见本书第三章的有关论述)。还有,基督教的一神论教义及其在整个西方世界的统治性地位,在

〔1〕［德］马克斯·韦伯:《新教伦理与资本主义精神》,群言出版社2007年版,第17~18页。
〔2〕《马克思恩格斯选集》(第1卷),人民出版社1995年版,第2页。

某种意义上也折射出了西方世界站在四分五裂的历史现实眺望“大一统”理想彼岸的复杂心理。更为重要的是,那本劝导乃至于命令人们必须全身心服从于上帝的《圣经》,也满纸浸透着契约的精神。我们都知道《圣经》还有另外一个名字叫做《新旧约全书》,说的就是一个上帝与人类之间相互订约(Covenant)的故事。《旧约全书》中的《出埃及记》记载,摩西带领以色列人逃出埃及后,走到了西奈半岛中南部的西奈山。上帝耶和华在此召见摩西,并通过摩西与以色列人订立了一个契约。订约的一方以色列人必须遵守上帝亲手书写的“十诫”,否则上帝将降罚于他们。而订约的另一方上帝则答应把以色列人作为自己的选民,并把迦南地赐给以色列人作为永久的基业。然而在订约过后的一千多年时间里,以色列人却屡次背约,不断犯罪,从而受到上帝的惩罚,失去了自己的家园,受尽了人间的苦难。仁慈的上帝为了拯救世人,派自己的独生子耶稣来到人世救赎。耶稣用自己的宝血作为赎价,使上帝与人类重归于好,并重新订立了一个契约。这就是《新约全书》的由来了。在《新约全书》里,上帝依然是订约的一方,另一方则从犹太人扩展到全人类。任何人都可以“因信称义”,进入天国得到永生。作为局外人,认真品味《圣经》的构成与发展,我们的确可以从中感受到西方文明那份浓厚的契约传统及其不平凡的历史发展进程。在这个意义上的确可以说,西方文明只能是基督教的,基督教也只能是西方文明的。它们之间的相互适配是彼此相互决定的,这应该与上帝无关,恐怕也与人种学无关。用历史唯物主义的语言来表述,那就是:基督教是西方文明在长期的历史发展过程中,为适应自身发展的需要而创造出来的一种与西方社会形态相互适配的主流精神形态(如果不是一种意识形态的话)。在这一理解下,作为一种精神形态的基督教显然只与西方的特定社会形态有关,而与人种学及生物遗传因素无关。而至于为什么西方会发展出那样一种契约式的特定社会形态,我们已经在本书的前面几章给出了自己的回答,在此不再赘述。

那么新教与天主教之间究竟又是怎样的一回事呢?当西方文明穿越漫长的中世纪终于踏上契约革命的门槛时,西方社会开始了一场空前的大变革。基督教(这只是一个统称,实际上那个时候我们称它为天主教)自然也随之进行了一场大变革,这也就是人们常说的"宗教改革"。宗教改革家们努力将基督教义中最积极、最自由和最有活力的元素全部抽调出来,重新编排组织了一个与资本主义、市场、冒险、勤奋、劳动、独立、自由等时代元素最为适配的教义体系,并美其名曰"新教"。人们通常又称其为"基督教",以与保守老旧的"天主教"相互区分。在新教那里,上帝还是那个上帝,圣经还是那本圣经,耶稣还是在羊圈里出的生,最后也还是在十字架上受的难,这些都与过去没有任何区别。区别在于人们的确不用再买那荒唐无耻的赎罪券了,与上帝的对话也不再需要让神父来充当经纪人兼翻译了。用马丁·路德的话那就是:"信徒与上帝,犹如两个相爱的恋人,他们之间不需要第三者。"在我的理解中,新教实际上为资本主义从神权的控制下解放出来提供了宗教上的方便。作为西方宗教与时俱进的产物,新教显示出相对于天主教的某些优点,尤其是显示出与现代资本主义生活方式更加适配的某些特点是十分正常的,无须大惊小怪。从这个意义上讲,《新教伦理与资本主义精神》一书的视角的确堪称精准,思维也堪称深刻。不过以个人愚见,这本书的视野也并非全然寥廓,尤其是当韦伯向远方眺望时,他的地平线上居然出现了"人种学"的时候。顺便说一句,我的确不否认自己对人种学毫无兴趣,这也许会成为我未来寻求问题答案的某种障碍甚至是偏见。不过相信只有对人种学不感兴趣的人才有可能成为一名真正的世界主义者和人类主义者。

关于西方宗教还有一个问题需要讨论:为什么西方的科学越进步,宗教也就越发达?我们从小就熟知这样的一个理论:科学进一步,宗教就退一步。随着人类认识世界能力的不断提高,科学总有一天会彻底战胜宗教。我们都曾对这个判断深信不疑,然而随着时间的推移,我却开始逐渐起疑。因为我所了解到的事实是:西方社会的科学越昌明,宗教似乎也就越发达。现在的情况似乎并不是科学进一步,宗教退一步了,而简直就是科学进一步,宗教也跟着进一步。对于一个唯物论者来说,这实在是一个令人迷惑的悖论。为什么会出现这样的悖论呢?在下偶然出得国门,最喜欢去两个地方,一个是大学,还有一个就是教堂,尤其是大学里的教堂。大学是什么?那是科学的殿堂。教堂是什么?那是宗教的圣所。这一对按理说应该是你死我活的死对头,居然十分奇怪地结合在一起,而且几乎是并肩而立,携手同行。难道它们从来没有听过经典作家们的那些预言和警告?难道它们已经忘记了彼此之间曾经结下的那弥天的仇?还有,未来的它们还会这样一直并肩走下去吗?要想回答这个问题,我们必须从宗教本身的性质谈起。正如前文所述的那样,所谓宗教,按照我的理解就是人类的有限性与世界的无限性之间矛盾的对立统一。人生也有涯,其知也无涯。尽管人类可以通过科学认知的进步而不断地逼近真理,但是只要我们承认所谓的“人”终究是个有限的范畴,而“世界”相对而言又是一个无限的范畴的话,那么就得承认,无论我们多么地努力,也永远无法穷尽对这个世界的认知。而宗教就恰恰守在我们认知的边界处,用属于它们的语言和逻辑,为人们解释那个暂时无法认知的世界。如果我们可以用一个圆来表示科学,那么宗教很显然就是那个圆的外圈(见图6.1)。

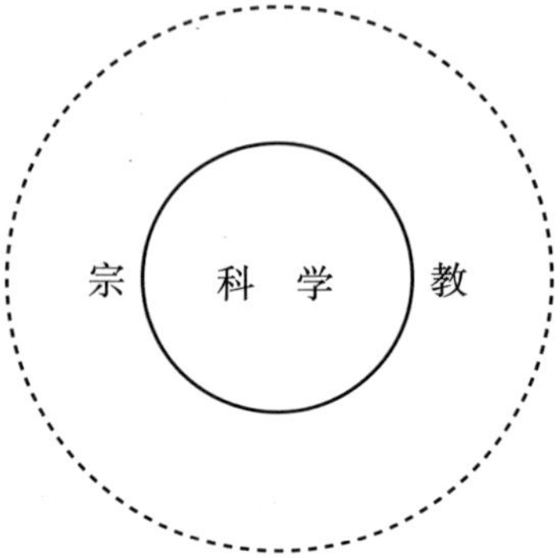

图6.1　科学与宗教

这个模型告诉我们,所谓的科学永远都有一个限度边界。在这条边界之内,科学用它的语言和逻辑为人们解释着这个世界。然而在边界之外,那个更广阔的未知世界依然被各种各样的宗教所据守。从这个意义上讲,我们的确可以将科学与宗教看成一对相互并立、相互补足的范畴,而不是一对相互敌对、相互矛盾的范畴。不仅如此,随着科学的不断发展,宗教也自然会随之发展。苏格拉底有句名言:“我知道的越多,才知知道的越少。”这句话可以被我们用来观察科学与宗教之间的互动发展关系。如果我们把传统科学和传统宗教的关系比作图6.2的话,那么我们就可以将现代科学与现代宗教的关系比作图6.3。

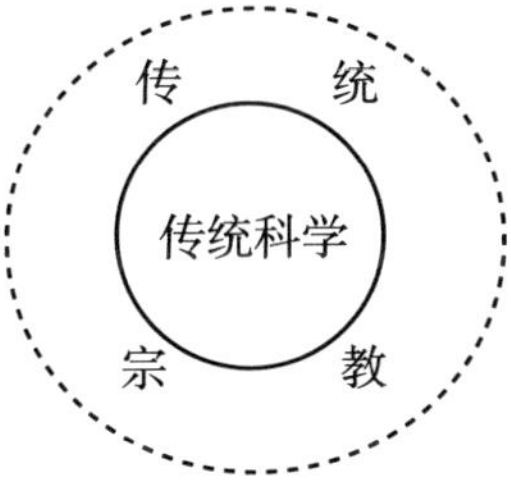

6.2 传统科学与宗教

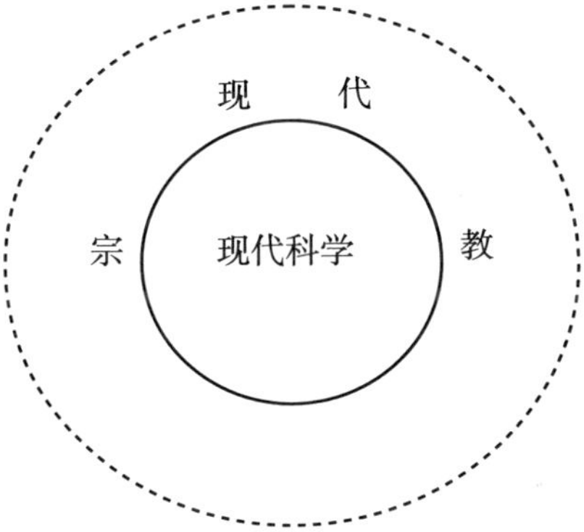

图 6.3 现代科学与宗教

这两个模型告诉我们,如果科学还是个小圆的话,那么它接触到的未知世界的边界也就会比较小,宗教的范围也就会相应地比较小(在人类认识世界能力还十分微弱的原始阶段,如果我们把整个科学只看做一个小小点的话,那么原始宗教就几乎覆盖了人类的全部简单生活)。然而如果有朝一日科学变成一个大圆的话,那么它所接触到未知世界的边界也会比较大。作为它的外圈,宗教的范围也就自然变得更大。这两个模型的对比给了我们一个迥然不同于以往认识的判断:科学越小,宗教也就越小;科学越大,宗教也就越大。从某种意义上讲,这个判断之所以会出现与我们过去的理解不太合拍的偏差,其根本原因就在于前提假设上的分歧:过去我们可能不自觉地将整个世界假设为一个恒定的有限范畴。而只要这个范畴是有限的,那么无论它有多大,就终归有一天能够通过科学的进步将其全部认识清楚。在这种理解条件下,科学与宗教之间显然就是一种此消彼长的关系:科学的地盘每扩大一分,宗教的地盘自然就相应地缩减一分。然而在本书的认识中,整个世界是被假设为一个非恒定的、无边无际的无限范畴。在所能想象的极限,它是永远无法被我们穷尽认知的。在这种理解条件下,科学与宗教之间自然就不再是一种此消彼长的关系了,相反可能是一种相互伴生的关系。历史告诉人们,宗教从来就没有办法消灭科学。即便它将布鲁诺送上火刑架,也绝不能吓倒人类探索未知领域的勇气。反过来,在可见的未来,我们似乎也看不到科学彻底消灭宗教的希望。只要承认人的有限性与世界的无限性,宗教就拥有它的存在空间和存在价值。在未来相当长的一段时间里,科学的地盘每扩大一分,宗教的地盘也会相应地扩大一分。

家国情怀同样是一种超越

现在让我们回到开头的问题上来:中国人究竟有没有宗教信仰?本书的回答是——没有,或者更准确地讲——基本上没有。中国人信什么神?似乎什么神都可以信,又似乎什么神都不信。反正儒家是"子不语怪、力、乱、神",就算不是最彻底的无神论者,至少也是个准无神论者了。考虑到儒家对于中国人精神气质养成的主导性作用,我们的确可以说,中国人是没有宗教信仰的。不过如果我们再往深处和细处琢磨琢磨,似乎又觉得这个结论也不全妥当。因为如果说中国人真的不信神,真的没有宗教信仰,那么全中国遍地开花、香火日旺的寺寺庙庙们该作何解释？而那些逢庙就进，见神就拜的善男信女们又该作何解释？对于他们来讲，这算不算是一种宗教信仰？儒家的影响力虽大，但毕竟不是中国人精神的全部。除了它，中国人还有源远流长的佛家和道家的思想。这两家思想尤其是佛家思想，基本上就可以算是有神论了。很显然，如果我们说中国文化的确是一种“儒、释、道”三合一的文化的话，那么在每个中国人的精神气质中，这三种文化元素都应该或多或少地同时存在和交相融合着。因此一个典型的中国人，他首先应该是儒家的，是无神论的，其次又应该是佛家和道家的，是有神论的。正是这种无神论与有神论之间一主一次、矛盾统一的奇妙结合，搭建起了中国人精神气质的基本架构。如此看来，我们的结论似乎应该是：中国人“基本上”是无神论者，但“在某种意义上”也可以是有神论者了。[1]

可是这样的推论实在是太粗糙了，它根本就不足以解释我们心中的困惑。如果说中国人基本上是无神论者的话，那么他们为什么又要烧香拜佛呢？更重要的是，如果说中国人没有宗教信仰，那么中国人又该如何实现对自我生命的超越呢？在关于“生”与“死”之间矛盾的文明挑战面前，中国人的应战方式如果主要不是“宗教信仰”，那么又会是什么呢？千万不要告诉我，中国人没有自己的应战方式。一个如此庞大、悠长而坚韧的文明如果没有自己成功的应战方式，不可想象她能够一直香火不断传承至今。将全部的人类历史综合起来考察，也没有任何历史事实能够证明中国人活得比任何有宗教信仰的民族更加没有质量、没有尊严和没有希望。因此我相信这其中一定有一个秘密，一个简单却又未曾被充分揭示的秘密：中

---

〔1〕 本书在这里所使用的“中国人”概念只是一个多数概念，因为在中国的确有相当一部分人是笃信宗教的。他们当然也是中国人，只不过不属于我们在这里需要考察的特定对象范围。

国人一定有一种属于自己的应战方式。在数千年的漫长历史进程中，凭借着这种应战方式，中国人已经成功地回答了如何超越自我生命限度的文明难题。不揭示这个秘密，我们的思维就只会在中国人究竟有没有宗教信仰，儒家究竟算不算一种宗教信仰之类的问题上打转转。自近代以来，中国的许多大学者的确都在这些问题上打过转转。有的皓首穷经地认真研究“儒家”究竟可不可以称为“儒教”，有的倒是承认中国人不是依靠宗教来解决精神难题的，不过他的答案却是中国人依靠的是哲学。依我看，想要证明儒家究竟是不是一种宗教的同志基本上是在缘木求鱼。若是最后还能得出一个肯定的答案，那倒也真是令人佩服。因为能够为一种“敬鬼神而远之”的伦理体系套上宗教的帽子，没有点掩耳盗铃、指鹿为马的本事的确是不行的。而那种“中国人靠哲学来实现自我超越”的说法似乎也不太妥当，持这种观点的同志颇有点“以君子之心度小人之腹”的嫌疑。哲学并不是什么人都消费得起的廉价品，历史上文盲半文盲的中国人要远远地多于识字的中国人。想要让那些斗大的字不识一箩的普通老百姓依靠“哲学”来填补自我的精神空白，基本上是一句“何不食肉糜”的空话。

那么中国人究竟依靠什么来实现自我的超越呢？本书的答案是：中国人并不依靠宗教上的信仰，他们依靠的是一种独特的人文上的“信仰”。这种“人文信仰”就是中国人的“家国情怀”。

是的，家国情怀，一种中国式的信仰。人们常说“宗教信仰”，可是不知道有没有人曾经质疑过：为什么信仰非得是宗教的呢？难道非宗教就不能信仰吗？什么是信仰？在我的理解中，只要能够让一个人为了某种感情或某种认知而甘愿奉献自己乃至牺牲自我生命的，大概就可以称得上是一种信仰了。因此在“宗教信仰”四个字里,宗教只是手段,信仰才是目的。我们真正需要的并不是一种宗教,而是一种对于自我生命限度的超越。宗教固然可以帮助人们实现这种超越,但是只要我们能够找到另一种方式来实现这种超越,那么我们的确是可以做到不需要宗教的。而在我的理解中,中国人的"家国情怀"正是这样的一种非宗教的超越方式。

在中国人的生命领域中,"家"与"国"是两个极其重要的范畴。首先说说"家"。仔细观察中国人的精神气质,我们马上就可以发现,一个普通的中国老百姓从来就不把自己来生的希望寄托在缥缈的天国,而是全盘寄托在自己家庭的血缘关系之中。一个人的生命固然终有尽时,但是只要自己的子子孙孙繁衍不息,血脉不断,那么这个人的生命在某种意义上的确是可以得到延续的。尽管这样的"延续"终究是想象的成分居多,然而比起宗教的天国梦想,恐怕还是要实在上那么一点点。一个中国的母亲是没有宗教的,她的孩子就是她的"宗教"。可以有把握地说,为了自己的孩子,这位中国母亲是完全可以牺牲自己的一切乃至于牺牲自己生命的。这难道不是一种超越?这难道不是一种信仰?这当然是一种超越,这当然是一种信仰。当然,这位中国母亲逢年过节的时候很可能还会到附近的某个寺庙里烧香许愿,看上去似乎还有那么一点宗教上的信仰。但是仔细考察一下就可以发现,尽管她在向神仙磕头,但是她并不一定全然知晓自己所拜的那尊菩萨究竟是何方神圣。事实上中国的寺庙基本上也是各路神仙胡乱扎堆,要想一一认识清楚的确有点难度。因此这位中国母亲的方法很简单,那就是逢神必拜,以不变的磕头应对万变的神仙。有一天,这位中国母亲出外旅游,见到了另一座庙。尽管里面供的是一批陌生的神仙,但是她十有八九也是照单全收。一直等到磕完头出来,她也不见得了解这些神仙们的尊姓大名。不过我怀疑她并没有兴趣了解这些,因为她最大的兴趣并不是这些神仙,而是希望这些神仙替她办的那些事。只要能够办成这些事,管他是佛教的如来佛祖,还是道教的张天师,甚至是孔庙里的孔夫子,都照样给他磕头。对于这位中国母亲来说,永远变化的是各路宗教和神仙,永远不会变化的是她祈求的内容。那么她究竟在祈求些什么呢?尽管她祈求的时候嘴唇微启,默默念诵,不过我还是知道她的内容。这一点也不奇怪,因为我知道所有的中国母亲都是这样祈求的:“求神仙保佑我家阿毛今年考上大学”、“求佛祖保佑我全家身体健康”、“求菩萨保佑我家媳妇今年生个大胖孙子”。念完这些,后面往往还要加上一个“胡萝卜”:“事成之后,必来答谢”。连神仙都敢贿赂,而且还是“我给,是为了你给”。如此“宗教信仰”实在有点俗不可耐。的确很难想象这位中国母亲会为了这样的一种稀里糊涂、松松垮垮的宗教情感而实现自我超越。对于她来讲,宗教信仰只是一种假象,她之所以想拿钱来驱使各路神仙鬼怪,其实都是为了一个十分单纯的目的:为她的家庭利益服务。可见她真正关心和信仰的是她的家庭血缘关系,而不是宗教。在她那里,宗教不是她的信仰,宗教是为她的信仰服务的。

然而我们没有任何理由嘲笑这位中国母亲。虽然她的宗教感情实在是令人不敢恭维,但是她的家庭血缘情结却是坚如磐石。她的生,她的死,她的快乐,她的忧愁,她的希望,她的痛楚,无不寄托在这样的一种血缘情结中。为了孩子,一个最怯懦的母亲可以突然变成最勇敢的斗士。为了孩子,一个最小气的母亲可以转瞬化身最无私的圣母。在“5·12”汶川大地震的生死考验中,我们的确看到了这样的母亲,一群平凡而又伟大的母亲。尽管我相信所有的中国人都早已将她们铭记在心,但是我还是愿意在本书辟出一个小小的

角落,复述一下她们的故事,以永远纪念这些在地震中罹难的伟大的中国母亲:

“抢救人员发现她的时候,她已经死了,是被垮塌下来的房子压死的。透过那一堆废墟的间隙可以看到她死亡的姿势,双膝跪着,整个上身向前匍匐着,双手扶着地支撑着身体,有些像古人行跪拜礼,只是身体被压得变形了,看上去有些诡异。救援人员从废墟的空隙伸手进去确认了她已经死亡,又在冲着废墟喊了几声,用撬棍在在砖头上敲了几下,里面没有任何回应。当人群走到下一个建筑物的时候,救援队长忽然往回跑,边跑边喊‘快过来’。他又来到她的尸体前,费力地把手伸进女人的身子底下摸索,他摸了几下高声地喊‘有人,有个孩子,还活着’。经过一番努力,人们小心地把挡着她的废墟清理开。在她的身体下面躺着她的孩子,包在一个红色带黄花的小被子里,大概有 3、4 个月大。因为母亲身体庇护着。他毫发未伤,抱出来的时候,他还安静地睡着,他熟睡的脸让所有在场的人感到很温暖。随行的医生过来解开被子准备做些检查,发现有一部手机塞在被子里。医生下意识的看了下手机屏幕,发现屏幕上是一条已经写好的短信‘亲爱的宝贝,如果你能活着,一定要记住我爱你’。看惯了生离死别的医生却在这一刻落泪了。手机传递着,每个看到短信的人都落泪了。”

“5 月 13 日下午,都江堰河边一处坍塌的民宅,数十救援人员在奋力挖掘,寻找存活的伤者。突然,一个令人震惊的场景出现在了龚晋眼前:一名年轻的妈妈双手怀抱着一个三四个月大的婴儿蜷缩在废墟中,她低着头,上衣向上掀起,已经失去了呼吸。怀里的女婴依然惬意地含着母亲的乳头,吮吸着,红扑扑的小脸与母亲沾满灰尘的双乳形成了鲜明的对比。‘我们小心地将女婴抱起,离开母亲的乳头时,她立刻哭闹起来。'龚晋说,看到女婴的反应,在场者无不掩面。'我无法想象,一个死去的妈妈还在为自己的孩子喂奶,从母亲抱孩子的姿势可以看出,她是很刻意地在保护自己的孩子。或许就是在临死前,她把乳头放进了女儿的嘴里。'龚晋掩面而泣。一个三十岁的年轻小伙子,在妇产科见惯了初生的妈妈给自己孩子喂奶的场景,而此时此刻,这样一个幸福的场景却让他产生无法抑制的悲恸。"

我必须承认自己每每读到这几段文字的时候,都会不禁潸然泪下。如果说信仰是一种对自我生命的超越,一种哪怕牺牲自己生命也在所不惜的情感和认知,那么还有什么理由说,这不是一种超越,一种信仰呢?在我的理解中,这种情感不是宗教的,但胜似宗教的。因为我真的不知道普天之下还能有什么样的情感能够比这种爱更加的圣洁,更加的伟大呢?在那天崩地裂的刹那间,这些中国母亲没有任何的犹豫,她们拼尽自己的最后一丝力气,用自己的血肉之躯将死神死死挡住,从而把生的希望留给了孩子,无一例外。我完全相信,当万恶的死神将她们的生命夺走的最后一刻,她们的内心一定是万分不舍的,然而当她们最后凝视怀里的孩子鲜花般的面容时,她们又一定是含笑而去的。因为只要她们的孩子还在,她们来生的希望就不会全然灭绝,死亡的恐惧就绝不能把她们的精神全然压垮。这就是信仰!这就是中国人的信仰!一种血脉相连数千年,传承至今犹不绝的信仰!有它在,就没有什么力量可以将中国人打倒,死神也不行!

我相信这样的认识有助于我们理解中国文化和中国人精神气质中的诸多现象。我们可以理解为什么中国人如此看重"香火"传承和血脉延续,为什么中国老人最大的幸福就是五代同堂、儿孙绕膝。我们可以理解为什么古代的中国人会说“不孝有三,无后为大”,就像陆游的母亲逼着儿子休去温柔贤惠、却一直没有生育的媳妇一样。因为后代的身上寄托了他们来生的全部希望,没有了儿孙,就等于绝了他们的命根子。我们也可以理解为什么中国人会说“打虎亲兄弟,上阵父子兵”了。因为这种血缘上的联系是一种天然的组织纽带,它的战斗力是任何一种组织方式都无法比拟的。我们还可以理解为什么中国人走进寺庙,会说“保佑我家阿毛考上大学”,而西方人走进教堂,却只会对神父忏悔“我有罪”,绝不会忏悔“我儿子有罪”。因为在西方人的概念里,儿子有罪没罪那是他自己与上帝之间的事,每个人都应该独立地站在上帝面前,与上帝对话,由上帝评判,而不能由他人代劳,哪怕是他的父母亲也不行。

那么,家庭血缘是否就是中国人精神世界的全部?本书的回答显然是否定的。因为如果是的话,那么今天看到的中国人的组织形式就应该仅仅是一个个高度分散的家族群体,而不会出现一个巨大的国家。在我的理解中,血缘基本上是一种单向性的纵向传递组织方式,它严重缺乏多向性的横向联系能力。纵向传递由于受到寿命长度的制约,它所能凝结的组织规模总是很小。如果非要把旁支的关系一起算上,这种血缘联系又会迅速变淡。加上人口迁移等因素,最后实际上已经丧失组织的必要性和可能性。由此可见,家庭血缘并不能单独解释中国人的组织规律。家族也不可能是中国人的唯一组织方式。既然家族不是中国人的唯一组织方式,那么相应地,家庭血缘的信仰也不可能构成中国人的唯一精神信仰。本书的观察结论是:除了家庭血缘,中国人还有一种十分重要的信仰,它的对象就是“天下国家”。

了解中国的人都可以观察到这样的一个事实:数千年来,中国实际上一直都是一个由无数高度分散和均质化的农村和家族(有时一个农村有几个家族,有时一个农村就是一个家族)共同聚合而成的庞大国家。这个国家是如此之大,它的每个构成单位——家族却又是如此之小,而这二者之间居然没有任何的中介环节!这种奇特的社会结构令许多外国观察者百思不得其解:中国人究竟是用什么方法将如此之多的家族小群体凝聚成一个如此庞大如此坚韧的国家的?在本书的第二章,我们已经引用过汤因比的那句话了:"就中国人来说,几千年来,比世界任何民族都成功地把几亿民众,从政治、文化上团结起来。他们显示这种政治、文化上统一的本领,具有无与伦比的经验。"在前文中,我们已经从政治生活方式的角度回答过这个问题。如果现在让我们从精神纽带的角度来看待这个问题的话,那么本书的回答就是:除了血缘关系对于中国的基础性组织作用之外,中国人还有一种更加宏大的精神纽带,那就是对这个举世无匹的"天下国家"的深切情怀与崇高信仰。正是这种情怀和信仰将这些高度分散的家族群体直接凝聚成了一个庞大的国家。

公元1279年,宋元朝代更替走到最后的历史时刻。元廷大将张弘范率大军围困宋廷在南方的最后据点,与宋廷大将张世杰在崖山(今广东江门地区)海面大战二十二天,宋军最后的精锐舰队终为所破。大臣陆秀夫眼看大势已去,不愿天子落入敌手遭受凌辱,背负幼帝赵昺怀揣玉玺,跳海而亡,时年44岁。而张世杰兵败遇险,不愿逃生而去,最后也覆船而亡。二十万宋廷军民或力战而亡,或投海自杀,几无投降之人,以至于大战过后,"尸浮海上者十万余人"。其时文天祥已为元军所俘,拘执于元军阵中,目睹宋朝小朝廷最后覆亡惨况,悲痛欲绝。元廷辗转万里将文天祥押解回大都,利诱威逼劝降数年未果,终将其杀害。临刑前文天祥向南而拜,说:"吾事已毕,心无怍矣。”然后引颈就刑,从容就义。人们在他的衣袍中发现了一首绝笔诗:“孔曰成仁,孟曰取义,唯其义尽,所以仁至。读圣贤书,所学何事?而今而后,庶几无愧。”史家公认终宋一朝文弱成风,然而宋廷最后的覆亡依然如此惨烈,令人凛然。在我看来,不管是负帝蹈海的陆秀夫,还是共船而覆的张世杰,抑或是宁折不屈的文天祥自己,甚至是那些力战而死的普通士兵,都的确配得上文天祥所作的那首千古绝唱《过零丁洋》:“辛苦遭逢起一经,干戈寥落四周星。山河破碎风飘絮,身世浮沉雨打萍。惶恐滩头说惶恐,零丁洋里叹零丁。人生自古谁无死,留取丹心照汗青。”是啊,人生自古谁无死,留取丹心照汗青!在这些以死殉国的陆秀夫文天祥们身上,我们的确没有发现任何与家庭血缘有关的东西,然而我们依然分明地感受到了一种超越,一种为了国家和民族的兴亡甘愿牺牲自我生命的超越。这种超越是如此的遥远,遥远到我们可以从那忧愤跳江的屈原身上看到。这种超越又是如此的真实,真实到我们每个人都可以感受到自己的灵魂深处也在强有力地搏动着。我相信1898年9月,“今日中国未闻有因变法而流血者,有之,请自嗣同始”的谭嗣同身上有它;我相信1950年11月,在冰天雪地的长津湖畔与强敌舍命厮杀的志愿军战士身上也有它;我还相信2008年5月14日,从茂县5000米高空一跃而下的15名空降勇士身上依然还有它。在这次“5·12”汶川大地震中,我们的确目睹了无数同胞生命的死难,然而我们也同样目睹了无数对于生命的超越。这超越不仅仅来自于那些伟大的母亲,更来自于无数与受灾群众没有任何血缘关系的解放军战士、抢险队员、医务工作者以及无数来自四面八方的志愿者。我相信许多人可能从来就没有到过四川。他们在四川或许也没有自己的亲人,甚至于大多数人可能从来就没有听说过汶川这样的地名。然而他们还是来了,接到命令的,没有接到命令的,都来了。在这块陌生的土地上,这些人就这样用自己的双手拼命地扒开废墟的瓦砾,从死神的手中争夺着每一条生命。为了那些与自己全然陌生的生命,他们不在乎自己的双手早已血肉模糊,他们也早已将自己的安危置之度外,事实上他们也的确付出了沉重的牺牲。然而我相信他们一定是真诚而无悔的,因为这些拯救者与被拯救者一直拥有着一个共同的名字叫——中国。

是的,中国。自从这个举世无匹的天下国家诞生以来,它早已经在漫长的历史发展过程中用自己的方式完成了对中国人人格的塑造。对这个超级国家的强烈认同早已经成为中国人精神生活的重要内容。拜它所赐,中国人的人格也因此变得异乎寻常的宏大。因为这个国家的多样性是如此的复杂,它的包容性是如此的强大,它的历史厚度与历史韧性也同样举世无匹。完全有理由相信,一个内心能够装得下这样一个世界的人格,一定也是同样的复杂、包容、强韧、悠长与宏大。这就是深入中国人骨髓的"国家认同情怀"。而正是这样一种深刻的"国家认同情怀"与同样深刻的"家庭血缘情怀"二者之间一个宏大一个贴切的奇妙结合,构成了中国人独特的精神气质——"家国情怀"。站在这个认识基础之上,我们可以更好地理解中国的许多历史文化现象。我们可以理解为什么中国文字中的"国家"是由"国"与"家"构成。我们也可以理解为什么与其相匹配的中国主流价值观是"忠"与"孝"了。我们还可以理解为什么中国古代的知识分子毕生的追求就是"修身、齐家、治国、平天下",而千千万万没有什么知识的中国老百姓也同样会告诉自己"国家兴亡,匹夫有责"。除此之外,我们还可以看到这两种情怀在长期历史发展过程中是如何互动、对立、妥协、联合与统一的。我们可以理解为什么当中国人“忠孝不能两全”的时候要选择“精忠报国”。这是“家”对“国”的妥协。我们也可以理解为什么古代刑律允许“亲亲相隐”、“亲亲得相首匿”(亲属犯罪不应告发)。这是“国”对“家”的妥协。当然了,“谋反、谋大逆、谋叛”等危及“国”的重罪除外,说明这种妥协还是有底线的。我们还可以理解为什么古代大臣的父母去世,必须离职回家“丁忧”守孝三年,哪怕是当朝的宰相也不得例外。这应该算是“国”对“家”的尊重吧。当然如果皇帝真的认为肱股栋梁须臾不可或缺的话,也可以破例下诏“夺情”,不放他走。这又是“家”对“国”的“牺牲”了。我们还可以理解为什么古代中国人一旦犯下大逆之罪,往往会株连九族。这应该算得上是“国”对“家”的威吓了。而如果是为国立下大功,自己升官发财不算,关键是有机会为自己尚在襁褓之中的子孙捞个爵位什么的。这应该又算是“国”对“家”的利诱了。数千年的历史岁月,这两种价值观就是这样相互交织,一路同行,共同规定了中国人的人格特质,规定了中国人的价值信仰,规定了中国人宏大而又细腻的独特精神气质。现在我们完全可以自信地说:中国人当然有自己的信仰,它的名字就叫做——“家国情怀”。

精神后山与精神后院

然而“家国情怀”是否就是中国人精神气质的全部？本书的答案恐怕还是否定的。经过数千年的历史长河洗练,凝结在中国人身上智慧的丰富程度恐怕要远远地超出我们的认识与想象。本书的确没有能力将它们全部呈现,只能尽己所能地做一些粗线条的描绘。在我的理解中,“家国情怀”大概可以称得上是中国人精神气质的主体。它的形成与中国的主流价值体系——儒家对中国人精神的长期熏陶有着直接的因果关系。这种情怀是人文的,社会的,积极的,进取的,是“修得文武艺,售于帝王家”,是“学而优则仕”,是“达则兼善天下,穷则独善其身”,是“先天下之忧而忧,后天下之乐而乐”,是“居庙堂之高则忧其民,处江湖之远则忧其君”。不过从古人的这些励志格言中我们也可以感受到,正是由于它的积极进取,因此这种情怀又难免是忧伤的,失望的和无助的。因为与“宗教信仰”的抽象性和超验性所不同的是,这种“家国情怀”一直有它十分具体的投射对象,一旦它的投射对象并不如其所愿地与其互动配合,而是发生了重大的偏差和抵触的话,那么它的麻烦可就大了。有时候我总觉得中国古代知识分子命运的好坏是在赌运气。设若当今圣上天纵英明,从谏如流,那么这班读书人将自己一身本领“售于帝王家”就算是卖对人了。设若当今圣上昏聩无能,一心只想荒唐作乐,根本就不想理睬这班“忠臣”苦口婆心的规劝,那么这班士大夫一腔热血的“家国情怀”难免就要对牛弹琴。然而他们又能如何呢?这种在形式上似乎可进可退,但是在精神上却是有进无退的单向性感情投射,除了让他们“长太息以掩涕兮,哀民生之多艰”之外,的确没有为他们做出其他的正式安排。可以说,在精神上他们是没有退路的,因为“家国情怀”是没有退路的。

然而中国人总还得继续生活下去啊!既然“家国情怀”及其主要的塑造者——儒家并没有为人们安排一条正式的精神退路,那么人们的确没有理由不去重新开辟一条这样的路径。于是很快地,在历史深度上绝不亚于儒家思想的道家思想向人们展示出了提供这样一条精神退路的能力。林语堂在他的《左手孔子,右手老子》中说道:“孔子学说之中流社会的道德教训,神妙地适合于一般人民,它适合于服官的阶级,也适合于向他们叩头的庶民阶级。但是也有人一不愿意服官,二不愿意叩头。他具有较深邃的天性,孔子学说未能深入以感动他。孔子学说依其严格的意义,是太投机,太近人情,又太正确。人具有隐藏的情愫,愿得披发而行吟。可是这样的行为非孔子学说所容许。于是那些喜欢蓬头跣足的人走而归于道教。”[1]林语堂的意思是:不管儒家思想在中国占据了多么主流的位置,但总有那么一些中国人并不买孔子的账,因为他们的天性决定了他们更加喜欢“生而曳尾于涂中”,故而只能皈依于道教。我以为此话然也。不过在这里我并不单从这样的层面来理解道家。我想要说的是:道家清静无为、淡泊闲适的精神特质不仅为那些天性如此的中国人提供了一块精神领地,而且还为儒家的信徒们遭受挫折之后提供了一条有效的精神退路。考虑到道家师法自然、无拘无束的特质,如果我们将儒家的思想体系比作中国人日常居住的一座精神大宅院的话,那么道家思想大概就可以称得上是中国人的一座“精神后山”了。从此以后,但凡在那大宅院里受了委屈生了闷气,觉得郁郁不得志的同志随时都可以到这座后山上走一走,散散心。这样才有了陶渊明的“问君何能尔?心远地自偏。采菊东篱下,悠然见南山”;有了李白的“抽刀断水水更流,举杯销愁愁更愁。人生在世不称意,明朝散发弄扁舟”;甚至于连孔圣人本人失意时,也难免大发一通牢骚“道不行,乘桴浮于海”了。在我的理解中,这样的一座精神后山对于平衡中国人的精神状态的确具有十分重要的意义。从此以后,中国失意的士大夫们大抵上可以说服自己“退一步海阔天空”了。在这个意义上说,中国士大夫们的人格特质既是儒家的,又可以是道家的,既是“入世”的,又可以是“出世”的。用林语

[1] 林语堂:《左手孔子,右手老子》,陕西师范大学出版社2007年版,第89页。

堂的话来说就是："道教是中国人民的游戏姿态，而孔教为工作姿态。这使你明白每一个中国人当他成功发达而得意的时候，都是孔教徒，失败的时候是道教徒。道家的自然主义是服镇痛剂，所以抚慰创伤了的中国人之灵魂者。"〔1〕

然而道家这座"精神后山"毕竟是没有屋顶墙壁的。它的精神世界固然是如此的辽远深阔，容得你在其中纵横驰奔，但同时它又的确是漏风漏雨，无可遮蔽的。因此这样的一座"精神后山"只一般地适于那些精神自持力比较强健的士大夫们，而不见得能够普遍适合于全体的中国人。对于那些没读过几年书，看不懂《道德经》，写不来"采菊东篱下"，基本上不知道"哲学"为何物的普通老百姓来说，这样的精神修炼实在是太高级太遥远了。他们只想在自己吃尽了人间苦痛的时候，有人告诉他们说，你们只要诚诚恳恳、简简单单地做上几件事，就可以解脱去那精神上的苦。于是中国人最终还是没能彻底撇开宗教。公元前后，佛家东渡而来，加入到中国人的精神世界之中。屈指数来，那大乘佛教在中国生根者计有三宗：密宗一般地适合于那块神秘的高原；"拈花微笑"的禅宗则为士大夫的思辩开辟了一块新天地，进一步拓展了中国人形而上的精神空间；而只需反复颂念"阿弥陀佛"就可以到达西方极乐世界的净土宗则以其简单的教义为普通中国人提供了一处低门槛的精神庇护场所，从而为在生的苦痛中纠缠挣扎的中国人搭建起一座遮风避雨的"精神后院"。从此以后，失意的中国人除了在精神上的"出世"外，又多了一种选择，那便是精神上或行动上的"出家"。在中国人的心灵中，那扇庄严的佛门之后，总有那么一座清静的精神后院，愿意随时地

〔1〕 林语堂：《左手孔子，右手老子》，陕西师范大学出版社2007年版，第90页。

接纳那些在“红尘”中受了伤的俗世人。当然作为一种宗教，佛家也不是一开始便如此定位自己的，它也曾与儒家多次展开较量，试图争夺对这个社会的主导权。不过几番较量磨合下来，二者的相互关系已经基本确立。儒家的主导地位无可动摇，而佛家则自觉地退居候补地位。不过没关系，既然当不上先发队员，那么就把板凳队员的角色扮演好吧。爱看球的朋友都知道，但凡板凳队员都必须有一个本领，那就是听候命令随时准备上场替补，而且一上场就必须立即打出状态来。佛家的教义发展适应了这种角色需要，因此也就有了每个中国人都耳熟能详的“苦海无边，回头是岸”、“放下屠刀，立地成佛”。回头就是岸，放刀就成佛，作为一种宗教，这样的门槛的确不算太高。而且即便是皈依佛门之后，哪一天若是反悔，也允许你重新“还俗”而去。下次若还想再回来，理论上也没有什么不可以的。抬腿就来，拔腿就去，来来去去如此自由方便，的确有点像是自家的一座“后院”。然而若不如此，又该如何吸引信徒呢？板凳队员拿架子，最后肯定是没球打。中国人从来就不是印度人，也从来不是欧洲人。中国人满脑子都是人文社会的现实关怀。作为一种外来的宗教，佛家在中国人的精神世界中能有今日之地位，已实属难得。想要再进一步，确实并非易事。顺便说一句，曾有人观察到基督教信仰对于西方社会的重要作用，而中国人似乎缺乏宗教信仰，于是便主张中国人应该大力弘扬佛教（甚至有主张大力弘扬封建迷信的），从而形成自己的宗教信仰。窃以为此主张有三错。其一错在凡事以西方为标准：西方人有宗教信仰，中国人就必须有宗教信仰，否则便不能成功。其二错在不知中国人早已有着自己的信仰，昏昏然以为来生无望，自己吓坏了自己。其三错在高看了佛教的能量，殊不知佛教若有此本领，早在千年之前便已成功，岂待今日？

一座精神上的大宅院,配上一座“云深不知处”的精神后山,再配上一座晨钟暮鼓的精神后院,便那么随意而精巧、并立而融会地构造出了一个中国人精神世界的主体。然而即便如此,我还是不敢说,这便是中国人精神气质的全部了。至少我知道,中国曾经“天下之言,不归杨,便归墨”。那么,那个主张“兼爱非攻”,为了阻止一场战争愿意千里驰援且不求任何回报的墨家如今安在?它与后世每一个中国人梦中的“侠”以及那个仗剑天涯,快意恩仇的“江湖”又有着什么关系呢?是不是当儒家居于庙堂之高后,墨家便从此退隐于江湖之远?若是如此,那么在一个中国人的精神气质中,究竟又有多少是属于正式的安排,多少是属于非正式安排的呢?我在心里对自己摇了摇头。因为我知道自己还不是很清楚,或者说还很不清楚。不过我并没有丝毫受挫的感觉,因为我愿意它就像一个寥廓而迷幻的星空一样,永远地横亘在我们的眼前,吸引着我们永远追寻不已。

第二节　一个关于人性的判断

性本善还是性本恶?

在下幼年时期从未背过三字经,等到老大不小的时候,想补课发现已经晚了。因此每一次背三字经背到卡壳的时候,心里总会有那么点悻悻的。不过没有关系,不管会不会背三字经,这开头的第一句话大家总归是知道的——“人之初,性本善”。相传三字经是宋代王应麟所编,不过这人性本善的思想却要远溯到孔孟那里,基本上可以算是中国文化的一个基础判断了。孟子旗帜鲜明地主张性善:“人性之善也,犹水之就下也,人无有不善,水无有不下。”(《孟子·告子上》)为了支持自己的观点,孟子还举了一个著名的“孺子将入井”的例子:“所以谓人皆有不忍人之心者,今人乍见孺子将入於井,皆有怵惕恻隐之心。非所以内交於孺子之父母也,非所以要誉於乡党朋友也,非恶其声而然也。”(《孟子·公孙丑上》)孟子这段话说的是,每个人若见到一个素不相识的小孩即将掉入井中,都会产生怵惕恻隐之心,想伸手搭救他一把。在那电光火石的一刻,相信这种行动肯定是出乎本心,而不会是为了什么私利,可见人性还是本善的。

然而这个判断到了西方文化里就完全反过来了。从希伯来的犹太教传统开始,西方人就一直秉持人性本恶的文化判断。至于为什么说人性是本恶的,西方人的论证根本就没有孟子那么复杂。他们的答案充满了先验的色彩:因为人类的祖先亚当和夏娃在伊甸园里偷吃了一个苹果,遭到上帝的降罪,于是这份罪又被带到了他们的每个后代身上,导致每个人一出生便是恶人,是为“原罪”。在一个无神论者的眼里,这种先验的判断看上去似乎有那么一点自欺欺人的感觉。不过没有关系,就像中国人在那“人性本善”的判断上奠基起他们的文明大厦一样,西方人就是在这样的一个“人性本恶”的判断上奠基起了他们的文明大厦,一晃就是数千年。在我的理解中,想要论证这两个文化判断是否具有合理性,最好的标准不应该是学者的长篇大论,而应该是历史长河的风浪。不管怎样,这两座文明大厦已经巍然耸立了数千年,如此悠长的历史存在如果还不能证明这两个文化判断的合理性价值,那么我就不知道还有什么能够做到。可是很抱歉的是,直到今天我们还会不断地听到这样的观点:中国人关于人性本善的判断与真实的人性是不相符的。中国的种种弊端都是因为这种虚假的性善论的误导。为了消除这些弊端,中国应该摒弃性善论,引入西方的性恶论,才能走出历史的误区。

整本书我都在与此类逻辑周旋和战斗,犹如一个大战风车的堂·吉诃德。客观地讲,自从西风东渐以来,中国的学术界已经基本上完成了对西学的接受(虽然还谈不上完全吸收)。今天中国的学术界尤其是社会科学领域的许多同志无论是论证什么问题,都会有一个基本的前提假设:西方的模式是我们的方向,是我们的标准。这个认识在他们的头脑中是如此的根深蒂固,以至于他们所能做出的最大妥协就是承认中国的改革进程应该是渐进式的。然而无论如何的渐进,前方的标准模式总是摆在那儿了。我不反对西方模式的真理性成分,但是我彻底反对这种论证逻辑!这种机械的论证逻辑看似无伤大雅,实则暗含杀机,因为它会让所有的中国人无法自处。若是全盘按照西方人的标准,相信所有的中国人长得都十分丑陋:我们的鼻子不够高,眼睛不够蓝,皮肤不够白,头发也不够卷。可是你能让全体中国人都去做整容手术以赶上西方人的标准吗?难道这世界就不能有两种以上的长相标准吗?不管如何,中国人已经在这个世界上存在了千万年,他们存在着,价值就存在着,根本用不着别人来充当他们的标准,他们自己就是自己的标准!所以帮帮忙,再也不要告诉我,一种已经存在、发达并且支撑一座文明大厦达数千年的文化判断居然会是虚假无效和误导人的,而只有别人的文化判断那才是真理!

那么,究竟人性是本善还是本恶的?难道这两个截然相反的判断竟然都是正确的?本书的回答也许会出乎你的预料,那就是:严格地说,这两个判断其实都是错误的!或者更准确地讲,像人性本善还是本恶这样的命题本身就是一个伪命题!所谓"人之初"、"性本什么",其原意就是要我们去探究和描述一个关于人性的基本客观事实。也就是说是要求我们做一个事实上的判断，而不是一个价值上的判断。而不管是所谓的“善”还是所谓的“恶”，显然都属于一种价值判断。换句话说，人家问“人之初”，你却回答“性本善（恶）”，本身就属于答非所问，跑题千里，驴唇不对马嘴。其实我并不反对为所谓的人性下一个价值判断。我反对的是没有建立在事实判断基础上的价值判断。因为即便是要为人性下一个价值判断，也得先把事实搞清楚后再下也不迟。各位见过哪个法官是在没有查清案件事实的基础上就直接宣判被告人有罪或无罪的吗？然而事实是，现在“人性本善或是本恶”这个命题是被人们当作逻辑起点来研究论证的，在它之前并没有更加基础性的事实判断。也就是说，主张人性本善或是本恶的同志实际上就是不经过事实调查，便将“人性”这个“被告人”直接拖进法庭宣判他是否有罪的。这种越过事实判断直接进行价值判断的人性论显然违背了基本的客观认识规律，因此它实际上就是一个伪命题。不跳出这个伪命题陷阱，无论你是论证“人性本善”还是“人性本恶”，甚至是论证“有善有恶”或者“无善无恶”，都会越论证越糊涂，最后免不了收获一个失败的结局。

利己与求同

那么，关于人性的事实究竟又会是什么呢？我们究竟应该如何尽可能客观地描述和发现这项事实呢？我的判断是：人的本性很可能是由两个相反相成的部分共同组成的。其中一个部分我们大概可以称其为“利己性”，而另一个部分则不妨称其为“求同性”。需要特别说明的是，这两个词在这里并没有任何的褒义和贬义，而全部是作为中性词来使用的，以表达人性中两个相反相成的事实倾向。

所谓“利己性”,通俗地讲便是指一个人天然具备的照顾自己,为自己谋求最大福利的本性倾向。关于这一点我们其实并不需要太多的论证,因为在这个经济帝国主义的时代里,每一个经济人的行为都可以被用来诠释这个本性倾向。在人们通常的理解中,“利己”往往又被称为“自私”,但是在我的理解中,这并不是什么罪过。因为它不过是每个生命必然具备的自我生存和自我发展的一种本能罢了。甚至可以说,照顾自己本来就应该是每个生命的首要任务。因为一般地说,这个世界只有自己才最知道自己究竟需要什么。印度的奥修不是有一句名言么:“信任安拉,但先要系好自己的骆驼。”信不信安拉是你的自由,不过即便你虔信安拉,安拉也是不会帮你系骆驼的,他最多是通过你自己的手来帮助你系好你的骆驼的。如果说每一个来到这个世界上的生命都应该受到照顾的话,那么首先让自己来照顾自己,本身就是一种成本最低,效益最高的安排。从这个意义上讲,作为一种本性倾向,“利己性”的确完全符合生命进化的基本逻辑。

现在的问题是:“利己性”是否就是人类的全部本性倾向了?我相信许多人的答案应该是肯定的。因为在这些亚当·斯密的信徒们看来,难道连《国富论》中的“经济人”假设还能有错?然而进一步的观察告诉我们,这个结论的确是可以被挑战的。每天我搭乘地铁上班下班,都默默地观察着那陌生的人流,默默地看着这些陌生而熟悉的人们为了在地铁上争抢到一个座位是如何进行“斗智斗勇”的。日复一日,年复一年,从无例外。完全能够感受到,在这座拥挤的城市里,人们是多么希望能够为自己多争取到一份稀缺的公共资源,而这难道不是人性中“利己”本性的最佳写照么?然而每当我想到这儿的时候,我的脑海里又会马上联想到另外一个场景:既然每个人都如此希望排除别人与自己争夺公共资源,那么假设突然有一天再也没有人与你争夺了——整列地铁的座位都归你一个人享用,整座大楼的房子都归你一个人所有,甚至连整个城市都由你一个人独自居住,不知阁下意下如何?我想如果我身处这样的环境,那么需要做的唯一一件事,就是立即逃离这个可怕的"鬼城",越快越好,越远越好。我相信这种心理同样出自于最基本的人性,而它显然又是不能用"利己本性"来做出解释的——全部的资源都归你一个人使用,再也无人与你争夺,为什么你反而无法忍受呢?我想只有一个解释能够说得通,那就是除了"利己"的倾向之外,人类的本性中很可能还有另一种相反的倾向存在。那就是在这个世界中天然地寻找自己的同类,与他们结成团体并将自己自觉地置于这个团体之中的本性倾向。我们不妨将其称为人类的"求同本性"。

我相信"求同"的本性同样深深地根植于每个人的内心之中。因为人类自从存在的那一天起,就要无时无刻地面对一个威不可测的外部世界。在它的面前,生命是如此的脆弱,个人是如此的渺小,死亡的恐惧与毁灭的梦魇无时无刻地纠缠着人们,侵蚀着人们。因此,不断地寻找自己的同类并结成团体,进而相互温暖相互依靠、相互合作、相互帮助,也就十分自然地成为人的内心的基本倾向之一。请千万不要把这种本性倾向解释为人类为了生存发展而选择的理性行为。因为如果这种"求同"的倾向仅仅是一种理性选择的话,那么我们同样可以把"利己"的倾向解释为人类为了生存发展而做出的一种理性选择。还有,如果"求同"仅仅是一种理性选择的话,那么我们的确无法解释人类行为中那比比皆是的无私的爱以及那足以穿透每个人内心的巨大的感动,也的确无法解释为什么对于一个在黑暗中孤独跋涉的人来说,没有什么东西能够比前方的一家灯火更令他感到由衷的欣喜了。无数的事实告诉我们,人类为了自己的利益可以去生或者去死,那是因为他们的身上的确存在着一种“利己”的本性倾向。然而无数的事实同样告诉我们,人类为了一种情感、一份感动也同样可以去生或者去死的,这难道不是一种“求同”的本性倾向存在于他们内心深处的最好明证吗?在孟子所举的“孺子将入井”的场景中,每个人内心在那当下产生的所谓“怵惕恻隐之心”,其实就是由于看到自己的同类即将发生不幸而在心中产生的一种负面感受。在我的理解中,这应该就是人类的“求同”本性在本能地发挥作用。只不过在孟子那里,它被直接判定为一种“善”了。2008 年 3 月 2 日,德国马克斯·普朗克人类进化研究所的研究员沃内克在《科学》杂志上发表一项研究成果,宣称该研究所找到了人类利他主义天性的科学依据。在该项试验研究设定的特定场景中,所有的婴儿的确都表现出了帮助他人的无私品质。[1] 按照研究人员的说法,这应该是为“人性本善”的判断提供了一个科学佐证。当然这个判断也是以偏概全的,因为婴儿在一个特定场景中表现出帮助他人的本性并不代表他们不会在另一个特定场景中展示出他们利己的本性。不过即便如此,我还是不由自主地联想到了孟子先生。我异想天开地想,要是孟子能够活到今天并且知道有这么一项科学研究成果的话,一定会十分开心的。

在我的理解中,“利己本性”与“求同本性”应该是一对相反相成

〔1〕 根据媒体报道,在这项研究中,心理学研究员每天在一群刚刚会爬的婴儿面前作简单的动作,比如用夹子挂毛巾,把书垒成堆。经过一段时间,研究员会故意笨手笨脚得搞砸这些最简单的任务。比如把夹子掉了,或把书堆碰倒了。此时实验室 24 个婴儿在几秒钟之内,同时都表现出要帮忙的意思。根据研究录像,一个裹着尿布的婴儿看看研究员的脸色,又看看掉在地上的夹子,马上明白了是怎么回事。他手脚并用地爬过来,抓起夹子,推到研究员脚边。看起来急切地要把夹子递给研究员。婴儿都表现出同样的热诚,似乎非常愿意帮助笨手笨脚的研究员。在整个实验过程中,研究员从来不主动要求婴儿帮助他,也不说“谢谢”之类的话。因为如果做出感谢等表示,很容易改变研究的初衷,使婴儿在帮助人的同时期望回报。所以整个研究中,婴儿完全展现了真正的利他主义精神,助人而不图回报。(新华网 2008 年 3 月 9 日报道)

的矛盾范畴，它们之间的互动与张力构成了一个完整人性的基本内涵。我并不喜欢将这个事实判断简单地转化为人性“本善”或是“本恶”的价值判断。因为你的确很难说，“利己性”就是一种“恶”，而“求同性”就是一种“善”。不过如果有人非要将它们大致对应起来，那便也由他。在我的理解中，西方传统文化之所以会倾向于“性恶论”，相信应该与他们更多地观察到人性中“利己”的一面有关。而中国传统文化之所以倾向于“性善论”，相信也应该与我们更多地观察到人性中“求同”的一面有关。这两种观察结果之所以会在中西方之间产生如此明显的分野，可能也折射出了古代时期的中国社会与西方社会在发达程度与和谐程度上的巨大差距——一个分裂对立，争斗不休，“人与人相互为狼”的古代欧洲与一个天下一家，和谐稳定，“四海之内皆兄弟”的古代中国。

所以，真的不要再说中国人的“性善论”是虚假无效的，更不要再说中国人应该摒弃“性善论”而采取西方的“性恶论”了。在本书的粗浅理解中，一个平衡而健全的人性似乎应该同时包含“利己”和“求同”这两种相反相成的本性倾向。如果非要把它们直接等同于“性恶论”和“性善论”的话，那么西方与中国也不过是由于各自的机缘而分执了其中的一端。因此从某种意义上讲，他们都是对的，因为他们的确从两个相反的角度分别触摸到了事实的一端。但是从另一种意义上讲，他们又的确都是片面的，因为任何一方其实都无法凭借自己手中所执的那一端描述出关于人性的全部事实。在伦理学的逻辑起点处，中西文明同样需要做到“两好合一，互相取长补短，用一盏灯点燃另一盏灯”。

现在我们大概能够理解，为什么中国人的精神气质中总有一股挥之不去的人情味，以至于在西方人坚信“没有永恒的朋友，只有永恒的利益”的国际关系领域,感情因素仍然是中国人十分重要的行为准则。我们大概也更加能够理解了,为什么郑和的无敌舰队总是为南洋小国们送去天朝上国的慷慨馈赠,而哥伦布们的小船队冒险冲进大洋的唯一理由便是掠夺和征服。甚至于直到今天,这种在国际关系中截然相反的行为倾向依旧在中国和西方的身上清晰存在着。尽管现在我们都已经知道,过去那种勒紧裤腰带也要无私援助“同志加朋友”的思想行为并非没有值得反思的地方,但是这种无私的情感在今天“朱门酒肉臭,路有冻死骨”的国际关系现实面前,的确闪耀着一种令人温暖的人性光芒。我深信今天的这个世界尤其需要这种光芒的照耀和温暖。全世界人民都必须深刻地认识到,我们已经身处同一个世界,我们必须拥有同一个梦想!我们当然可以利己,但是我们必须努力求同!

第三节　新时代，新精神

“沉舟侧畔千帆过,病树前头万木春。”不经意间,我们已经携手走过了五千年的时光。五千年的风雨啊,足以销蚀去无数的坚强,却永远也不能销蚀去我们心中那份薪火相传的中国精神。感谢这份精神,是它,让五千年后的我们依然明白自己究竟从何而来,明白自己究竟是谁。现在又是整装出发的时候了。让我们将这把精神的火炬再次点燃吧,相信它依然能够为我们照亮前方的路程。然而在这即将启程的前夕,也让我们静静地想一想,我们是否还需要重新审视一下这把火炬并为它注入一些全新的能量?雄关漫道真如铁,而今迈步从头越。历史已经走进了二十一世纪,时代毕竟已经改变了,中国人的精神是否也应该改变些什么呢?

在我的理解中,今天的中国人应该在传统精神的基石上建构起一种与新时代相适应的新精神。这份新精神至少应该包括中国人的“新天下观”、“新国家观”、“新社会观”以及“新家庭观”。

新天下观

所谓“新天下观”，就是在中国人传统天下观的基础上，将“天下”的内涵和外延扩展到目前我们所知的整个世界，激励中国人将自己对传统“天下”的责任与热爱推及于整个世界，让中国人的思维和心胸从此变得更加的开阔和宽广，也让中国人“天下一家”的梦想在这个星球上得到真正意义上的实现。我相信这种“新天下观”是可以预期的，因为中国传统天下观的边界本来就比较模糊，它实际上早已经具备了超越国家的狭义范畴并将所有已知文明囊括其中的内在张力。所谓“天下”是中国古代思想家们构想出来的最大的“地理—人文”的综合空间概念。它在理论上拥有无限的边界，可以将“天地所覆载，日月所照临”的地方全部包含在内。尽管在中国人过去的构想中，这个“天下”是分为中心（中国）和边缘（四夷）的，但是的的确确没有任何一个部分是被排斥于这个“天下”之外的。就好比荀子所说的那样：“四海之内若一家，故近者不隐其能，远者不疾其劳，无幽闲隐僻之国，莫不趋使而安乐之。”（《荀子·王制》）在我的理解中，这种“天下一家”、“王者无外”的“天下观”为所有降生于这个天下的人设置了一个先定与恒定的整体性存在，从而决定了这个天下的内向发展逻辑，决定了是“统一”而不是“分裂”，是“和谐”而不是“对立”，最后会成为这个天下的基本价值追求。

2003年，张艺谋的电影《英雄》用夸张的手法刻画了两个为了“天下”的长久安宁而克制自己家仇国恨的“英雄”——残剑和无名，结果在网络上召来了一堆的批评。“刺秦”在中国当代话语体系里一直被当作反抗暴政的象征,然而老张同志最后居然没有让残剑和无名这两个家伙下手,简直就是岂有此理。更令许多自由捍卫者气愤的是,《英雄》居然还让残剑们整出了个“天下”来做挡箭牌。为了一个破天下而放任暴政者逍遥,岂不是在逆世界民主之潮流而动,为暴政者歌功颂德?我无意于介入这场口水仗,也无意于为任何人辩护。不过就我个人看来,除了有点超越时代的突兀之外,残剑们的“天下观”并没有某些人想象的那么一文不值。如果《英雄》的编剧能再增加一点历史叙事的能力,这部电影就完全有机会向人们展示出中华民族自三代以来的统一历史以及源远流长的“天下观”传统,也完全有机会向人们揭示出春秋战国文化繁荣史背后隐藏的那些血淋淋的残酷事实,揭示出数百年来由于不可救药的分裂而导致的诸侯列国彼此之间无休止的血腥厮杀以及无辜百姓痛苦而绝望的呻吟。我想如果残剑们果真能有这样的历史眼光,他们口中的“秦王不能杀”的理由至少就不会显得那么苍白,他们的“天下观”也就不会被人不分青红皂白地与向暴政献媚直接画上等号了。当然,如果《英雄》的编剧能够再高明一点的话,残剑们在不杀秦王的时候,还可以显得更为痛苦和犹豫——他们一方面在秦王的身上看到了天下重新归一,百姓摆脱分裂之苦的希望,另一方面更进一步看到了秦王未来走向暴政的危险。让残剑们在这样的两难中痛苦,要远比让他们在“天下”和“国恨”之间痛苦显得更加有深度和更加时髦,恐怕也更容易堵住一些人的嘴巴。至于答案就不要直接给了,反正电影人的看家本领就是抛出一连串的问号,然后躲在一旁捂嘴偷乐,最后大家走出电影院时还得说你高明。

闲话不说了。历史的恩怨并不是一两句话能够说得清楚的,我的本意当然不在于追究历史的原罪,我只想提醒大家记住汤因比

1972 年对池田大作所说的那句话:“我所预见的和平统一,一定是以地理和文化主轴为中心,不断结晶扩大起来的。我预感到这个主轴不在美国、欧洲和苏联,而是在东亚。世界统一是避免人类集体自杀之路。在这点上,现在各民族中具有最充分准备的,是两千年来培育了独特思维方法的中华民族。”在我的理解中,不管中国的大一统体制当初是如何涅槃而来的,事实是中国人的确已经在数千年的自我发展中造就了汤因比所期待的那种“独特思维方法”。这种独特思维方法就是中国人独一无二的“天下观”。为了更好地理解中国人的这种“天下观”,我们不妨了解一下德国思想家卡尔·施米特的“敌友界分论”。施米特号称德国的“桂冠法学家”,在西方政治思想史上具有十分重要的地位。他认为敌人和朋友的界分是政治活动的核心,对敌人共同的仇恨是公民友谊的唯一源头。“告诉我你的敌人是谁,我将告诉你是谁”。我们都知道笛卡尔有句名言叫“我思故我在”,而施米特的名言则是“我分敌友故我在”。至于区分敌友的终极标准究竟是什么呢?施米特的答案我们大概都能猜得出来了——宗教信仰。在施米特看来,信仰的冲突决定了敌人并不是偶然的,而是一种“天敌”。因此只要人类存在,战争就会继续。不要告诉我卡尔·施米特仅仅是“希特勒的教授”、“第三帝国的导师”。因为无论过去还是现在(也应该包括相当长的未来),这种“敌友界分论”都在整个西方政治思想领域拥有十分致命的影响力,以至于当今最强大的超级大国也时刻不忘为自己制造出真实的敌人或假想的敌人,否则它根本就无法自处和自在。我相信 1972 年的汤因比正是深刻洞察到了西方思维方式的这种致命缺陷,才将世界和平的希望寄托于东方,寄托于当时仍在红色漩涡中痛苦挣扎的中国,更寄托于中国人这份历经数千年而不改的“天下观”。

现在是将“传统天下观”改造为“新天下观”的时候了。其实自从西方的坚船利炮打开中国的国门以来，中国人就一直在努力地坚持并改造着自己的“天下观”。历史告诉我们，尽管中华民族在西方列强的一次次肆虐下遍体鳞伤，但是中国人从来就没有放弃过自己的“天下观”，从来没有向西方狭隘的“敌友界分论”跪倒。中华民族忍受着痛苦坚持，并在无数次的试错后最终选择了马克思主义，选择了“全世界无产者联合起来”，选择了“共产主义”与“解放全人类”的宏大与崇高。而近一点，人们仍然可以看到当代中国共产党人写在自己章程里的那份朴实无华的愿望——为实现推进现代化建设、完成祖国统一、维护世界和平与促进共同发展这三大历史任务而奋斗。这是一个总体上还处于逆境之中的民族及其先进代表对这个世界的坚定承诺。我相信这个承诺，也相信中国人终有一日能够帮助这个世界构建出一个和平和谐、有差无等的新天下。

新国家观

与“新天下观”紧密相连的就是中国人的“新国家观”。笼统地说，在过去相当长的一段时间里，我们的“国家”大概就相当于整个“天下”，因此又可称之为“天下国家”。如果更严格一点，那么这个国家大概又是指这个天下的中心部分，因此又可称之为“中国”。这两个概念在中国人的意识里基本上都能够说得通。说明中国人过去的确没有一种壁垒鲜明的国家概念，有的只是一个边缘模糊，时盈时缩的整体性存在。现代国家的概念起源于16世纪法国思想家让·博丹的国家主权理论。这种理论奠基于西方世界四分五裂的政治现实，因此国与国之间必然是壁垒森严、泾渭分明的。同时由于各个国家是彼此独立的，因此它们之间又必然是形式上平等的。

对照一下中国人的传统国家观,我们马上就能够发现二者之间的本质区别了。从形式上看,西方的现代国家观显然更加符合当前的国际政治现实。因为我们目前生活的这个世界的确是四分五裂的,不存在什么世界的中心与世界的边缘,也不存在一个超国家的主权者。国与国之间既是相互平等的,又是国家利益至上的。从这个意义上讲,中国的“传统国家观”实际上早已经被这种国际政治现实所颠覆和解构了。然而在我的理解中,我们依然不能如此简单地将其弃若敝屣。正如我们在“新天下观”中所谈到的那样,我们需要反思的是:西方的现代国家观究竟给这个世界带来了什么呢?我们看到的是,在国家主权的庇护之下,国家利益至上原则已经被完全合法化了。结果是:“人与人相互为狼”升级为了“国与国相互为狼”。汤因比在《历史研究》中是这样描述的:“国家精神可以定义为使人们在感觉、行事和思考中,把任何既定社会的一部分都视为该社会总体的一种精神。这种民主与部落主义相互妥协的怪异产物,在我们现代西方世界的政治实践中的影响力,远胜过民主本身。”[1]值得人们深思的是,博丹的《国家论》发表于法国一次著名的宗教动乱——圣巴托罗缪之夜大屠杀之后四年。而他之所以要鼓吹国家主权论,其本意就在于削弱内部各封建领主的权力以及教会的权力,将国家最高权力集中到世俗君主手中,以此来克服内乱,恢复安定的社会秩序。然而也许连博丹自己也没有想到的是,这样的国家主权其实是一把彻头彻尾的双刃剑——对内的时候它扮演了一种统一的力量,一旦对外就有可能成为一种分裂的力量。国家主权原则在国与国之间人为地划下一条鸿沟,而这条鸿沟划得如此之深,以至于人

〔1〕[英]阿诺德·汤因比:《历史研究》,刘兆成、郭小凌等译,上海世纪出版集团2005年版,第8页。

们今天似乎根本就无法跨越它。这样的一个根据西方式国家主权原则构造出来的世界一定是一个弱肉强食、以邻为壑的世界。因为与各国之间实力相对均衡的西方社会不同的是,这个世界的实力对比是完全失衡的。东西之间与南北之间的实力差距不可以道里计。因此今天人们所看到的事实就是:形式上平等的国与国关系制造出了实质上极不平等的资源配置结果。于是就在西方社会的狗仔队们疯狂追踪明星绯闻的时候,非洲索马里的儿童们正在绝望中一个个地饿死。如果说这就是现代国家观的必然逻辑结果,那么我的确无法全盘接受这样的国家观,当然也就更加无法接受那种可以漠然面对饿死的婴童却又关心他国政府是否压制"人权"的"人权高于主权"的修正主义理论。我真的希望有朝一日中国人能够建立起这样的一种"新国家观":在这个弱肉强食的世界里,全体中国人首先高举爱国主义的伟大旗帜,紧密地团结在一起,捍卫我们来之不易的领土和主权完整。在过去的一百多年时间里,中国已经蒙受了太多的苦难,我们绝不允许任何人再从我们的手中夺去任何一寸土地,损害我们的任何一点主权。然而同时我们也应该牢牢记住,国家主权绝不是中国人自私自利的理由。这个世界有太多的苦难需要去抚平,有太多的贫困需要去消除。中国人的确没有任何权力要求别人做什么或不做什么,但是中国人的确有责任和义务去帮助那些需要帮助的人们,而不管他们是否一定是中国人。在中国还不够富裕的过去,我们已经这样做了,等到中国更加强大的未来,我们当然更应该这样做。这是一份遗传自我们祖先的博大与慷慨,我希望它能够在中国人未来的"新国家观"中牢牢扎根并发扬光大。

新社会观

除了“新天下观”和“新国家观”，中国人还需要建立起一份“新社会观”。从某种意义上讲，这应该是中国人的精神气质中最迫切需要补足的部分了。正如前文所述，中国的传统结构是上有国，下有家。“国”非常非常的大，“家”非常非常的小。而且这个非常大的“国”与非常小的“家”是直接发生关系的，中间几乎没有任何中介层。不要觉得奇怪，这就是中国式的结构，一个稳定存在了几千年的结构。其实准确地讲，在夏商周三代时期，中国的“国”与“家”之间是有中介层的。在那一个“封邦建国”的时代，国家对基层的控制力还比较微弱，中间有各部落族群（夏商时代）或各诸侯国（周代）的相对隔离，也就是所谓的“公侯百里，伯七十里，子男五十里”。君主在某种意义上只能通过控制部落族群或诸侯国才能控制整个国家。但是公元前221年，秦的统一彻底打破了这个封建结构。从那以后，整个帝国被彻底改造成了一个自上而下的金字塔结构，帝国统治中枢的命令可以迅速地直接抵达帝国的神经末梢，国家对基层的控制力空前强大。而这样的控制力一旦形成，国家就不会再允许任何人和任何组织阻隔自己的意志，不会允许任何人和任何组织与自己形成事实上的竞争关系。只有在帝国的最基层，国家才允许以近亲血缘关系为纽带的家族继续存在和发展。因为这种组织形式的规模太小，不但构不成对国家的挑战，而且以其顺乎天伦的内在特质而有利于保持整个国家的基层稳定。最后国家发现自己甚至还可以参照家族血缘的组织逻辑来完成自己合法性逻辑构建。于是就有了所谓的“君君臣臣、父父子子”、“君为臣纲、父为子纲、夫为妻纲”了。就这样，“国”与“家”之间最终完成了一次建设性的共谋，合力在亚欧大陆的东部建构起了一个举世无匹的天下国家，并在长期的历史发展中孕育出中国人独特的精神信仰——"家国情怀"。

1840年，这种"国—家"二元结构终于遭遇到了空前的挑战。在坚船利炮的威逼之下，中国封闭的国门被打开了，以"现代化"为名的西方生产方式和生活方式迅速席卷了整个中国。中国"男耕女织"的传统生产方式与"父母在，不远游"的传统生活方式被这种汹涌澎湃的现代化浪潮彻底吞噬和摧毁了。没有任何思考的余地，没有任何其他的选择，中国就这样被裹挟着匆匆上路了。然而现在的问题是，我们的身体早已踏上这条现代化之路，我们的灵魂却似乎并未紧跟而上。现代化生产方式按照工业化大生产的逻辑，在一个特定的区域聚集起大量的人力物力。它就像一块超级磁铁一样，将过去一直分散居住在无数农村的中国人统统调离自己的土地，吸附到一个个新兴的城市周围。于是一种全新的现代化生活方式随之展开了，这就是中国农民们一直比较陌生的城市生活方式。我相信人类历史上应该从未出现过如此规模和速度的城市化进程。正是在这个急剧城市化的历史进程中，问题出现了：中国传统的"国—家"二元结构由于承受了空前的压力而嘎嘎作响，中国传统的"家国情怀"似乎也无法全然安抚那一颗颗受伤的心灵。突然间我们发现，在传统的"国"与"家"之间，一个全新的人群聚集体出现了。当初他们为了谋生存和求发展而选择了背井离乡，然后被资本或其他的现代化元素吸纳和安置在了一个个陌生的城市中。他们之间并没有任何的血缘关系，也不是因为共赴国难而走到一起。也就是说，他们之间的关系与"家"无涉，与"国"无干。可是事实上他们又必须在一起共同生产和生活，那么他们之间究竟应该如何相处？他们相处的那个稳定的载体又应该是什么？而这样的一个稳定载体最后又会不会发展出一定的精神属性来呢?

所有这些问题都需要我们直接去面对,因为我们过去在很长的一段时间里一直像鸵鸟一样将自己的脑袋埋在沙堆里。我们一直不太愿意承认,在传统的"国"与"家"之间,一个相对独立的"社会"已经出现了。当然这样说并没有指责的意思,因为历史的惯性力实在是太大了。一个已经存在和运行了几千年的传统结构及其精神气质怎么可能在短时间里发生彻底的变化呢?然而正是由于在这个问题上的钝感,中国人的确付出了巨大的代价。不经意间,过去那种"阡陌交通,鸡犬相闻。黄发垂髫,并怡然自乐"的场景早已不再。现在的事实是:每天我们都拖着疲惫的身躯从单位回到家中,然后我们开门,接着我们关门。对门的邻居是谁,我们不一定知道,我们似乎也不想知道。因为我们与他们之间并没有任何的血缘关系。逢年过节,我们关在自己封闭的公寓里用长途电话向老家的亲人们问好,聊以抚慰彼此的心灵。那一刻我们都知道,这一根长长的风筝线从来就没有断过。然而路途毕竟遥远啊,这一份孩子对家的牵挂果真就能帮助一个年迈而孤独的母亲感到由衷的快乐吗?2008 年春节前夕,一场异常猛烈的暴风雪突袭了整个南中国,广州火车站承受了空前的客流压力,要知道那可是春运期间。可是就在那一片扰攘忙乱之中,不知有没有人曾经认真地想一想:为什么中国会有春运问题?为什么中国人每年都一定要回家过年,就像那候鸟北回,就像那倦鸟归林?如果我们能够更加真切地感受到中国人心中那份被现代化浪潮挤压得退无可退的亲情,也许就更能够理解这份游子归家的迫切与必然,就像理解那被挤压到了极限的弹簧一定会强有力地回弹一样。

中国人需要构建起一种全新的价值观,以坦然地接受自己的新生活。这种新观念我称之为中国人的“新社会观”。在我的理解中,所谓社会,就是一群没有血缘关系,彼此互不相识的人因为某种生产或生活的原因聚集在了一起而形成的特定群体。在这些人之间并没有权力纽带的强力联系,也没有血缘纽带的天然联系,他们的关系在本质上应该是横向而平等的。对于这样的一个特定群体,的确不能继续沿用中国人过去所熟悉的“权力”或者“感情”的方法予以调整。因为这种路径依赖早已经不能适应新生活的需要了。中国人迫切需要学习采用另一种全新的方法彼此平等相处。这种新方法就是本书第一章所描述的关键词——“契约”。“契约”是“社会”的伴生物,也是“社会”最基本的内在组织机理。可以说,有社会就必然有契约,反过来也可以说,有契约就必然有社会。每个人都知道美国有一个十分强大的社会,这并不稀奇。因为美国的本质就是一群没有什么血缘关系,甚至彼此互不相识的人为了一个发财、自由和宗教的梦想漂洋过海来到一块新大陆上。为了更好地相互协作,他们彼此订约,共同组成一个全新的社会。他们订立的第一份契约叫做《五月花公约》,他们订立的最重要的一份契约叫做《美国联邦宪法》,而其他大大小小的契约自然更是不计其数。由于契约的平等性和参与性,因此美国人的社会自治能力和自治意识特别的强。社会生活方式也成为美国人最主要的生活方式。关于这一点,我们不妨听听托克维尔一百多年前在《论美国的民主》中是如何描述的:“你一踏上美国的国土,就会觉得置身于一片喧闹之中。嘈杂的喊叫四起,无数的呼声同时传到你的耳鼓,每个呼声都表达某一社会要求。你举目四望,看到人们都在活动:这里,有一伙人在开会,讨论如何建立一座教堂;那里,人们在忙于选举一名议员;再远一点,一个选区的代表们正匆匆忙忙赶赴乡镇,去研究地方的某些改革事项;在另一处,是一群放下了田间工作的乡下人,前来讨论在他们乡修路或建校的计划。公民们集会在一起,有的是专为宣布他们不赞成政府的施政,有的是为了公布某一官员为本地之父……参与社会的管理并讨论管理的问题,是美国人的最大事情,而且可以说是他们所知道的唯一乐趣……如果叫他们只忙于私事,他们的生存就将有一半失去乐趣;他们将会在日常生活中感到无限空虚,觉得有难以忍受的痛苦。"[1]我绝不期待中国人最后能够培育出如此强大的社会意识,就好像我决不期待中国人最后能够变成美国人一样。我真正期待的是中国人能够通过学习构建出一份适合自己的"新社会观"。在我的理解中,这样的一个中国"社会"应该介乎于传统的"国家"与"家庭"之间,为中国人的现代化生产和生活方式提供一种全新的组织载体,它的基本组织机理当然也应该是横向平等的契约精神。这个"社会"的出现并不意味着对中国传统的"国—家"结构的彻底破坏和颠覆。实际上它没有理由也没有能力做到这一点。我们理想中的中国社会,应该是为了补足"国家"与"家庭"在现代化条件下的不足而诞生的,是为了满足对大量横向人际关系的正确调整以及大量出现的新兴群体的自我组织的需要而诞生的。未来中国的"国家"应该学会尊重和信任这样的一个社会,就像一个家长尊重和信任自己已经逐步成年的子女一样。"国家"应该学会将过去自己大包大揽的许多事情逐步地交给社会,然后指导它,监督它,而不是随意地干预它。而未来中国的"家庭"也应该学会依靠和信任这样的一个社会,就像一叶孤舟依靠和信任一支船队一样。"家庭"应该学会不再将家庭成员的全部风险概括承受,而是将这样

〔1〕 [法]托克维尔:《论美国的民主》(上卷),董果良译,商务印书馆2004年版,第277~278页。

的任务交给更有实力的社会在更大的范围内进行统筹安排。我希望一个年迈的中国母亲总能够在自己居住的社区中寻找到生活的快乐与温暖,寻找到精神的慰藉与依归,而不仅仅是依靠思念远方的游子来度日。当然我希望她客居他乡的游子也同样能够如此。在我的理想中,未来的中国人应该是这样的:他依然有着一份根深蒂固牢不可破的"家国情怀",同时与他人平等订约的"契约精神"也在他们的心中牢牢扎根。这份"契约精神"并没有能力破坏中国人的"家国情怀",然而它的确有能力保护每一个中国人的自主权利,有能力制衡越位的国家权力与家庭权力并让它们更好地各归其位。因此,如果说过去中国的结构是"国家—家庭"的话,那么未来中国的结构就应该是"国家—社会—家庭"。相应地,如果说传统中国人的价值观是"忠—孝"的话,那么未来中国人的价值观就应该是"忠—约—孝"。

新家庭观

与中国人的"新社会观"紧密相连的就是中国人的"新家庭观"。家庭对于中国人来讲实在是太重要了,它是许多中国人出发的起点,也是他们抵达的终点。家庭是中国人心灵的港湾。一个典型的中国传统家庭所承载的绝不仅仅是人口繁殖的功能,它更承载了伦理基石的功能、抵御风险的功能以及社会稳定的功能。可以说,一个中国式的家庭就是一个中国式法权社会的缩影和细胞。它在内在逻辑上与整个国家有着惊人的一致。中国人在家庭生活过程中养成的许多基本性格,放大开来也就成了这个国家的基本性格。正因如此,家庭在中国人的精神生活中一直有着举足轻重的地位,它为中国人提供了一个温情脉脉和不可替代的精神归宿。然而必须同时看到的另一面事实是:这个中国式家庭往往也构成了中国人精神生活的巨大负担,在极端的情况下,甚至会演变成为中国人精神痛苦的主要来源。中国传统的家庭观讲究的是“父权”和“夫权”,家长对于其他家庭成员尤其是对子女具有一种受到主流伦理和法权制度强力支持的权威和权力。此所谓“父要子亡,子不得不亡”,“刑三百,罪莫重于不孝”。而子女的婚姻自然更是“父母之命,媒妁之言”了。爱情算什么东西?婚姻的目的本来就是为了传宗接代——“上以事宗庙,下以继后世也”。对于中国传统社会来讲,家庭观这块伦理基石是绝不允许出现任何松动的,否则整座大厦必将“基础不牢,地动山摇”。就这样,在“国”与“家”共谋之下,这份传统家庭观一直稳如磐石,历数千年风雨而不易。然而今天的时代毕竟变了,现代社会的基本逻辑是:每个人都应该是生而平等的,即便是家庭成员之间也同样如此。父母与子女,丈夫与妻子,婆婆与媳妇,祖父与孙子,在本质上都是一对平等的生命范畴,谁也没有权力控制和命令对方,更没有权力压迫和伤害对方。自西风东渐以来,在这份新社会价值观的挑战下,中国传统家庭观已经节节败退,甚至可以说是土崩瓦解。《雷雨》中的那种令人窒息的阴森与腐朽,在今天的中国家庭里已经不太可能出现了。然而这绝不意味着中国传统家庭观已经从中国人的精神生活中完全销声匿迹,更不意味着中国人已经建立起了一种全新的、稳定的、健康的家庭生活方式,能够很好地处理各家庭成员之间的关系了。只要稍微留意一下今天中国的电视荧屏,我们马上就能够发现许多描述父子之间、婆媳之间、夫妻之间错综复杂关系的电视连续剧正在你方唱罢我便登场地热播着。热播的事实意味着中国人实际上并没有从传统家庭观与现代价值观的剧烈冲撞中走出来,意味着这些剪不断理还乱的家庭恩怨依然在无时无刻地困扰着中国人的心灵，伤害着中国人的生活，侵蚀着中国人的幸福。在今天物质生活日益丰裕的漂亮外衣下，许多中国人的心灵深处往往还有一处无法释怀的家庭暗伤。本应该成为中国人心灵的港湾，为中国人注入无穷能量的家庭反而成为中国人心中最大的痛。这样的生活一定不是我们想要的。要想以一种更加健康的生活方式步入未来，中国人必须建立起一种既能够承接传统，又能够开创未来的"新家庭观"。

在我的理解中，"传统家庭观"的本质就在于家庭成员之间相互拥有着权力，同时也相互承担着责任。这种家庭内部的"权力—责任"意识是一个中国式家庭的基本特质。它的优点就在于为一个家庭提供了一种牢不可破的凝聚力，让各家庭成员能够相互扶助共渡难关。而它的缺点就在于每个家庭成员都以为自己有权力要求其他家庭成员做什么或者不做什么，而不管他们是否已经成年。不幸的是，这种家庭观的优点强化了它的缺点，二者相互纠缠得几乎无法辨认。在许多人看来，难道家庭不是这样的吗：正是因为我对你怀有责任，所以才会要求你这么做。这一切难道还不都是为了你好？换成别人我还懒得讲呢！然而现在的事实是，就是这样一份"还不是为了你好"的"家庭权力观"，不经意间给中国家庭的许多成员造成了巨大的精神压力以及人格伤害。糖衣包裹之下的炮弹往往是最有杀伤力的，因为它会让你失去抵抗的警惕和意志。"家庭责任观"包裹之下的"家庭权力观"同样如此。由于"家庭责任观"的脉脉温情，中国人往往会很自然地将自己的家庭放置于自己内心最为柔软的部位。在那里，普通中国人基本上是不设置防御工事的。然而正因如此，"家庭权力观"一旦放纵其中，立即会给中国人的内心造成巨大的伤害。如果我们把家庭比作中国人最坚固的堡垒，那么堡垒内部的伤害往往才是真正致命的伤害。古往今来,多少中国人就是这样在这座堡垒中享受着遮风避雨的便利,同时也不得不忍受着那种温柔一刀带来的巨大伤痛。真的不要再告诉我"家家有本难念的经"了。我绝不相信中国人永远只能这样子糊里糊涂地生活下去。今天我们就是要倒去洗澡水,同时又要抱起孩子;我们就是要摒弃传统家庭观的缺陷,同时又保留传统家庭观的美德。家庭对于中国人是如此的重要,如果我们不能建构起一种健康的家庭生活方式,那么即便我们找到了健康的政治生活方式和社会生活方式,也绝不能消弭去中国人内心那永远的伤痛,中国人的心灵也永远是残缺的。

在我的想象中,中国人的"新家庭观"应该继承的是传统的"家庭责任观",必须摒弃的是传统的"家庭权力观"。这样的一种"新家庭观"强调家庭成员之间相互帮助、同舟共济的责任和义务,以继续大力弘扬中华民族的传统美德。但同时我也希望这种"新家庭观"能够在伦理学的逻辑起点上彻底消灭过去家庭中的人身依附、控制与从属关系,尤其是在各家庭成员均已成年的情况下。我们永远都要记住,在一般意义上,每个人才是自己利益的最佳判断者和照顾者。只有他自己才知道自己最方便做什么或不做什么,任何人都不能替代他进行思考和判断,任何人都没有权力命令他应该怎么做,即便是与他关系最近的亲人。越是深爱着他的亲人,就越应该懂得尊重和支持他的选择,因为只有这样才能使他的利益实现最大化。爱他,难道不就是希望他更好吗?如果你的答案是否定的,那么你也许应该扪心自问一下:你究竟是爱他,还是爱你自己?一个自以为不够成功并因此为自己的孩子报名参加无数课外班的父亲需要这样扪心自问,一个自以为要在老家的族人面前挣得面子而强迫自己的孩子必须遵循所有传统陋习的母亲需要这样扪心自问,一个自以为媳妇抢走了自己的儿子而无法忍受小夫妻恩爱的婆婆需要这样扪心自问,一个自以为丈夫处处替婆婆说话而怀疑他最爱的不是自己的妻子也需要这样扪心自问。如果你非要强迫他按照你的想法或迁就你的心情来生活的话,那么你实际上并不是在爱他,而是在爱你自己。因为你内心深处真正希望的是通过他来满足自己的某一种愿望,而绝不是要成全他自己的愿望。不知不觉间,你已经将自己的亲人当作自己的手段而不是目的了。这不会是一种真爱,无论你为了做到这一点曾经和准备付出多少,这都不会是一种真爱。时代的车轮滚滚向前,遗毒千年的"家庭权力观"今日可以休矣!

我相信这样的一份"新家庭观"应该有助于帮助我们建立起一种更为健康的新家庭生活方式。这种家庭生活方式应该依然充满温情,因为每一个家庭成员的内心都负有一种无私帮助其他家庭成员的天然责任。这样的一种家庭生活方式又应该是充满民主的,因为每一个家庭成员都懂得尊重其他家庭成员的独立人格,并将自己的全部建议、劝导和帮助都建立在这样的一种尊重基础之上。在这样的新家庭中,不存在"权力"与"责任"的对等关系,而存在一种"责任"与"责任"的对等关系。不要担心这样一种只强调责任不强调权力的"新家庭观"会在"权力—责任"的架构上失衡。任何一个中国人都会相信,这种血浓于水的天然责任绝不会因为"权力"的走开而走开。每个家庭成员为其他家庭成员的无私付出,收获的将同样是对方对自己的无私付出,二者之间仍然可以构成某种意义上的平衡。这种平衡是建立在一种双向付出的"责任—责任"的架构之上的。在这一点上,"新家庭观"与"传统家庭观"是不会有任何差别的。它们之间唯一的差别在于:在“传统家庭观”下,这样的一种双向付出不仅仅出自家庭成员的自愿,往往还夹杂着命令与强制。然而在“新家庭观”下,没有了命令,没有了强制,这种双向付出将按照每个家庭成员自己最方便和最合适的方法来进行。而这样的一种付出其成本一定是最小的,收益一定是最大的。因为没有了权力,就没有了期待和失落,自然也就不会有愤怒和冲撞了。真的不要小看这一点点的差别。我相信如果我们有朝一日能够消除这一点差别,我们就有可能消除从真理向谬误迈出的那一步,中国人也就有可能彻底走出“传统家庭观”纠缠数千年的混沌与无奈,开辟一个家庭精神生活的新时代。

我希望未来的中国,家家都是一本好念的经。

魅

这本小书是以“祛魅”破题的,现在却不自觉地以“魅”这样的标题来为它结题,似乎冥冥之中真的有一种诡异的轮回在操弄着一切。“祛魅”(disenchantment)这个词是马克斯·韦伯发明的,也有人把它翻译成“解咒”。韦伯先生想要祛魅的对象是一个被宗教神圣性所魅惑的世界。他希望通过祛魅让理性得以呈现,而西方世界的事实发展也正是如此。然而吊诡的是,随着这种西方式理性的不断展开,合理性逐步衍变成了正义性,最后在不知不觉间又走向了神坛。因此在本书的开篇,我们不得不再次对这种被神圣化的西方式理性进行祛魅,希望能够让事实再次得以呈现。我不知道本书的工作是否已经做到了有效和充分,但是我知道当某些事实真的以某种方式在我的面前呈现时,我并没有因此感到多少的快乐。于是慢慢地我理解了韦伯,理解了他为什么要在《新教伦理与资本主义精神》的结尾处那样说了："谁都不知道，将来生活在这个坚硬的牢笼中的人是谁；也没有人会知道，在这惊人的大发展的终点是否会出现有全新的先知；而且无人知道，将来是否会再生老观念和旧理想。如果我们的回答是不会，那么在某种骤发的妄自尊大的情绪的遮掩下，会不会产生一种机械的麻木呢？我想这一点也是无人知晓的。因为完全可以，而且理由极其充分。对于这个文化发展的最后阶段，我们可以这样评说，即'专家没有了灵魂，纵欲者失去了心肝；这个废物只是幻想着自己已经达到了一种前所未有的文明程度'。"〔1〕现在我知道祛魅并不是人类生活的全部。因为祛魅只能让事实呈现，却并不能让呈现后的事实自动获得意义。要想让事实获得意义，我们依然需要某一种"魅"。获得这种"魅"的过程可以称之为"赋魅"，也可以称之为"施魅"，或者称之为"返魅"。这些都不要紧，要紧的是人们的生活应该过得有意义，而这或许正是本书之所以将最后一章引向"精神"的真正原因吧。祛魅的工作依然需要进行，因为人们必须不断地将事实从过时的、虚假的和消极的意义中解放出来。施魅的工作也是必要的，因为人们必须不断地为解放出来的事实重新寻找到一个当下的、真实的和积极的意义。就自己目前的认识水平而言，我真的不知道为什么人类要在这样的"施魅—祛魅—施魅"的循环中奔忙。我只能想，或许关于人类的全部事实本来就是如此吧。从这个意义上讲，其实我一点也不比电视剧《士兵突击》里的许三多高明多少，甚至于可以说是许三多比我高明多了。因为我费了一本书的工夫说明的道理，许三多同志只用了两句话就讲完了："好好活就是做很多很多有意义的事，有意义就是好好

〔1〕［德］马克斯·韦伯：《新教伦理与资本主义精神》，群言出版社2007年版，第173页。

活”。如此说来,事情背后的真相似乎真的十分简单。但是这又有什么关系呢?简单有什么不好?简单不等于无聊。许三多不就是那样简单而认真地好好活着,做了很多很多有意义的事吗?我想我也愿意如此。那么你呢?

结语

驿站

终于走到出发前预先设想的那个驿站了。我们从一个现实的问题出发,一起穿越历史和未来,为了寻找那个问题的缘起与自己心中的答案。出发前我是那么的信心满满,一路上也的确充满了勇气。然而现在,当我用自己的方式将自己所理解的一切呈现之后,我却突然感到怅然若失。我不知道自己为什么会这样,然而这种情绪的确是真实的。本书面对的问题确实十分复杂。我也正是痛感于多年来各种答案的片面与平庸,于是决定让自己出发,去寻找那个理想中的"全面而深刻"的答案。然而当我终于也交上自己的答卷之后,我才突然认识到,从来就不可能有什么全面而深刻的答案。为了这本小书,我直接准备了三年,又动笔写了一年多。现在回过头去审视一年前的文字,一丝浅薄与浮躁已经跃然纸上。原来人的认识总是不断向前走的。也许用不了多久,这本小书就会暴露出它更多的片面与浅薄来。尽管我也可以拿"片面的才是深刻的"这句话来做挡箭牌,不过这不是自己的风格。我们所面对的问题本身是一个系统性问题。这本小书的本意就是希望寻找到一个相对全面的答案,尽可能系统地解答这个问题,以帮助人们真正摆脱一些认识上和行动上的困扰。然而我现在真的不敢确认,本书所提供的是否就是你们所需要的,尽管我在本书中已经倾注了自己最大的努力。

幸运的是,毕竟还有一件事情是我唯一能够确认的,那就是:这本书的态度是真诚的。今天的这个世界有着太多的繁琐与诱惑。这些年来支持自己在这些繁琐与诱惑中一路走下去的正是这份真诚。我希望我们共同生存的这个世界变得更好。作为一个中国人,我将自己的出发点设在了中国,因为这不是自己能够选择的。然而我们的目的地绝不能仅仅是一个中国,因为我们又是生活在同一个地球上。我希望中国真的能够从人类文明的交融中获得裨益,从而寻找到一种属于自己的健康的生活方式及其所依托的体制框架。我也希望这个世界能够从中华文明身上汲取智慧,从而为人类创造出一个更为广阔与光明的未来。中华文明与西方文明数千年来交替领先的历史告诉人们,这两种文明在它们的思维方式上的确是如此的不同,同时它们的确又是如此的互补。如果我们不能以对方为鉴并深刻认识到自己思维的局限性,就像不能理解爱因斯坦所告诫的"你不能用产生问题的同一思想方法来解决问题"那样,我们就无法真正克服自己的内在缺陷。如果我们不能通过共同努力让中西文明在交融中得以升华,就像不能理解莱布尼茨所希望的"正宜两好合一,互相取长补短,用一盏灯点燃另一盏灯"那样,我们就无法为人类创造一个更加美好的未来。

有一件事必须说明的是,本书的视野仅仅涉及了中西两大文明。尽管中西文明似乎是整个人类文明史上最为耀眼的两颗明星,然而在它们之外,文明的星空中还闪烁着无数同样灿烂的星辰。我没能在这本小书中将它们一一呈现,不是因为它们入不了自己的"法眼",而是因为我的能力不足。我的内心深处一直保持着一种对长久存在的敬意,而不管这种存在今天看上去有多么的不如意。记得2005年的冬天,我在伦敦第一次观看《狮子王》音乐剧。当那个扮演巫师的黑人女高音的第一声咏叹在全场静寂中传到我的耳膜中,我全身的汗毛瞬间全部起立。那一刻让我相信,在那百老汇式的华丽包装下,一定有一种来自非洲大草原深处的原初冲动击中了自己。我一直不知道古老的非洲文明未来会在什么样的条件下用什么样的方式为这个世界提供一种价值,但是那一刻让人相信,这一天一定会出现。对于在繁华中挣扎的人类来说,也许"简单"真的就是一条回家的路。由此我也更加相信,如果人们能够更加耐心地阅读世界的其他文明,一定也会受益匪浅。虽然本书还没来得及这样做,但是希望未来能够有机会从事这项工作。

由于强烈的当代问题导向意识,这本小书在某种程度上显现出了一种强烈的社会功用性,尤其是在本书的后半部分。从一个极宏观的历史视野拉近到一个十分具体的当代问题域,很可能会在某种程度上减损这本小书本该具有的启示价值。由于本书的一些创新的探索,同时又如此深地介入了当代的一些困难的问题,这本书的确有可能触动一些被很多人认为是不可触动的东西,从而引来一些意料之中和意料之外的非议。不过我并不后悔卷入这些当代问题的讨论,不后悔可能在其中弄脏了自己的衣袖。因为我本来就不想把这本小书搞成一本"神启录",用一些高深莫测的名言警句将自己笼罩在神圣的光环之中,却对许多现实的困难问题保持袖手旁观。今天的这个社会和这个世界的确正在泥沼中痛苦挣扎,既然我无法让自己闭上眼睛,那么只好撸起自己的袖子。这大概就是中国知识分子学以致用的天然传统吧。然而这本小书的限度的确是显而易见的。书中所提出的那些解决方案也的确可能失之偏颇。因此如果可以的话,还是希望大家把这本书定位为一次旅行,一次从历史中来,到未来中去的旅行,一次没有明确起点,也不可能有最后终点的旅行。而现在我们所抵达的,不过是这次旅行途中的一个小小驿站。也许正因如此,本书的许多的地方都不自觉地采用了日记式的行文方式。希望这样的方式能够帮助我们将这段旅程忠实地记录。走了这么久,现在终于能有一个机会来盘点一下自己的行囊了。当然我相信这只是打尖而不是住店,因为前方还有很长的路要走。

最后有必要再来谈一谈汤因比。不用展开准确的统计就能知道,这本小书中引用率最高的一定是汤因比和他的《历史研究》。记得汤因比在评价奥斯瓦尔德·斯宾格勒的《西方的没落》一书时曾经这样说:"当我读着这些充满历史洞见之光的篇章时,我首次怀疑,我的整个探讨,在问题提出之前(更不用说找到答案了)就早已被斯宾格勒处理过了,这一想法在我的脑海中充分明朗起来。"(汤因比:《文明经受考验》)。我想这段话大概也可以用来描述我初次阅读《历史研究》和汤因比时的心理感受吧。这些年来,每当自己在黑暗中独自摸索前行的时候,汤因比的思想一直就是前方的一盏灯火。然而随着自己的不断前行,我发现还有更多这样的灯火在前方闪现。现在我明白了,这个旅程我并不孤独,前路果然有着许多的人家。在很早很早以前,这些前辈就用他们如炬的思想在这条路上接力式地设置了一个又一个的驿站,为后来人指路,供赶路者歇息。路漫漫其修远兮,我相信无论自己多么地努力,终究也只能走上其中小小的一段。我唯一希望做到的,大概就像那篇中学课文《驿路梨花》所描写的那样,与大家一起为这些驿站做些修葺照料的工作罢了。因为在自己内心的最深处,我的确是相信“驿路梨花处处开”的。

附　录

英国纪行

——我哀伤那被拦腰截断的历史

题记：2005 年冬天，我与同事因公初访英国。这是我的第一次异域之旅，也是自己多年来关于中西之间的诸多猜想与诸多心情的集中印证之旅。这篇题为《英国纪行》的千字小文作于我们抵达英国的第二个深夜。这么多年来它一直未曾发表，当然也无从发表。然而作为一段心情的真实记录，这篇小文却一直为我所珍视。两年前，这篇小文生长成了一本小书。然而当小书面世的时候，它踌躇片刻，还是默默地退开了。今天借着小书再版的机缘，我把它介绍给你，以让你知晓，这本不起眼的小书背后那一颗未曾改变的心。

终于踏上大不列颠的土地了。从机场到下榻宾馆的路上，透过哈得热雾蒙蒙的车窗，我注视着那以往只有在电视电影中才看得到的夜色中的伦敦街景。一路的盎格鲁—萨克森式建筑，并不很大，但是一排排的整齐洁净，一座座的错落有致。那散发着异国情调的建筑风致我似乎也并不全然陌生，因为上海，那座我目前居住的城市，也留有他们的血脉。然而与上海的混血所不同的是，这里是纯种的。放眼过去，到处都是这样的建筑，到处都是那样的风致。不奇怪，因为这里是他们的，因为他们是发达的，因为发达是幸运的。

倒了一晚上很不成功的时差，天终于亮了。几只菜鸟背上全部的摄录装备，组成一支小规模的狗仔队，向泰晤士河畔进发。宾馆就在威斯敏斯特的中心，步行几分钟，泰晤士河就在眼前了。泰晤士真的太像外滩了，噢，不，应该是外滩真的太像泰晤士了。也是那古老与现代的两岸夹峙，也是那横贯其中的桥桥隧隧。然而同样是古老的一侧，与外滩的拥挤和嘈杂所不同的是这里的舒展和闲适；同样是现代的一侧，与陆家嘴高耸而急切的决心所不同的是这里平稳而雍容的满足；而同样是跨河而过的桥，与高高大大的南浦扬浦们所不同的是这里精精巧巧的拱桥塔桥们，因为前者身下的黄浦江啊，正承载着无数的巨轮万吨，而幸运的后者呢，却只需俯贴水面，聆听那游艇穿拱而过时的惬意与悠闲。

一路行，一路望。一路留影，一路赞叹。然而在对不列颠民族产生由衷敬意的同时，也分明感受到了自己心底渐渐泛起的莫名哀伤。不，不，那哀伤不是莫名的，我知道原因。那西敏寺教堂的神采赫赫，那白金汉宫的威仪俨俨，那仪仗队头上绒绒毛毛的大帽子，那女骑警座下神神气气的高头马，还有那一切的精巧、典雅、华贵、气度，似乎都在用一种有尊严的存在和延续，向我们诉说着一个历史轮回的荣辱与哀伤。伦敦人应该感到很庆幸，英国人应该感到很庆幸，西方人应该感到很庆幸，因为整个近现代的历史都是他们的发达史。他们目前所拥有的、所使用的、所信仰的、所保留的，几乎都是他们在自己民族气运处于上升期时所创造的。它们是传统的，又是现代的，是值得保存的，又是值得延续的。他们是幸运的，因为他们正使用着自己创造的东西，使用着那些浸透了自身民族特质，而又融进自己血液性情的器物与传统，骄傲而自信地生活，慷慨而霸道地推广。而我的祖国啊，我远方的祖国，您辉煌而自信的年代却距离我们如此遥远。自从他们的祖先用罪恶的巨炮轰鸣砸开您的大门，您就跌进了一场被征服、被蹂躏、被启蒙、被教化的挣扎，跌进一场自我否定、自我虐待、自我怀疑、自我阉割的痛苦挣扎。而当您终于从挣扎中奋起的时候，您可知很多人都在说，这一场轰轰烈烈的现代化在本质上依然是一场自主与被动交织的西方文明的普世化。也许有人不愿意相信。可是看看我们在用的，在造的，在建的，在想的，有多少是您当初传留的？看看我们引以为傲的名校百年，有哪座像您亲手建造的岳麓书院？而孩子们毕业时穿戴的那宽宽袍子和方方帽子，又有哪样是您亲手缝制的？站在伦敦的街头，我哀伤，哀伤于我们伟大民族的历史，就这样被人拦腰截断！

然而我的祖国啊，我亲爱的祖国，您的儿子相信您，您不会就此沉默。您跋涉五千年而来的不朽与坚韧，您横卧一千万平方的宽广与厚重，您穿越硝烟的从容与智慧，您直面凶残的勇敢与宽容，您拥抱五十六个民族的融融亲情，您牵手远亲近邻们的泱泱气度，都在告诉我：您不会就此沉默。上苍在您的身上倾注了他对整体关怀的理解，倾注了他对天人和合的追求。他赋予您如此之多的禀赋是因为他委托您，委托您咬紧牙关将这份使命背负，期望您在不远的将来用爱与和平向世界撒播。

从白金汉宫离开，我们缓缓走在大道上。不期然间又遇见了缓缓而来的仪仗队和女骑警。我们微笑,向他们行注目礼。正如我们从电视上看到的,仪仗队并不是特别整齐,高矮胖瘦各不相同。现在是格林尼治时间正午。再过一会,就该是我们的黎明时分了,天安门国旗护卫队升旗的时刻就要来临。想到这里,我不禁又微笑:论整齐威武,这些仪仗队可比我们的国旗护卫队差远了。突然间,又是一个念头闪过:如果有一天我们的国旗护卫队换上兵马俑的甲胄,每天清晨都驾上那古老的青铜战车,遵循着盛世中华的典仪来升旗的话,那一定会迷死全世界的人!

不行不行!光是想到这,我已经快被迷死了。我哈哈大笑,So fantastic city,So fantastic history!I like!I enjoy!